1781

Hellmuth Karasek

GO WEST!

Eine Biographie der fünfziger Jahre

Hoffmann und Campe

Die Deutsche Bibliothek – CIP-Einheitsaufnahme
Karasek, Hellmuth:
Go West! : eine Biographie der fünfziger Jahre / Hellmuth Karasek.
– 1. Aufl. – Hamburg: Hoffmann und Campe, 1996
ISBN 3-455-08563-6

Redaktion: Hubertus Rabe
Schutzumschlaggestaltung: Kai Eichenauer unter Verwendung
eines Fotos von Monika Zucht
Satz: Dörlemann Satz, Lemförde
Druck und Bindung: Graphischer Großbetrieb Pößneck
Printed in Germany

Für
Billy Wilder, bei dem ich, spät,
meine beste Schule durchlief

INHALT

EINLEITUNG

Da die Deutschen das Jahr 1945 als »Zusammenbruch« erlebten (und nicht das Jahr '33), das Kriegsende als »Stunde Null«, konnte es eigentlich nur bergauf gehen.

Und in den fünfziger Jahren ging es stürmisch bergauf. Scheinbar war es ein Start mit totaler Chancengleichheit, da die Währungsreform von '48 alle gleich arm gemacht hatte. Gründerstimmung, Gründeroptimismus lag in der Luft. Man sah das Ziel und konnte deshalb den Weg übersehen.

Freßwelle hieß die erste Etappe: Der Kuchen mit Schlagsahne wurde wiederentdeckt, wiedererobert. Dann warf man sich in Schale: Die Bekleidungswelle rollte. Dann begann man wieder zu reisen, Rudi Schuricke sang die »Caprifischer«, die Deutschen erreichten Kärnten, das Salzkammergut, den Lago Maggiore. Die D-Mark im Visier, konnte man alles Verstörende leicht verdrängen. Hatte man nicht eben in der Nazizeit, die man euphemistisch nur als »jene dunklen furchtbaren Jahre« umschrieb, ein Übermaß an Politik erlebt? Also zog man sich von der Politik, soweit es die Geschäfte erlaubten, zurück.

Die Außenpolitik, das besorgte ohnehin der große, allmächtige Bruder, dessen Koreakrieg man soeben zähneklappernd überstanden hatte, ängstlich in den Windschatten gedrückt. Die Teilung: Für die konnte man nichts. Unterbewußt war man froh, daß endlich einmal andere Putz machten, die »Soffjetts« zum Beispiel, und ganz ohne Hitler.

Für innere Angelegenheiten hatte man den Übervater Adenauer, der zwar manchmal streng und christlich tat, aber glücklicherweise Rheinländer und Rosenzüchter war und uns, aus privater Liebe zu de Gaulle, mir nichts, dir nichts mit dem Erbfeind aussöhnte. Und er hatte auch noch einen Ludwig Erhard zur Seite, der uns den Konsum als höchste Moral empfahl: Die D-Mark muß rollen ...

So konnten die Deutschen, Reiter über den Bodensee, wahre Wunder vollbringen, vom Wirtschaftswunder bis zum Fräuleinwunder. Sie gaben, ganz und gar nicht christlich, einer christlichen Partei die Mehrheit. Sie spielten in einer totalen materiellen und geistigen Trümmerlandschaft nach alten Regeln weiter – als wäre nichts geschehen.

Wo einige hunderttausend Palästinenser den Weltfrieden in Gefahr brachten (und immer noch bringen), verkrafteten die Deutschen mit ihrem Versteckspiel Millionen von Flüchtlingen: Der Lastenausgleich und Seebohms Sonntagsreden gehörten zu diesem erstaunlichen Hokuspokus, der in der Geschichte seinesgleichen sucht.

Der Beamtenstaat lebte (Globke hin, Globke her) weiter, und mitten in den Gründerboom der Chicago-Karrieren mit Schwindlern, Bankrotteuren, neureichen Neckermännern und den ewigen Flicks und Krupps hinein stellten die Deutschen das Modell von der sozialen Marktwirtschaft, den Fight um die D-Mark zwischen Unternehmern und Gewerkschaftlern, ein Sozialsystem, das sich, ohne rot zu werden, auf Bismarck berufen konnte: Zuckerbrot ohne Peitsche, so schien es.

Noch ehe die Kinder an ihren braunen Vätern herummäkeln konnten, hatten die sich in Aufbau-Giganten verwandelt – wo man aus Trümmerlandschaften Wirtschaftsmetropolen zu stampfen hatte, wer mochte da nach Vergangenheit, Umwelt, Landschaft fragen? Der VW und die Autobahnen erwiesen sich als nützlich, also mußte es früher auch Gutes gegeben haben, rein wirtschaftlich, versteht sich. Man spielte Phönix aus der Asche.

Wer Kindern das erste Fahrrad kaufen will und sich den zweiten Mercedes, kennt keine Erziehungsprobleme, und ohne Kohlen gab es noch keine Energiekrise. Der soziale Wohnungsbau konnte sich Stadtplanung noch nicht leisten, der Nachholbedarf mochte zwar über die Teilung schluchzen, mehr als ein Päckchen für die »Brüder und Schwestern«, eine Kerze im Fenster jedoch war nicht drin.

Im Rückblick gleichen die Fünfziger einer Familie, die mit viel Eifer umzieht, sich über jede neumontierte Lampe in der neuen Wohnung freut. Sie kann und darf noch nicht wissen, daß auch ihre Probleme mit ihr umgezogen sind. Besonders, wenn sie sich auf den Wiederaufbau ihrer alten Gewohnheiten kapriziert. Verdrängen macht Spaß, eine Weile; Erinnern macht mehr Spaß, nicht bloß eine Weile.

1. REPUBLIKFLUCHT

Im Spätsommer 1952 beging ich, zusammen mit zwei Klassenkameraden, Republikflucht. Ich »machte nach dem Westen«, wie man sagte, dem Westen, den man damals den »Goldenen Westen« zu nennen begonnen hatte. Ich hatte in Bernburg an der Saale, im ehemaligen Sachsen-Anhalt, im damaligen Bezirk Halle, gerade das Abitur gemacht, an einer Schule, die Karl-Marx-Oberschule hieß, nachdem sie vorher Karlsgymnasium oder Carolinum geheißen hatte. Die Flucht nach dem Westen war damals leicht, ohne äußere Dramatik. Und das, obwohl der Kalte Krieg durch den Koreakrieg, durch den Aufbau der Kasernierten Volkspolizei in der DDR, schließlich durch die westdeutsche Aufrüstung eskaliert war. Und obwohl der Stalinismus gerade in seine besonders byzantinische, von Verfolgungswahn aggressiv stimulierte Endphase getreten war.

Um von Ost nach West zu fliehen, brauchte man Anfang der Fünfziger nur heimlich und verschwiegen seinen Koffer zu packen, mit der Bahn nach Berlin (Ost) zu fahren, sich dort in die S-Bahn zu setzen und über den Bahnhof Friedrichstraße hinaus nach Westberlin zu fahren. Während des Aufenthalts auf dem Bahnhof Friedrichstraße stierte ich möglichst teilnahmslos vor mich hin, den Koffer zwischen den Knien, versuchte das mulmige Gefühl der Furcht zu unterdrücken, während Vopos durch den Waggon patroullierten und die Lautsprecherstimme »Bürger der DDR« immer wieder aufforderte, den Zug zu verlassen, da dies die letzte Station im »Demokratischen Sektor von Berlin« sei.

Dann stiegen die Polizisten aus, die Türen schlossen sich, wir ruckelten langsam an grauen Hinterhöfen mit verblichenen Reklamen aus den Dreißigern und mit roten Spruchbändern aus den Fünfzigern vorbei, mittendrin die Spuren der Kraterlandschaft des Endsiegs, in den Westen. Ich weiß nicht, warum die Polizisten uns nicht auf der letzten Station des ostdeutschen Berlin aus dem Zug gefischt hatten. Wir rochen doch förmlich nach Flucht. Ich weiß nicht, warum sie uns nicht schon in der Eisenbahn auf dem Weg nach Berlin aufgehalten hatten. Damals begann die DDR, die Eisenbahnlinien umzubauen und umzuleiten, um das Brandmal und Fluchtziel Westberlin, die offene Wunde im vor Fluchten schwärenden Körper der DDR, aus dem Verkehr zu ziehen. Wir hatten den Polizisten, die uns in der Eisenbahn kontrollierten, erzählt, wir wollten nach bestandenem Abitur Ferien an der Ostsee machen, auf eigene Faust, bei Freunden und Verwandten, und diese fadenscheinige Lüge hatte genügt. Und auch in der S-Bahn hätte man sofort erkennen können, daß drei Achtzehnjährige mit Koffer und verbissen-unbeteiligtem Gesicht nur ein Ziel haben konnten – den Westen.

Damals hatte die Fluchtwelle einen neuen Höhepunkt erreicht. Die sogenannte »grüne Grenze« zwischen Deutschland war zwar schon vom Eisernen Vorhang geschlossen, da gab es kaum noch ein Entrinnen. Die Grenzgebiete waren in Sicherheitszonen eingeteilt, die nur die unmittelbaren Anwohner und Grenzer mit Sonderpapieren betreten durften. Hier war Deutschland schon ziemlich dicht gemacht worden. Aber über Westberlin flohen damals Tag für Tag an die tausend DDR-Bürger. Ihr Risiko war klein, sieht man davon ab, daß sie nicht mehr mitnehmen konnten als einen Koffer, eine Tasche, einen Rucksack, die möglichst nicht zu prall gefüllt nach Flucht aussehen sollten, mit Riemen oder Wäscheleinen mühsam gebändigt. Es gab, so weit ich weiß, noch keine verminten Gelände, keine Selbstschußanlagen, Todeszonen, Grenzer mit dem Befehl zu schießen – und sei es mit Todesfolge. Manchmal flohen bis zu tausend pro Tag: eine Abstimmung mit den Füßen. Im August 1952 hatten mit mir 16 000 DDR-Bürger Republikflucht über Berlin begangen. Ein Aderlaß für die DDR, die, beispielsweise in meinen beiden Schulfreunden und mir, qualifiziert ausgebildete Oberschüler verlor, in die sie Zeit, Geld, Energie, Ideologie investiert hatte und die sich jetzt sozusagen mit der teuer auf Staatskosten erworbenen Zukunftsinvestition auf Nimmerwiedersehen auf die Socken machten. Wir hatten in der DDR kein Schulgeld bezahlt, ja, sogar Schulstipendien erhalten. Und das dafür erworbene Wissen schleppten wir jetzt mit unseren schäbigen Koffern nach dem Westen, zum Klassenfeind. Und schlimmer noch, man konnte in der DDR sicher sein, daß sich aus den Republikflüchtlingen ihre entschiedensten Gegner rekrutieren würden: Sie waren durch die DDR wie geimpft gegen den Sozialismus oder das, was sich so nannte. Sie hatten Abwehrkräfte mitgenommen, die aggressiv sein konnten. Im Grunde ihres Herzens wollten sie dem Staat, aus dem sie fliehen mußten, aus dem sie geflüchtet waren, ein Ende setzen. Es war ihnen, bis zur Flucht, unerträglich geworden. Diese Unerträglichkeit war ihr letzter DDR-Eindruck.

Die fünfziger Jahre sind für mich zuerst Jahre des Kalten Krieges, Zeiten eines Krieges, in dem ich die Fronten gewechselt hatte – nachdem ich zu der Front, die mich eingezogen hatte, nie hatte gehören wollen. Und solange ich zu ihr gehören mußte, habe ich Zustimmung bestenfalls gelogen, falsche Lippenbekenntnisse abgelegt. Die fünfziger Jahre sind eine Zeit der Lüge. Nur *einer* Lüge?

2. WELTJUGENDFESTSPIELE

Warum sind meine Freunde und ich vor unserer Zukunft geflohen, die wir in der DDR zweifellos vor uns hatten? Wegen der fortgesetzten Lüge? Weil wir nicht an die Zukunft glaubten? Weil wir uns goldene Berge vom goldenen Westen versprachen?

In Bernburg gab es ein Gemüsegeschäft, an das ich mich lebhaft erinnere, wie an ein Bild, ein Bild aus dem Jahr 1950. Der Laden bestand eigentlich aus einer einzigen Leere: leere Holzregale, leere Körbe und Kisten, eine leere Theke. Vorne, in einer Holzkiste neben der Theke, lagen zwei verschrumpelte Möhren, eine Handvoll Zwiebeln und eine rote Rübe. Hinten, an der Wand, mahnte ein dunkelgrünes Schild aus den dreißiger Jahren: »Eßt mehr Früchte!« Manchmal möchte mir meine Erinnerung, wegen der fehlenden Bananen in der DDR, die ein Grund ihres Endes waren, einflüstern, auf dem Schild hätte gestanden: »Eßt mehr Südfrüchte!« Aber es hieß wohl doch »Eßt mehr Früchte!« Und auch das war schon der blanke, traurige Hohn.

Natürlich waren Anfang der fünfziger Jahre auch in der DDR die wirklichen Hungerzeiten vorbei, die Zeiten, wo man im Morgengrauen oder im Abenddämmer mit Kannen und Flaschen vor einer Fleischerei Schlange stand, die, weil sie Wurst gekocht hatte, das schale, rauchig-brakkige Wurstwasser feilbot, wegen der Fettaugen. Da stand man abends stundenlang fröstelnd neben dem wuchtigen Turm der romanischen Marienkirche inmitten alter, brüchiger Häuser, inmitten porösen Verfalls – das Licht war fahl und in der verwinkelten, dunklen Gasse, die keinerlei Beleuchtung oder gar Reklame aufwies und in der es kein Verkehrsgeräusch gab, nur das Murmeln der Wartenden, Kinder, Frauen, Greise. In dieser seltsam zeitenthobenen Zeit war man auf einmal, ohne daß man es wußte, ins Mittelalter zurückgefallen, wo die Glockenschläge der Kirche und das quälende Warten im Wurstgeruch das einzige Zeitmaß bildeten. Als die Tür der Fleischerei aufging, fiel auf einmal Licht auf die Anstehenden, und sie warfen Schatten auf das Kopfsteinpflaster – Schatten, wie ich sie später in dem Film »Der dritte Mann« wiedersah.

Noch an der Schwelle zu den fünfziger Jahren fehlte jeder Nahrungsluxus, Butter zum Beispiel, und es gab einen Witz, der den verquollenen Geist der Zeit festhielt. Da fragt ein Junge in ferner sozialistischer Zukunft seinen Vater: »Du Vater, was heißt eigentlich Butter?« »Butter, Butter?«, erwidert der Vater. »Das weiß ich auch nicht. Aber wir haben da noch ein altes Lexikon vom Großvater.« Und er greift zum Lexikon und schlägt nach und liest: »Butter. Brotaufstrich aus der Nazizeit!« Viele Menschen waren verquere, hämisch-verbitterte Reaktionäre – aber das hinter vorgehaltener Hand.

1950 starb unser alter Klassenlehrer, ein schrulliger Überbleibseltyp aus den Vorkriegszeiten, der im dunkellila Anzug Englisch unterrichtet hatte. Er hatte einen leicht an fauliges Ei erinnernden Mundgeruch, obwohl es Eier so gut wie überhaupt nicht gab. Auf der Beerdigung erzählte der Pfarrer auch ein rührendes Beispiel für die Anhänglichkeit, die wir, seine Klasse, dem Verstorbenen gezeigt hätten, als er im Krankenhaus gelegen habe: Wir hätten ihm unsere Schulbrötchen mitgebracht und geschenkt. Durch diese Geschichte habe ich behalten, daß damals noch jeden Morgen in der großen Pause Brötchen an die Schüler verteilt wurden. Pro Schüler ein Brötchen und eine Vitamin-C-Tablette namens Cebion. Trotzdem, es hieß nur »Eßt mehr Früchte!«

Vom Westen erzählte man sich unfaßbare Geschichten von Butter und Sahne, von Orangen gar und Südfrüchten, Verwandte schickten Pakete aus Anteilnahme, Fürsorge, Verbundenheit – aber auch, um zu prahlen: Seht, *uns* geht es besser. Bei einem Besuch in Westberlin, als FDJler, während der Weltjugendfestspiele, habe ich zum ersten Mal in meinem Leben Kokosflocken gegessen, süß, klebrig und mit dem Widerstand des geriebenen Kokos beim Kauen des süßen Breis. Es war unfaßbar. Es war der Geschmack einer anderen, einer besseren Welt. Das war 1950 und ein Beginn, ein Beginn zunächst als Sehnsucht. Die Kokosflocken wurden in Zellophantütchen verpackt. Sie waren weiß, rosa und hellbraun. Es gab eine Luxusvariante, Kokosflocken mit Schokolade überzogen. Die Weltjugendfestspiele, wo Zehntausende von FDJlern Berlin überschwemmten, sind meine erste Erinnerung vom Übergang nach Westberlin. Die Ansage auf dem Bahnhof Friedrichstraße, letzte Station im demokratischen Sektor, die Polizei, die Blauhemden rigoros aus der Bahn kämmte. Das war 1950, ich war sechzehn. Und insofern habe ich das Jugendtreffen mehr wegen der unzähligen Paare in Erinnerung, Jungen, die Mädchen knutschend in die nächtlichen

Hauseingänge drückten. Unzählige, es war imposant – vor allem, wenn man, wie ich, nicht zu den glücklich Drückenden zählte. Es war Pfingsten, die Nächte waren lau. Bänke, Hauseingänge, Wiesen waren voller sich umschlingender Paare. Das Kollektiv, individuell aufgelöst. Ich stelle mir einen Augenblick vor, Leni Riefenstahl hätte beim Reichsparteitag nicht die Menschenblöcke als antiseptische Machtornamente gefilmt, sondern die Abende: grölende SA-Männer in verrauchten Kneipen, Bier, Bordellbesucher in Schlangen, rammelnder Arbeitsdienst in Zelten. Berlin, Jugendfestspiele 1950, in meinem Gedächtnis eine einzige große Promiskuitätsorgie! Blauhemden, die sich an Blauhemden preßten. Also mehr der Abschluß der vierziger als der Beginn der fünfziger Jahre.

3. VON DEUTSCHLAND NACH DEUTSCHLAND

In den großen Sommerferien bin ich seit 1949 mehrmals in den Westen gefahren oder habe es zumindest versucht. Einmal, das war 1949, wollte ich bei Helmstedt über die Grenze. Man fuhr so weit der Zug einen trug und schlug sich dann in Fußwanderungen durch Wälder und Büsche. Kundige Einheimische, die im Grenzbezirk lebten, wiesen einem den Weg. Es gab den Beruf des bezahlten Grenzführers, natürlich eine illegale Tätigkeit. Er sammelte Grüppchen, die er über die Grenze schleuste. Das geschah heimlich, aber nicht einmal sehr heimlich. Solche verschwörerischen Grüppchen waren meilenweit gegen den Wind zu riechen, wenn sie sich am Rande eines Wäldchens oder am Dorfrand trafen. Meistens klappte es trotzdem. Bei mir klappte es nicht. Ich wurde, mitsamt meinem Grüppchen, nachdem sich der Grenzführer von uns verabschiedet und mit ein paar Handbewegungen (»Von hier aus ist es ganz leicht«) Richtung Westen gezeigt hatte, kurz darauf geschnappt. Ich erinnere mich noch, wie ich ein paar Stunden in einer Polizeistation in einem Raum mit beschmierten Wänden verbrachte. Und wie ich an der Wand die Inschrift entdeckte: »Hier saß ein Deutscher von Deutschen gefangen/Weil er von Deutschland nach Deutschland gegangen.«

Pathos der Nachkriegszeit.

Ich wurde dann zu einem Zug gebracht und zurück nach Hause verfrachtet. Am nächsten Tag fuhr ich mit dem Zug Richtung Hof, zur bayerischen Grenze. Diesmal verließ ich mich nur auf mich selbst und kam auch prompt nach Bayern, wo ich auf offener Straße fröhlich und ungeniert an den bayerischen Zöllnern vorbeimarschierte. Ich war ja im freien Westen, dachte ich, und das war falsch. Zwei Grenzer stellten sich mir in den Weg. Sie fragten mich, wo ich denn hin wolle: Zu meinen Verwandten nach Süddeutschland, Stuttgart, Metzingen, antwortete ich offen und fröhlich, die neue Witterung der Westfreiheit in der Nase, zu einem Freund meines Vaters nach Würzburg. Die beiden blickten sich an, nickten sich zu und nahmen mich dann zunächst einmal in Gewahrsam. Auf mein Betteln hin versprachen sie mir, mich am nächsten Morgen freizulassen, wenn ich ihre Fahrräder reinigen würde. Die Fahrräder waren fürchterlich verdreckt, ich arbeitete die halbe Nacht an ihnen. Die Polizisten waren mit dem Ergebnis zufrieden und nickten wieder wohlwollend und, diesmal, anerkennend.

Am nächsten Morgen brachten sie mich zu einer Waldlichtung, wo amerikanische Soldaten standen, die schon ein Grüppchen Grenzgänger in Gewahrsam hatten, ein tristes, im Morgendämmer fröstelndes Häufchen mit Rauchschwaden vor den Mündern, das offenbar andere Grenzer aus der Nacht gegriffen hatten. Die Amerikaner hielten uns keiner Ansprache für würdig und verkehrten nur über die bayerischen Grenzer mit uns. Wegen der Sprache? Wegen der legalen Kompetenz? Wir mußten warten, weitere Menschen wurden gebracht. Als es offenbar genug war, schafften uns die Amis zur Grenze. Dort schickten sie uns zurück in die DDR. Ich lief den Weg bis zum Zug. Die großen Ferien habe ich mit Freunden zeltend und auf einer Fahrradtour an der Ostsee verbracht, illegal. Einmal, als wir unser Zelt aufbauten, kamen russische Soldaten. Seither weiß ich, daß Zelt »Palatku« oder »Palatka« heißt. »Die Russen« unterhielten sich mit uns, wir rauchten, sie lachten laut, wie ich mich zu erinnern glaube, mit Goldzähnen vorn im Biß. Sie lachten so laut wie Menschen lachen, die sich nur mit Wortbrocken verständigen können. Es ist mühsam, und man lacht vor Entdeckerfreude: Ha, ha, ha, wir Deutschen, cha, cha, cha die Russen. Beide Seiten waren kurzzeitig der totalen Kontrolle entglitten – ins Private. Wenn ich an die bayerischen Grenzer denke, überkommt mich bis heute eine ohnmächtige Wut, die mir noch in der Erinnerung die Schamröte ins Gesicht treibt. Ich hätte den bayerischen Drecksäcken ihre Drecksfahrräder nicht reinigen sollen! Niemals! Nicht einmal um den Preis des freien Grenzübertritts in den Westen!

4. SAHNEBERGE

Zweimal ist mir die Ferienflucht in den Westen, der jetzt nicht mehr Trizonesien hieß, sondern Bundesrepublik, gelungen. Einmal fuhr ich über Helmstedt per Anhalter über die Autobahn Hannover-Frankfurt nach Stuttgart zu Verwandten. Die Autobahn bei Frankfurt im Abenddämmer, es war ein Sonnabend, war so gut wie leer, die meisten Personenautos gehörten Amis, amerikanischen Besatzungssoldaten. Sie hatten US-Kennzeichen. Die Leere, durch die frei Autos surrten, während Wälder das Betonband einrahmten, hat in der Erinnerung etwas Idyllisches – wie später nur während der Ölkrise beim Sonntagsfahrverbot in den siebziger Jahren – leere, aber befahrene Autobahnen, Tempo, Freiheit, Geschwindigkeit.

Schon damals aber schoben sich von Helmstedt an die gewaltigen Lastwagenkolonnen über die Straßen, standen wie Wagenburgen an Tankstellen und Parkplätzen. Sie dröhnten, wo es keine Autobahnen gab, durch enge Straßen alter Städte, ließen die Fenster klirren und zerstörten die Ruhe. Sie waren wie der sichtbare Motor einer Bewegung in eine Zukunft, die anders sein würde. Die brummenden Elefanten des Fortschritts waren unterwegs. Brummis sollten sie zärtlich heißen, obwohl nichts an ihnen zart war, weder ihr Lärm noch ihr Gestank, noch daß sie die Welt verstopften, hoffnungslos verstopften. Damals aber glaubte man an den Fortschritt, den konnte man sehen, unterwegs. Die Fahrer, klobige Kerle, die sich im Klo die fettigen Haare kämmten, hatten in ihren verschwitzten Kojen Pin-up-girls, manchmal durfte man auch nur auf der Ladefläche mit und hörte das Peitschen der Planen, die sich in ihrem Verbund gelockert hatten und die ganze Zeit klatschend gegen das Metall schlugen. Man fror.

Das andere Mal fuhr ich über Würzburg, wo mir ein Freund meines Vaters ein Fahrrad lieh und zwanzig Mark schenkte. Die Fahrt nach Stuttgart und Metzingen, eine Berg- und Taltour durch Franken und das hohenlohische Württemberg erschien mir unwirklich. Hier gab es saubere Fachwerkhäuser, Kirchen, alte Marktplätze, schattige große Bäume an Brunnen, an Dorfeingängen Wirtshäuser mit Tischen im Freien und mit Tafeln, auf denen Gerichte angeschrieben waren: Schlachtplatten oder Schnitzel. Jägerschnitzel, Paprikaschnitzel, Wiener Schnitzel, Schnitzel natur. Hatte denn hier nie ein Krieg stattgefunden, und gab es nur die amerikanischen Jeeps und bonbonfarbenen Ami-Straßenkreuzer, weich in der Federung schaukelnd, die an die Sieger des Nachkriegs erinnerten? Alles schien weit vom Schuß und doch gegenwärtig: An den Ortseingängen standen Reklameschilder, für Juno-Zigaretten oder Eckstein oder Golddollar, Sinalco-Flaschen überlebensgroß, emaillierte Schilder für Coca Cola und Afri Cola. Vor allem aber für Vivil und Pez, immer wieder die grüne Vivil-Werbung: Die fünfziger Jahre waren ein Pfefferminzzeitalter. Es gab die runden, weißverpackten Dr.-Hiller-Rollen und die kleinen Staniol- und grünverpackten

Vivil, kleine Ziegelchen, viereckige Steinchen mit höheren Kanten, für die es spezielle Plastikspender gab – atemfrisch war ein neues Zauberwort, man roch nach Pfefferminz aus dem Hals. Man rauchte, und danach brauchte man ein Pfefferminz. Der Mund roch nach Pfefferminz, die Achselhöhle nach Desodorant. Wo's im Osten selbstgemalte Losungen, »Heraus zum ersten Mai!«, »Ami go home!«, auf verwaschenem Rot gab, sah man hier die Werbung für Juno, Persil und Vivil. Es war, auf den ersten Blick, eine andere Welt, aus der die Politik sich ins Nichts verflüchtigt hatte. Alles war privat, so wohlriechend privat wie Vivil.

Ich kam nach Stuttgart und Metzingen zu meinen Verwandten, und in Stuttgart sah man den Krieg, an wohlgeordneten, aufgeräumten Trümmern, während in ebenerdigen Behelfsläden verkauft wurde. Metzingen, am Rande der Alb, war eine Fachwerkidylle, in der Stadtmitte die gewaltigen, düsteren Kelter, die bis heute dastehen mit schwarzen, stumm aufgerissenen Mäulern. Wie überall bei den kleinen, blitzsauberen Orten Südwestdeutschlands und Süddeutschlands gab es am Stadtrand Neubausiedlungen, uniforme zweistöckige Neubauten mit kunststeinernen, marmorierten Treppenhäusern, luftigen Treppen mit leicht geschwungenen, zickzackverbundenen Geländern, mal aus Metall, mal aus Stricken. Das alles meist noch zwischen lehmigen Wegen, in denen die Schuhe steckenblieben und über die Bretter in den Matsch gelegt waren. Die frisch gesetzten Pflanzen zwischen den Häusern waren noch kümmerlich und karg. Hier wohnten die Flüchtlinge, offiziell auch Heimatvertriebene genannt – wie in unsichtbaren Gettogrenzen.

Übertreibe ich? Ein wenig. Aber nach und nach habe ich

gelernt, daß Westdeutschland damals aus zwei Kasten von Menschen bestand, den Einheimischen und den Flüchtlingen. Erst später sollte es auf Arm und Reich bestehen.

Mein Onkel, eigentlich ein Flüchtling, hatte sich zu den Einheimischen geschlagen, indem er eine Kriegerwitwe heiratete, die einer angesehenen Gerberfamilie entstammte. Durch Liederkranz und Skatabende versuchte mein Onkel, sich in Metzingen heimisch zu machen, später auch durch Tennis. Es ist ihm gelungen, aber nie so ganz richtig.

Die Sätze der Heimatvertriebenen hießen »Wir haben alles verloren!« Die Sätze der Einheimischen höhnten darüber, daß die Flüchtlinge alle angeblich ein Rittergut in Schlesien oder Ostpreußen besessen hätten, mindestens. Es gab die sogenannte Flüchtlingsmentalität, die servile Anpassung bei heimlicher Verachtung. Eine meiner Kusinen lernte so übertrieben Schwäbisch, daß sie mit ihrem »s'isch« und »bißle« die Schwaben überschwäbelte. Nur ihr donauschwäbisches R widersetzte sich (sie stammte aus Bukarest). Das R ist der Konsonant, den man nie los wird. Das R ist ein gnadenloser Verräter der Anpasser und Angleicher.

Das, was damals durch Deutschland rollte, durch Westdeutschland, versteht sich, war die Genußwelle, die aus Butterkuchen mit Sahnebergen bestand, aus Libby's übersüßten Dosenfrüchten, aus Ananasscheiben. Immer wieder schleppten mich meine Stuttgarter Verwandten stolz in ein Café auf eine der Höhen der Stadt, wo man Berge von Cremeschnitten und Obstkuchen verschlang, die unter Bergen von Sahne versackten, und »echten« Kaffee trank, mit Sahne.

Meine Tante in Metzingen, eine wunderbare schwäbische Köchin, machte Sahnesaucen zu Blumenkohl, schabte Spätzle vom Brett und ließ *den* Butter (Butter ist auf schwäbisch maskulin) in die Pfanne springen. Sie schickte mich zum Metzger, Wurst kaufen, oder nahm mich mit. Es war Samstagvormittag, und in der Metzgerei herrschte reger Andrang. Und während die Verkäuferinnen Fleisch und Wurst erst auf sauberes Papier und dann auf Bizerba-Waagen warfen, fragten sie fast jedesmal: »Derf es ebbes mehr sein?« Darf es etwas mehr sein? Und wenn man »ja« sagte, sagten sie »Dänke« statt »Danke!« – so vornehm hochdeutsch wollten sie klingen. Und ich staunte nicht schlecht: Die Wurst hatte Namen, mehrere sogar, es gab Peitschenstecken oder Landjäger, Lyoner, Leberkäs und/oder Fleischkäs, es gab Sardellenwurst, und die Kunden wurden mit Blicken und Worten umtänzelt und umschmeichelt.

Es war das erste Mal in meinem Leben, daß ich als Kunde nicht der Bettelnde war, der um die Gunst einer Zuteilung bat, auf Marken, auf Bezugsschein, auf Beziehung, wobei Geld Nebensache war: Man brauchte es, aber es gab nicht den Ausschlag. In diesem Laden, zwischen Leberwürsten und Kalbskotteletts, zwischen glänzenden Kacheln und Verkäuferinnen mit adrett weißen Schürzen habe ich erstmals erlebt, was die Inthronisation der D-Mark bewirkt hatte: Ich stand an der Schwelle eines neuen Zeitalters. Und jedesmal, wenn ein Kunde oder eine Kundin zahlte, sagte die Verkäuferin, während sie das Geld nahm: »Ich bin so frei!« oder »Dänke! Ich bin so frei!« Es war dies eine höfliche Floskel, die dem Kunden seine Königswürde verlieh. »Ich bin so frei!« Mir war damals nicht bewußt, daß ich eine Formel hörte, die die neue Freiheit in ihrer Beschränkung beschrieb. So frei wollte ich auch sein! Und wenn jetzt, Mitte der neunziger Jahre, in der Werbung für eine Kreditkarte eine Frauenstimme jubiliert »Die Freiheit nehm' ich mir!«, so ist dies das andere Ende der Freiheit, mit der die schwäbischen Verkäufer und Verkäuferinnen – »Ich bin so frei« – das Geld, das man über den Ladentisch schob, so man es hatte, einstrichen.

Das, was später Wirtschaftswunder heißen sollte, nahm seinen Anfang: mit Schokolade, Bohnenkaffee, der auch der »gute« oder der »echte« Kaffee hieß. Mit Kakao, der in Schwaben, wie das Büro, auf der ersten Silbe betont wurde, *Kakao*, was für mich ferklig klang. Mit Schmelzkäse, und in den meisten Fällen war auch die Butter Margarine, und die Kinder parodierten die Werbung, indem sie sangen: »Ei, ei Sanella, Sanella auf dem Tella/ Wenn Sanella ranzig wird, dann kommt sie in den Kella.« Denn für die Ware mußte man nicht anstehen, nicht um sie betteln – im Gegenteil, sie bettelte um die Gunst der Kunden. Sie warb. Die Werbung, die uns heute die Augen übergehen läßt und die Ohren volldröhnt, erhob ihre Stimme, noch zögernd: »Ei, die schönen Birkel-Nudeln/ wie sie in dem Kochtopf sprudeln / Birkel-Nudeln ein Gedicht / geliebt, gelobt als Leibgericht.« Aber auch »Lebewohl bringt Trennungsschmerz/ Doch auch Trennungsfreuden/ Das eine Mal betrifft's das Herz/ Das andere Mal Hornhautleiden« – »Lebewohl« hieß ein Hühneraugenpflaster.

Die Werbung war noch bieder und wußte noch nichts von der Madison Avenue. Der Anfang war sparsam. Die Deutschen waren sparsam, und die Schwaben, so sagt man, haben den Deutschen erfunden und gleich übertrieben. Erst mählich wich die Bescheidenheit dem Protz, erst im Laufe von Jahrzehnten wurde aus Henkell-Trocken die »Witwe« Cliquot. Unter der Woche gab's Margarine und nur am Wochenende Bohnenkaffee – zum Kuchen. Gebadet wurde aus Sparsamkeit am Wochenende, wer das Zimmer verließ, löschte die Lampe, war kein Besuch da, drehte man ein paar Birnen im Kronleuchter oder in der Deckenlampe locker. Meine erste Wirtin in Tübingen verbat mir auf meinem Studentenzimmer »den Radio« (er war, wie der Butter, männlich). Sie war Postlerwitwe und sagte, ihr Mann hätte ihr auch den Radio verboten, als er noch gelebt hätte. Der Radio mache die Lichtleitungen kaputt.

Der Vater meiner Metzinger Tante, ein alter, gichtiger Gerbermeister, ein herrlicher zahnloser Mann, der mich als Student stets mit dem Gruß »Bua, willscht en Moscht?« begrüßte und mit Apfelwein bewirtete, humpelte aufgeregt in der Wohnstube auf und ab, als ich meinem kleinen Vetter, von Tübingen auf Besuch, eine Tafel Schokolade mitgebracht hatte. »Untr dr Woch Schoklad!« murmelte der alte Mann immer wieder grimmig und kopfschüttelnd, während er aufgeregt durchs Zimmer hinkte – mitten in der Woche Schokolade!

Ach ja, und wenn ich mich richtig erinnere, gab es viele Leute, die den gemahlenen Bohnenkaffee zweimal auskochten.

5. DER KLEINE WESTEN IM OSTEN

In den frühen fünfziger Jahren eröffneten in der DDR staatlich konzessionierte Wucherläden – die HO-Kette (HO gleich Handelsorganisation) – ihre Geschäfte. Hier gab es, was es sonst nicht gab, hier konnte man »alles« kaufen, auch wenn »alles« damals noch nicht viel war. Der erste HO-Laden in Bernburg sah für östliche Verhältnisse sehr westlich aus, für westliche Augen hätte er sehr östlich ausgesehen. Die Preise waren vielfach überhöht, die Waren für die meisten unerschwinglich. Wir Oberschüler stenzten dahin, um Window-Shopping zu betreiben, denn immerhin gab es im Schaufenster Spirituosen, Büchsengemüse, Zigaretten und Konfektkästen. Zwischen die Waren mit westlichem Touch – alles sah wie eine vergröbert gerasterte Kopie westlicher Originale aus, etwas, das von Seidenpapier auf Packpapier übertragen worden war, und noch dazu mit schwieliger Arbeiterpranke – dazwischen hatte der Staat, der es nicht lassen konnte, seine Losungen plaziert: »Von der Sowjetunion lernen heißt siegen lernen!«, »Wir brauchen keinen Marshall-Plan, wir kurbeln selbst die Wirtschaft an!« und dergleichen mehr bis zum Überdruß. Es war eine der eingetrichterten offiziellen Lügen: Leute mußten lauthals das ablehnen, was sie in Wahrheit brennend begehrten. Die SED ging mit der westlichen Konsumsehnsucht der Bevölkerung um wie die katholische Kirche mit der Sexualität. Es gab Textil-HOs und Lebensmittel-HOs, bald auch welche für technische Geräte, für Staubsauger, Radios, es gab welche für Porzellan und Geschirr. Später, Jahre später, feierte die HO sich in ihren Schaufenstern auch selber und stellte Schilder der Art auf: »Verkaufsstelle der vorbildlichen Verkaufskultur«. Das ist das sprachliche Blümchenmuster der bürokratischen DDR par excellence.

Die HO war anfangs der kleine Westen, den sich der Osten leistete. Aber sie war in Wahrheit eine hilflose Bankrotterklärung gegenüber den hochgehaltenen sozialistischen Idealen und Losungen, das zynische Eingeständnis einer Niederlage.

Da es keine richtige Grenze zwischen Westberlin und der Hauptstadt der DDR, Berlin, gab, da täglich Tausende von Arbeitnehmern und Kunden zur Arbeit und zum Einkauf, zum Kaffeeplausch wie zum Familientreffen fuhren, da die S-Bahn in der ganzen Stadt östlich verwaltet und betrieben wurde, von DDR-Beamten, gab es nur eine Möglichkeit, das Konsumgefälle zwischen West und Ost zu regeln: durch die Kaufkraft der beiden Währungssysteme, durch einen Wechselkurs, den die Westberliner Wechselstuben nach Angebot und Nachfrage regelten.

Wie in allen anderen Ostblockstaaten wurde das Tauschen außer im offiziellen Kurs (der im Fall der Mark 1 zu 1 war) verboten, aber was in der Sowjetunion, in Polen oder in der CSSR zu einem schwarzen Geldmarkt führte, war hier offizielles Gebot der Wechselstuben in Westberlin. Der Kurs war etwa 1 zu 4,5. Für Arbeiter aus der DDR und Ostberliner, die Ost-Mark verdienten, ein schwindelerregender Kurs, der den westlichen Konsum für ihren Zugriff weitgehend sperrte – denn man verdiente herzlich wenig an Ost-Mark, weniger als die Westler schon bald nach der Währungsreform in D-Mark.

Mit den HO-Läden bot die DDR, um Westreisen und Westfluchten zu verhindern, ihren besseren Bürgern (also im Grunde ihren Klassenfeinden, den Schwarzhändlern und illegalen Dealern, den schmarotzenden Bossen und Künstlern) westlichen Luxus an: Nylons, staniolverpackte Zigaretten, Schokolade, Bohnenkaffee. Die herrschende Klasse, der Arbeiter des Arbeiter- und Bauernstaates, konnte diesen bescheidenen Luxus nur genießen, indem sich die DDR-Bürger ihre Nasen an den HO-Schaufenstern plattdrückten. Daß der »erste Arbeiter- und Bauernstaat auf deutschem Boden« seine staatstragenden Bürger im Konsum zu Unterprivilegierten machte, krasser noch empfunden als im bösen Kapitalismus, war eine der schreienden Lebenslügen des realexistierenden Sozialismus – weil er den Wettlauf um die Konsumgüter verloren hatte, hoffnungslos verloren. Man suggerierte den DDR-Bürgern, sie wollten keine amerikanische Hilfe und keine daraus resultierende »Kolonial«-Abhängigkeit, aber man hielt ihnen in der HO die Wurstzipfel hoch über die Nase. »Wir brauchen keinen Marshall-Plan, wir kurbeln selbst die Wirtschaft an« hieß die schon zitierte Losung – und sie war eine Lüge. Natürlich wollte so gut wie jeder DDR-Bewohner gerne Marshall-Plan-Hilfe, wenn sie für ihn bedeutet hätte, sich ein Radio, gar ein Auto, mindestens aber Camel-Zigaretten oder Orangen und Butter kaufen zu können.

Und so entstanden schizophrene Losungen, die sich paradox widersprachen: »Der Westen steht unmittelbar vor dem Untergang« und »Wir werden seinen Lebensstandard in Kürze erreicht haben«. So gesehen war die HO staatlich lizensierte Dekadenz – das System, das später in Schalck-Golodkowskis Koko und in Vogels Menschen-gegen-Devisen-Handel, dem Sklavenmarkt des Sozialismus, kulminierte und das die DDR, in der es de facto zwei Währungen gab, buchstäblich von innen sprengte.

Während kämpferischer Haß gegen und hochgemute Siegesgewißheit über den Westen laut gepredigt wurden, war man gleichzeitig von neidvoller Bewunderung zerfressen. Nicht nur die HO war eine (allerdings verschmierte) Kopie westlicher Konsumfreude, die in Wahrheit die Begierde nach dem unverfälschten Westkonsum nur steigerte, auch sonst wollte man der Effektivität des Westens, der Strahlkraft seines Way of living nicht nachstehen. Ich erinnere mich noch, wie alle Erfindungen aus der westlichen Welt in die östliche umfrisiert wurden: Filmkamera, Auto, Dampfmaschine, Glühbirne – alles hatte in Wahrheit, so war zu lesen, irgendein Iwan Iwanowitsch Erfinderow erfunden. Die groteskeste Meldung, auf die ich damals stieß: Der Jazz, die dekadente Musik des Westens, sei eigentlich in Odessa am Schwarzen Meer zuerst gespielt worden. Die Kapitalisten waren bös, frech, finster, rückschrittlich und unmenschlich – aber in ihrer Herrschaft ließ es sich angenehmer, besser, wohliger, komfortabler leben. Die einen hatten den Sozialismus, die andern die Nylons; bei den einen sangen die Chöre der Roten Armee »Kalinka«, bei den andern sangen Ella Fitzgerald und Louis Armstrong.

Es existierte ein Witz, in dem ein sowjetischer Funktionär einem amerikanischen Reporter einen Moskauer Bahnhof zeigt. »Von hier aus«, sagt er stolz, während sie auf dem leeren Bahnhof stehen, »von hier aus fährt in jeder Minute ein Zug nach Wladiwostok, einer auf die Krim, einer in die Ukraine, einer nach Leningrad, einer nach Stalingrad.« Der Amerikaner ist beeindruckt und schaut auf die Bahnsteige. »Schön, sehr schön!« sagt er, »aber verraten Sie mir eines: Wir stehen jetzt schon eine halbe Stunde hier, und es ist noch kein einziger Zug eingetroffen oder abgefahren?« Der sowjetische Gastgeber schaut ihn an und sagt dann verächtlich: »Und wie behandelt ihr die Neger ...?«

Wir Schüler gebrauchten das damals als zynische Redensart. Wenn uns jemand sagte, daß es jetzt im Westen das und das gäbe, antworteten wir: »Und wie behandeln die ihre Neger.« Im Westen wurden Päckchen an Verwandte und Freunde in der DDR mit staniolverpackten Köstlichkeiten in Zellophan nicht nur aus purer Nächstenliebe verschickt. Man wollte die Konsumüberlegenheit demonstrieren, den Westen im Bewußtsein der Ostler, der armen »Brüder und Schwestern aus der SBZ«, zum Schlaraffenland stilisieren. Diese Operation glückte.

6. VOR UND NACH DEM ENDSIEG

1945. Dem deutschen Drang nach dem Osten folgte die deutsche Flucht nach dem Westen. Nachdem Hitler seine Heere bis an die Wolga, bis in das Weichbild Moskaus, bis an den Stadtrand Leningrads und bis in den Kaukasus getrieben hatte, begann in den eisigen Winterstürmen des Januar 1945 die Flucht vor der anrückenden Roten Armee auf deutschem Reichsgebiet. Die Zuversicht der unerschütterlichsten Endsieg-Gläubigen begann zu bröckeln, wir flohen mit Millionen anderen vor den anrückenden Sowjetarmeen, die von Volkssturm und Panzergräben aufgehalten werden sollten. Meine Mutter, meine drei kleinen Geschwister und ich packten in Bielitz (der Ort lag einst genau an der Grenze von Österreich-Schlesien und Galizien, die der Fluß Bialka bildete, jenseits des Flusses lag Biala) hastig die Koffer, warteten stundenlang auf schneeverwehten Bahnsteigen, drängten uns in hoffnungslos überfüllte Züge und fuhren nach Niederschlesien, wo wir auf einem Rittergut Unterschlupf fanden. Mein Vater blieb zurück und baute mit am Ostwall, an jenen Gräben und Straßensperren, die die Sowjetpanzer keine Stunde aufhalten sollten.

Leider hielten sich die sowjetischen Divisionen nicht an

unsere ängstlichen Erwartungen, sie bedrohten früher die Gegend, in die wir geflohen waren, als die, aus der wir uns geflüchtet hatten. So brachen wir zum wiederholten Mal überstürzt auf, in Schneestürmen standen wir an Gleisen, meine Mutter war im sechsten Monat schwanger, meine Geschwister waren zwei, vier und fünf Jahre alt, ich war elf. Irgendwie wurden wir als Halberfrorene doch noch von einem Zug mitgenommen und landeten im Sudetenland, in einem Mütterentbindungsheim, das heißt, meine Mutter kam in eine Entbindungsklinik (denn für Mütter hatten Nazis bis zuletzt etwas übrig, obwohl es unwahrscheinlich schien, daß die zur Geburt Anstehenden noch zugunsten der Nazis in das Kriegsgeschehen noch rechtzeitig eingreifen können würden). Der Endsieg war auf einmal bestenfalls eine Frage von Wochen. Und obwohl viele Menschen seltsame Siegesprophezeihungen aus alten Klosterinschriften kolportierten und manche immer noch von Wunderwaffen faselten, machte sich langsam eine neue absurde Hoffnung breit. Wie, wenn die westlichen Alliierten, die auch schon das Reichsgebiet vom Westen her eroberten, sich auf einmal mit den Deutschen gegen die Russen verbünden würden? Ich habe viel später gelernt, daß Goebbels vom »Wunder des Hauses Brandenburg« phantasierte, als der amerikanische Präsident Roosevelt starb – war nicht die Zarin Katharina rechtzeitig für den großen Fritz gestorben? Und hegte deren Sohn Peter nicht eine große Bewunderung für Friedrich, der eigentlich von der Koalition schon geschlagen war und dem Zar Peter jetzt das Leben rettete?

Jetzt aber, im Frühjahr 1945 rettete niemand den Deutschen den verlorenen Krieg. Die meisten Deutschen ahnten vielleicht nicht einmal, daß Hitler durch Auschwitz,

Lidice und Babi Jar den Deutschen jeden Ausweg verbaut und mit ihrer brutalen Mitwirkung versperrt hatte. So machte sich eine neue »Rette-sich-wer-kann«-Hoffnung breit. Die deutschen Flüchtlinge aus dem Osten drängten durch die Tschechoslowakei nach Westen – Richtung Karlsbad. Karlsbad – das mußte und wollte man erreichen, Karlsbad – dort waren die Amerikaner. Ich erzähle das, weil das für den Geist der Fünfziger nicht unwichtig wurde: Noch in den letzten Kriegswochen hatte sich im Bewußtsein sehr vieler Deutscher der Feind im Westen, der ja immerhin durch seine Luftangriffe Deutschland in Schutt und Asche gelegt hatte – eben erst, ein gräßliches Fanal, Dresden –, zum erwünschten Freund und Retter in der Not gewandelt. Zwischen zwei Übeln wählte man das kleinere, die Tommys und Amis gegen den Iwan. Ein wenig nahm man es ihnen schon übel, daß sie nicht noch im Krieg unsere Verbündeten wurden, aber Ende der vierziger Jahre war es soweit: Da hatten Stalinismus und Antikommunismus aus ehemaligen Freunden Feinde gemacht und aus ehemaligen Feinden Verbündete. Wichtig für den Geist jener Jahre war, daß das Westbündnis in vorauseilendem Bewußtsein schon im Januar 1945 in vielen deutschen Köpfen zu spuken begann. Und daß das Ostbündnis von allen, außer von den Kommunisten, als Zwang empfunden wurde. Selbst der Hitler-Stalin-Pakt, mit dem Polen und die baltischen Staaten blutig von der Landkarte geräumt worden waren, hatte in Deutschland nie Zustimmung und Sympathie gefunden. Und in der Sowjetunion wohl auch nicht.

Die Russen rückten näher, auch wir brachen, so hochschwanger meine Mutter auch war, hektisch nach dem Westen auf. Inzwischen war mein Vater zu uns gestoßen, hatte zusammen mit Freunden einen Trecker mit Teppichen, Nahrungsmitteln und Geschirr organisiert, im Auto fuhren wir nach Westen. Aber die Straßen waren von Flüchtlingsströmen, Pferdewagen, Handwagen, Autos, Fußmarschierenden, verstopft. Ich erinnere mich noch, wie einmal, in der Nähe von Trautenau, eine Panik ausbrach (»Die Russen kommen!«), die einer Stampede glich – man stelle sich vor, in einem Stau auf der Autobahn würden alle entweder wie wild davonlaufen oder, sich ineinander verkeilend, losfahren. In den fluchtartig verlassenen Dörfern hörte ich das Brüllen der ungemolkenen Kühe. Jedenfalls setzten bei meiner Mutter die Wehen ein, wir mußten weg vom Wege nach Westen, kamen in einer Scheune bei tschechischen Bauern unter, während der Flüchtlingstreck weiter nach Karlsbad drängte und stampfte.

Und während meine Mutter niederkam, lag ich auf einer Mai-Wiese, die wunderbar grün war und voll mit gelbem Löwenzahn und weißrosa Klee. Und auf einmal sah ich in der gewölbten Landschaft am Horizont lehmgelbe, lehmgrüne Gestalten auftauchen. Sehr weit, sehr still und sehr viele. Die Russen waren da. Die erste Flucht nach dem Westen war mißglückt.

Von den Russen überrollt, schlugen wir uns, sobald sich meine Mutter auch nur mühselig bewegen konnte, in Fußmärschen und Zugfahrten aus dem ehemaligen Protektorat und der jetzigen Tschechoslowakei zu einer Bekannten meines Vaters nach Niederschlesien durch – in die Nähe Gerhart Hauptmanns, wie ich später erfuhr. Und dort lebte ich ein Jahr in glücklicher Steinzeit, ohne Schule, ohne Nachrichten vom Rest der Welt abgeschnitten – denn Deutsche durften, bei Todesstrafe, keine Radios besitzen –, ohne Zeitungen, ohne Läden. Aber auch ohne Hunger, denn das Dorf versorgte sich selbst. Die Russen waren fern, wenn sie nicht zum Plündern und Vergewaltigen nah waren. Eines Tages las man auf Anschlägen, daß das Gebiet zu Polen heimkehre, dann passierte lange wieder nichts, dann kamen polnische Bauern in die Höfe der Deutschen, mit denen sie aber im großen und ganzen friedlich nebeneinander lebten, die Deutschen als Knechte der neuen Herren. Wurde man von Polen bedroht, so half einem, wenn man Glück hatte und sie fand, die Rote Armee. Es mag ein kindlicher Erinnerungseindruck gewesen sein, aber die Polen und Russen schienen einander weniger zu mögen als die Deutschen und die Russen. Aber vielleicht habe ich, elf Jahre alt, das auch nur als dummes Geschwätz der Alten aufgeschnappt.

Etwa ein Jahr später wurden wir ausgesiedelt: zuerst also im Lager zusammengetrieben, dann in Viehwaggons gesteckt und mit unbestimmtem Ziel auf die Reise geschickt. Ich müßte lügen, wenn ich die damalige Situation als von Angst erfüllt erinnern würde. Die Menschen waren traurig wegzumüssen, aber sie waren froh wegzudürfen. Sie wollten nach dem Westen. In mündlichen Erzählungen hatte sich herausgeschält, daß man mit den Transporten in die westlichen Zonen ausgesiedelt wurde, und das sei gut (in Abstufungen: Amis sehr gut, Briten gut, Franzosen so lala). Oder in die sowjetische Zone, und das sei schlecht.

Da uns nichts gesagt wurde, war die mehrtägige Reise – wir standen oft stundenlang herum, aber ich erinnere mich weder an Hunger noch an Durst, noch an Angst – eine Tombola. Einmal fuhren wir nach Dresden, und das Bild dieser schier endlosen Ruinenlandschaft, ein Kriegskrater gigantischen Ausmaßes, hat sich mir unauslöschlich eingeprägt. Schließlich blieb der Zug stehen, wir wurden ausgeladen, landeten in einem Gasthaus, auf dessen Boden zwischen den Tischen wir einige Tage schliefen, an dessen Wänden wir lasen: »Vergass dei Hamit nit!« Und das Lied »Die Sonn geht übern Berg drüben ra / Besamt die Wolken rot«, das den Refrain hatte: »S'ist Feierabend, s'Tagwerk ist vollbracht«.

Und wieder an einer anderen Wand, auch durch ein buntes Heimatgemälde verstärkt, war zu sehen: »Es grüne die Tanne/Es wachse das Erz/Gott schenke uns allen/ Ein fröhliches Herz«. Das mußte früher mal ein sogenanntes gemütliches Lokal gewesen sein. Wir waren in Stolberg im Erzgebirge. Stolberg lag in der Nähe von Chemnitz, und Chemnitz liegt in Sachsen. Sachsen war SBZ – die zweite Flucht in den Westen war mißglückt. Die Aussiedlung hatte, wie das Leben so spielt, in den Osten geführt.

Da man damals zugeteilt wurde, von Ämtern mit Marken, Bezugsscheinen, Kohlescheinen, Wohnungsanrechtsscheinen mehr schlecht als recht versorgt wurde, aber dennoch unlösbar gegängelt, war an eine Weiterfahrt auf eigene Faust nicht zu denken. Sie wäre ja wohl auch verboten gewesen.

7. BLAUER DUNST

Die Jahre von 1945 bis zur Währungsreform (im Westen) und bis in die frühen fünfziger Jahre im Osten waren Schwarzmarktjahre. Es wurde geschoben und getauscht, unter der Hand und an der offiziellen Bürokratenwelt der Lebensmittelkarten und Bezugscheine vorbei. Wer sich heute davon ein Bild machen will, sollte sich Billy Wilders Film »A Foreign Affair« von 1948 anschauen. Er bekommt da nicht nur einen Einblick in die Trümmerwüste Berlin aus der Vogelperspektive (amerikanischer Flugzeuge): 70 Millionen Kubikmeter Trümmer soll es in Berlin gegeben haben, 70 Millionen Kubikmeter, die von den Trümmerfrauen Stein um Stein beiseitegeräumt wurden. Wer »A Foreign Affair« sieht, erlebt auch den »Schwarzen Markt«. Nicht bloß als »Black-Market«-Song von Friedrich Hollaender, gesungen von Marlene Dietrich, sondern als Tausch der Wünsche und Begierden: Ein amerikanischer Captain tauscht da die Liebestorte, die ihm seine Verlobte aus Iowa geschickt hat, gegen eine Matratze, auf der er mit seiner deutschen Geliebten, einer »Nazisse« (gespielt von Marlene Dietrich), liegen und lieben will. Kein Wunder, daß der Film, der realistisch das Nachkriegsfraternisieren zwischen Ami-Soldaten und deutschen Frauen, »Veronicas« genannt, beschreibt, weder in den USA noch in Deutschland reüssierte. So genau wollte man es nicht wissen, bei aller Liebe.

Die Hauptwährung für all die Liebe war die Ami-Zigarette, die wichtigste Währungseinheit war die »Stange«. Für eine Stange »Amis« gab es einen Haufen Liebe, eine Menge »Frauleins«, für Ami-Lullen gab es Teppiche für die Besatzer, Gemälde, Antiquitäten, Kunstwerke. Zigaretten konnte man gegen Schokolade und Butter tauschen und umgekehrt. Zigaretten betäubten den Hunger, Zigaretten lähmten die Angst.

Die Russen hatten »Papyrossi«, Zigaretten mit langen Mundstücken und einem kurzen Tabakstück hinter durchsichtigem Papier. Um eine russische Zigarette zu rauchen, drückte man das etwa vier Zentimeter lange Mundstück ein. Aus der Rundung wurde ein Spalt von zwei Zentimetern gedrückt, dem ein anderer Knick, um 90 Grad versetzt, folgte. Durch diese Knicke wurde der heiße Rauch kühler. Neben der »Papyrossi« rauchten die Russen »Machorka«: groben Tabak, den man zu plumpen Zigaretten drehte. Die Russen hatten kaum Kontakt zur deutschen Bevölkerung. Sie hatten nicht genug »Papyrossi«, um auf dem Schwarzen Markt zu zählen, sie waren kaserniert. In der Erinnerung hatten sie Frauen vergewaltigt, Uhren gestohlen (»Zapzarap! Uri! Uri!«) und die Wasserklosetts, die sie in deutschen Häusern zum ersten Mal gesehen hatten, mit Spülbecken verwechselt. Sie legten die Kartoffeln rein, zogen an der Schnur, weg waren die Kartoffeln. So lachte der besiegte Deutsche über den sowjetischen Sieger. Der Russe erschien den Besiegten als Barbar.

Die Russen hatten sich Goldzähne über ihre Vorderzähne machen lassen, als Sieger; sie trugen sechs Armbanduhren über- und nebeneinander. Sie wurden hingerichtet, wenn sie, nach der Anfangssiegerlaune, deutsche Frauen vergewaltigten. Sie hatten, von wegen Sozialismus!, in ihrer Armee zwölf verschieden abgestufte Kasino-Essen, vom Muschik bis zum General. Das waren die Geschichten, die man über sie erzählte. Wenn sie in Marschkolonnen mit meist kahlgeschorenen Schädeln (Läuse!) durch die Straßen zogen, sangen sie. Jeder, der sie hat singen hören, erinnert sich, daß der Refrain nach »Leberwurscht! Leberwurscht!« klang.

Wer heute, 1996, in einer Hamburger U-Bahn-Station eine Zigarettenreklame sieht (»Rauchen verursacht Krebs«), kann das wunderbare Design der amerikanischen Lucky Strike sehen. Die Lucky Strike mit ihrem rotschwarzen Kreis auf weißem Grund war ein Mythos. Das Design erinnerte an die anglo-amerikanischen Kriegsflugzeuge. Wenn in den ersten Nachkriegsjahren ein Ami eine lange Kippe wegwarf (lang wegen des Nikotins, das sich Zug um Zug sammelt), bückte sich ein Deutscher. Die Zigarette der Nachkriegszeit schreibt die Geschichte von Siegern und Besiegten, die Geschichte einer Erniedrigung. Für Zigaretten, Nylons und Schokolade haben sich deutsche Mädchen den Besatzern hingegeben. Dazu bekamen sie auch noch Kaugummis, Wrigley's »Spearmint« zum Beispiel. Die Amis bewegten kauend ihre Backen. Sie hatten prächtige Zähne, stark im Biß, chewing-gum-gestählt. Die Russen saßen am Feldrand, das Käppi auf dem Schoß, die stoppelige Glatze in der Sonne, die Knobelbecher an den Beinen. Sie griffen in ihre Taschen, holten Sonnenblumenkerne heraus. Sie kauten die Sonnenblumen, spuckten die Schalen aus. Sie kauten und spuckten.

Nicht nur die Lucky Strike war ein Mythos. Auch die

Camel mit dem Kamel. Die Tabake stammten aus Kentucky, waren »sun mellowed«; Worte wie »American blend« hatten einen magischen Klang. Es gab die Pall Mall, dunkelrot mit weißer Schrift, länger als die andern, und kundige Deutsche stritten sich darüber, daß sie »Päll Mäll« und nicht »Poll Moll« ausgesprochen wurde – wie die Straße in London, »you know!«.

Mit der »Ami« siegte die amerikanische Lebensart: Zigaretten in weichen Packungen, Zigaretten in Staniol, die Packung, die durch das Zellophan noch strahlendere Farben zeigte, die Steuerbanderole, das knisternde Aufreißen eines Karrees, das Herausklopfen der Zigarette, die Lederetuis für die »Ami-Zigaretten«, Sturmfeuerzeuge für den Wind, Goldfeuerzeuge, »Gestatten Sie, daß ich Ihnen Feuer gebe!«, Streichhölzer, mit denen man nie drei Zigaretten nacheinander anzündete. Das galt als schlechtes Benehmen. Und in den fünfziger Jahren wurde dazu eine Geschichte erzählt: »Das kommt vom Krieg, aus dem Schützengraben. Drei Soldaten zünden sich eine Zigarette an. Der Gegner sieht das Aufflammen des Streichholzes in der Nacht. Er hebt sein Gewehr. Als der zweite Feuer bekommt, legt er an. Und beim dritten drückt er ab. Peng!«

Die Zigarette war Zeichen des American way of life, Männlichkeitssymbol. »Die Zigarette danach – die beste meines Lebens« lautete eine Werbung damals. »Danach« war nicht »danach«, sondern nur eine Anspielung auf »danach«. »Danach«, das war das Rauchen nach einer Prüfung, nach einer Bewährung, nach einer abenteuerlichen Situation. Rauchen war nicht nur männlich, rauchen war auch Frauenemanzipation.

Hatte es bei den Nazis nicht geheißen »Eine deutsche Frau raucht nicht!« Und »Eine deutsche Frau schminkt sich nicht!«? Eine Kippe mit Lippenstift in einem Aschenbecher, das war ein wohliger Schauer der Verworfenheit in den Fünfzigern. Emanzipation, der Duft von Freiheit. Eine Zigarettenreklame forderte: »Rauche-Staune-Gute Laune«.

In unserer Bernburger Altbauwohnung, die aus sechs Zimmern bestand, bewohnte den Vordertrakt die Dramaturgin des Bernburger Stadttheaters, eine Berlinerin. Sie trug Nylons, Stöckelschuhe, hatte behaarte Beine und rauchte, rauchte, daß ihre Stimme krächzend rauh war. Sie hatte aus Berlin »Ami-Zigaretten«, und ich durfte mit ihr und ihrer Freundin Eva, einer Bühnenbildnerin in kuschligen braunen oder schwarzen oder knallroten Mohair-Pullovern, mitrauchen. »Amis«! Wir bliesen Rauchringe, die sich blau und süßlich in die Luft legten. Es war ein Initiationsritual in die Welt der fünfziger Jahre. Eva hatte üppige rotgeschminkte Lippen und wunderbar weiße vorstehende Zähne, auf die sich Lippenstift legte. Wenn wir übermütig waren, bliesen wir uns den Rauch in den Mund. Ich war sechzehn und kam mir verworfen vor, zumal mein Vater und meine Mutter nicht rauchten und nur zwei Zimmer weiter waren. Filmstars rauchten, Alida Valli im »Dritten Mann« und Cary Grant in »Notorious«, der aus Eifersucht und Liebe die Zigarette nervös zwischen den Fingern drehte – das Gesicht beherrscht, nur die Finger mit der Zigarette verrieten die Anspannung.

Es gab die französischen, die existenzialistischen Raucher, denen der Glimmstengel beim Sprechen an der Unterlippe kleben blieb. Wie zum Beispiel Yves Montand in »Lohn der Angst«. Gitanes, Gauloises, alles ohne Filter, mit gelbem Maisblatt. Bilder von Mitterrand oder Camus, denen die Zigarette wie ewig von der Lippe hängt.

Rauchen war Genuß, war Lebensfreude, Freiheit. Zigaretten in Staniol, aus amerikanischen Tabaken rauchen zu können, ohne dafür einen Perserteppich oder seinen Körper tauschen zu müssen, war Zugehörigkeit zur neuen Welt, war Aufbruch.

Wenn jemand behauptete, ich wäre wegen der »Amis«, die in Westdeutschland Eckstein oder Golddollar hießen und die alles hatten, nur keinen Filter, nach dem Westen gegangen – ganz entschieden widersprechen könnte ich ihm nicht. Ich wählte die Freiheit, und die Freiheit waren Players, Zigaretten in einer blaßlila Packung.

Rauchen schadete nicht, im Gegenteil. Als Raucher gehörte man dazu, Frau wie Mann. Allerdings raucht eine Frau nicht auf der Straße. Das machen nur Huren oder Engländerinnen in London. Irgendwann starb Nat King Cole, »The man with the velvet voice«, der Mann mit der Samtstimme, an Kehlkopfkrebs, und seine Witwe verklagte die Zigarettenindustrie, an seinem Tod schuld zu sein. Aber das war in den Sechzigern. In den Fünfzigern galt »Rauche-Staune-Gute Laune«. Der Mann, der dafür Reklame machte, sah wie jemand aus, der kein Wässerchen trüben kann: heiter, harmlos. Kein Cowboy, kein Humphrey Bogart, kein harter Typ. Einfach ein gutgelaunter Konsument, ein fröhlicher Raucher.

Aschenbecher kamen in Mode, rot, blau, gelb und grün, die einen verchromten Teller hatten und einen Druckgriff; man drückte, der Teller drehte sich, weg waren Kippe und Asche im bottichartigen Gefäß. Bei einem anderen Modell öffneten sich Klappen. Raucherhaushalte hatten sich schließende Ascheschäufelchen, Rauchergarnituren, Streichholzhalter, Feuerzeugungetüme, Vivil, Kaugummi für danach.

Rauchen, das war eine Zeiteinheit. »Bleib noch!« sagte man spät abends zu dem Mädchen. »Ich muß jetzt gehen. Es ist spät.« – »Bitte!« – »Also gut, noch eine Zigarettenlänge!«

Am Abend, die elegante Studentin mit dem Bolero-Jäckchen, vor uns zwei Gläschen süßen Südweins, klebrig. Ich hatte sie am Vormittag in der Milchbar der Uni, wo sonst?, kennengelernt, und ihr, was sonst?, mit einem »Gestatten Sie!« Feuer angeboten. Wie elegant sie jetzt abends den Rauch halbschräg nach oben ausstieß, fast wie im Film, eine Dame, das kurze Jäckchen über der Stuhllehne, den nackten Ellbogen aufgestützt, die Zigarette in der nach außen elegant abgewinkelten Hand. Ich erschauerte, war sie nicht zu weltläufig für mich? Und wie sie mir später, aus den Semesterferien, aus Köln, einen kläglichen Brief schrieb, ich möge ihr ein, zwei Zigaretten in einen Umschlag legen, ihre Eltern würden sie streng halten und ihr das Rauchen verbieten: eine Dame, die sich zurück in ein kleines, kurzgehaltenes Mädchen verwandelte. Damals wurde man mit einundzwanzig volljährig. Und die Eltern hielten sich daran.

Spiele der Langeweile. Die Zellophanhülle ließ sich von der weichen Packung ziehen, man brannte ein Loch in die durchsichtige Hülle, blies Rauch in den Hohlraum, klopfte mit dem Finger dagegen, und der Rauch kam in blauen Ringen aus der Packung. War sie leer, ließ sich die Packung in der Faust zerknüllen. Aus dem Hochglanzprodukt war Müll geworden, Asche im Container des Aschers, ein zusammengedrückter Haufen Papier, die ersten Ansätze der Wegwerfgesellschaft.

Spiele der Sexualität. Der junge Mann gibt der jungen Frau Feuer. Zum ersten Mal. Als er das noch brennende

Streichholz zurückzieht, nimmt sie weich seine Hand, blickt ihm in die Augen, pustet mit hingebender Zärtlichkeit das Feuer aus, blickt ihm wieder in die Augen: Du darfst! Du sollst! Sie küssen? Mit ihr schlafen? Spiel mit dem Feuer, Flirt. Der tiefe Blick über dem ausgeblasenen Streichholz, das seinen schwarzen Kopf krümmte. Sah man dieses Spiel am Nebentisch, dachte man, die Glücklichen! Bekam man den tiefen Blick selbst zugeworfen, wurde man selbst eingeladen, darin zu versinken, dachte man unruhig: Ist es wahr? Verstehe ich sie richtig? Und zog nervös an seiner Zigarette.

Hitchcock hat diesen Moment lasziver Freiheit, dieses Raucher-Signal der Fünfziger, hinreißend in »North by Northwest« im Zug-Speisewagen zwischen Eva Marie Saint und Cary Grant gespielt. Sie pustet sein Feuer aus, blickt ihm tief in die Augen, versinkend. Kurz darauf wird man im Schlafwagen sein.

8. AMERICAN FORCES NETWORK

Als die Nazis, Quatsch: als »wir« den Krieg verloren – denn damals gehörten »wir« noch dazu, damals hätten »wir« uns noch nicht, wenn von »Deutschland« oder von »uns Deutschen« die Rede war, am liebsten vor Scham verkrochen, nicht zugehörig gefühlt –, also: als »wir« den Krieg verloren, donnerte in den Wochenschauen das Prélude von Franz Liszt noch immer wie ein Katarakt heroischer Wogen über Endbrände, stürzende Trümmer, zerschossene Leiber. Als Hitler verreckte, Quatsch: als »der Führer im heldenhaften Kampf um Berlin fiel« (daß er Selbstmord begangen hatte wie ein Sparkassendefraudant, der mit der Portokasse erwischt worden war, erfuhren »wir« erst viel, viel später), ertönte den ganzen Tag »Siegfrieds Trauermarsch«. Immer wieder: Badadidida-Tam/Tam. Badadididida-Tam/Tam-Tam/Tam. Quäkig krächzte der Volksempfänger, ein oben abgerundeter Kasten mit runder Segmentskala, drei Knöpfen unten, und einem runden, mit Stoff bespannten Lautsprecherloch, die drohenden Streicher und das zweimalige Hämmern von Becken und Pauke. Im Radio klang das dünn, wimmernd, wo es doch fett, heroisch, dröhnend gemeint war.

Von dem Wagner-Pathos und Liszt-Heroismus blieb nach dem verlorenen Endsieg nur die schmalzige Antiwelt der Musik übrig – bis weit in die fünfziger Jahre. Ich denke an einen Sonntag im November 1950 in Metzingen: Mein Onkel liegt, nach dem Mittagsmahl, auf dem Sofa im Wohnzimmer, in der Küche plantscht und klappert die Tante mit rotaufgeweichten Händen in der Spüle mit Töpfen, Löffeln und Tellern, und das Radio ist an. Nicht so laut, daß es sein leicht blasendes Schnarchen, ihr fernes Plätschern übertönt hätte.

Vor allem Duette sind zu hören, Tenor und Sopran, Buffo und Soubrette, die Welt der Operette hat die Operettenwelt des »Dritten Reichs« überlebt. »Wer uns getraut? Ei sprich, sag du's! Der Dompfaff, der hat uns getraut!« Und: »Machen's wir den Schwalben nach, bau'n wir uns ein Nest! Bist du lieb und bist du brav, halt zu dir ich fest. Bist du falsch, oh Schwälberich, fliegt die Schwalbe fort.« Meine Tante hatte ein Klavier, und war sie auch durch die viele Hausarbeit, die rotgeweichten Hände und die Krampfadern an den Beinen, aus der Übung gekommen, so musizierten die beiden nach Feierabend manchmal das »Wunschkonzert«, das »Gratulationskonzert für Geburtstagskinder und Jubilare« weiter. Lehár. Kalman. Die Tante spielte, vergriff sich; der Onkel, der sich für einen Tenor hielt, preßte: »Immer nur lächeln / Und immer vergnügt/Immer zufrieden / Wie's immer sich fügt / Lächeln trotz Weh und tausend Schmerzen / Und wie's da drin aussieht, geht niemand was an!«

An dieser Stelle unterbrach sich der Onkel gern (obwohl er nie etwas von Brecht, von Verfremdung und Kommentierung gehört hatte), schaute mich fest und überlegen-wissend an und sagte: »Tiefste Weisheit des Ostens!«

Er war übrigens sonst nicht immer so »Immer-nur-Lächeln«-weise, sondern jähzornig, wobei er sich rotgesichtig bis in die Nähe des Herzinfarkts überkugelte.

Auch im Osten verliefen die Sonntage musikalisch nicht so anders. Aus dem übriggebliebenen Volksempfänger schepperte mit Vorliebe eine Arie aus Tschaikowskis »Eugen Onegin«, wozu ein meist zu breit seinen Ton suchender Baß erklärte: »Ein jeder kennt die Lieb auf Erden / Ein jeder muß ihr eigen werden.« Und bekannte: »Am meisten liebe ich Tatjana.«

Musikalisch wurde nicht nur Tatjana geliebt, sondern auch Kalinka, beispielsweise vom Chor der Roten Armee (eine Konkurrenz-Organisation zu den reaktionären Don-Kosaken), es gab besonders schmelzende, den Ton lang anhaltende Tenöre und besonders gefühlige, in allen Gemütskellern polternde Bässe, sich überschlagende Ziehharmonikas, immer schneller werdende (hoi! hoi!) Rhythmen. Und es gab »Otschitscharnaja«, die »Schwarzen Augen«, und, mit weich klagendem Klang, »Stand ich an dem Grab meiner Liebsten«, von dem jeder wußte, es sei Stalins Lieblingslied. »Am Grab meiner Liebsten ...«, mein Gott, mußte der Mann ein im Grunde weiches Gemüt haben! Aber der Chor der Roten Armee zeigte auch seine und Stalins Liebe zum deutschen Volke und sang, phonetisch fast korrekt: »Im schönsten Wiesengrunde steht meiner Chaimat Chaus!« Mit dem Refrain: »Dich, mein stilles Tal, grjuß ich tausendmal!« Oh, deutscher Umlaut! Resistent gegen alle Verbrüderung!

Aber man lernte auch am Sonntag im nachmittäglichen Wünschen die Volksseele russischer Provinzen und föderativer Sowjetrepubliken musikalisch kennen. Besonders häufig gewünscht und ersehnt wurde das »Lied vom Wasserträger«; es stammte, wenn ich mich richtig erinnere, aus Buchara oder aus Taschkent. Und es ging so, mittels der Stimme eines Baritons: »Ach, es macht schon seinen Sinn« (danach machten die Instrumente plum/plum), »daß ich Wasserträger bin« (wieder erfolgte ein zweimaliges Plum, also »plum/plum«). »Ohne Wasser, welch ein Spaß« (plum/ plum), »wär diese Welt ein leeres Faß!« (plum/ plum). Heiliger Brecht, heilige Grusche Wadnatze, steh uns bei!

Die beste Propaganda ist immer die, die nicht als solche gemeint ist: tiefste Weisheit des Westens! Als die amerikanischen GIs (Dschi-Eis) in Deutschland einzogen und sich in ihrer Besatzungszone und ihrem Berlin-Sektor einrichteten (nicht zu vergessen: in ihrer Hafenenklave Bremerhaven), brachten sie nicht nur ihre Camels und ihre pappigen Weißbrotscheiben und ihr Root Beer und ihre Hotdogs und ihre Hamburger (nein, die Hamburger brachten sie noch nicht, das war viel, viel später!) mit, sondern auch ihre Musik.

In die PX-Läden in Berlin oder Frankfurt, München oder Kaiserslautern kam man als Deutscher nur mit Beziehungen hinein und konnte dann, von andern beneidet, bis tief in die sechziger Jahre mit Maiskolben, Ginger Ale, Hotdog-Relish oder echten Camel aufwarten. Wie fremd Ginger Ale und Root Beer damals waren, merkt man, wenn man zeitgenössische Übersetzungen von amerikanischen Krimis in die Hand nimmt: Vom »Ingwerbier« ist da die Rede und vom »Wurzelbier« – Getränke, die mit gutem Grund in Deutschland nie heimisch wurden, weil ihr süß-klebriger Geschmack sich nur aus der puritanischen Furcht vor dem Dämon Alkohol erklärt. »Wurzelbier«, von wegen Bier!

Die AFN-Musik bekam man dagegen frei Haus: American Forces Network, AFN, eine der Kulteinrichtungen der fünfziger Jahre. Sie überschütteten Deutschland bis tief in den Osten (dank der Viersektorenstadt Berlin) mit dem, was damals noch nicht Popmusik hieß, aber Popmusik war: Swing, Swing, Swing, Jazz, Blues, synkopierter Rhythmus, schwarze Musik, improvisierte Musik, Bigband-Musik, Ella Fitzgerald, Frank Sinatra, Louis Armstrong, Benny Goodman. Und vor allem: Glenn Miller. Glenn Miller und »In the mood«. Bigband-Musik, Boogie-Woogie-Musik, Klaviermusik, Ragtime. Art Tatum. Saint Louis Blues. Erroll Garner.

Wie ein unwiderstehlicher Schwall ging diese Musik über junge Leute nieder, machte sie zu ihren Fans, zu ihren Gläubigen, zu Gläubigen des American way of life. Sie schied sie von den Alten, die Sonntagnachmittag auf dem Sofa lagen und »Wer uns getraut« hörten oder den »Donauwalzer«. Sie schied sie von den Kommunisten, die mit Ernst Busch markige Arbeiterlieder sangen (»Die Solidarität«). Sie war, in den Augen ihrer Gegner, Rattenfängermusik, Negermusik, Lärm, Krach, die Aufforderung zum Chaos. Sie paßte zu Kaugummi und Zigaretten, sie signalisierte eine Jugendrevolte, einen Sieg des Westens.

Und neben all den Tageshits und Modeschlagern nisteten sich die Melodien von Cole Porter und George Gershwin in mir ein – unvergeßlich, eben Evergreens, in immer neuen Versionen, balladesk, romantisch, »Night and day«, »I've got you under my skin«. Dann kam noch, Mitte der fünfziger Jahre, der Film »Ein Amerikaner in Paris«, der die Infizierung der GIs mit europäischem Flair, die Erotisierung Europas durch die GIs zum Thema hatte. Wer hätte da widerstehen können?

Mit meinem knisternden Volksempfänger habe ich nie

den AFN »hereingekriegt«, immer nur den BFN, den British Forces Network aus Berlin. Ich bin um 6 Uhr aufgestanden, jeden Morgen, um ungestört von der Familie »I'm Beginning to see the light« zu hören. Mit der amerikanischen Musik begannen wir das Licht am Ende des Tunnels zu sehen. Der AFN hat uns zu Antifaschisten gemacht: Wir sahen, wie die Amis sich bewegten. Nicht im Stechschritt und nicht zu Marschmusik – es sei denn Glenn Millers »American Patrol«, bei der der gewirbelte Marsch alsbald in synkopierenden Swing überging.

Gershwin, Porter, Glenn Millers »Moonlight Cocktail« und »Moonlight Serenade«. Paare, die sich eng aneinander geschmiegt elegant bewegten, er eventuell im Tuxedo (so hieß der Smoking nun), rot, gelb, weiß – sie, ihre nackten Schultern wie aus einem Blumenkelch schneeweiß sich aus dem knallroten, tiefblauen Kleid schälend. Das Drahtgestänge um den Busen, die große Schleife, die den Po verbarg, die hohen Pumps. Seine Linke lag um ihre Hüfte, leicht über dem Gesäß, unter dem raschelnden Petticoat, ihre Rechte auf seiner Schulter. Seine Rechte bildete, eventuell mit abgespreiztem kleinen Finger (wie beim Teetrinken), eine Auflage, in der ihre Hand ruhte, vielleicht mit ellbogenlangen Handschuhen, die die Farbe des Kleides wieder aufnahmen. »Moonlight Cocktail«, ihre Wangen berührten sich. Wir saßen verborgen außen wie Wilders Sabrina, wie Audrey Hepburn, im Baum, selige Voyeure, glücklich vor Neid mit tränenden Augen: »Isn't it romantic?« Mondlicht. »Cheek to Cheek«, Wange an Wange. »Moonlight Serenade«, der unwiderstehliche Glenn-Miller-Sound, ein Mix aus Saxophonen und Klarinette.

Später der Rock'n'Roll, Entenschwanzfrisuren, wilde Würfe beim Tanzen. Aber keine Sorge! Als diese Musik bei uns, der bürgerlichen Jugend, ankam, war sie beim Tanzen längst ein artiges Menuett. Man drehte sich wild umeinander, schwitzte stark, sonst war gar nichts.

1950 saß ich bei sonnigem Wetter unter dem Berliner Funkturm. Ein Orchester spielte George Gershwins »Rhapsody in blue« und sein Klavierkonzert. Der Himmel war blau, die Politik weit. Ach, dachte man, so muß es in New York sein, in Paris, in London! Und für einen Augenblick fühlte man sich durch die Musik zugehörig. Zur westlichen Welt.

Mein Freund Bert in Bernburg spielte Klavier, sein Vater hatte eine kleine Tanzcombo. Bert konnte ein paar Takte Blues. Und so saßen wir Nachmittag um Nachmittag bei ihm. Er spielte, wir sangen hinter ihm, die neue Kunst der Improvisation übend: »Ba da pa dua, bä, bä, du bai.« Wir sangen, stundenlang: »Blues, when do you go from me? Blues, when do you go from me. Be, da pa dua, when do you go from me!« Bis Berts Mutter hereinkam und fragte, ob wir denn nicht fürs Abi lernen wollten.

In Gedanken waren wir schon im Westen.

Nicht mal, als alle gegen Vietnam protestierten, später, Ende der Sechziger, habe ich der amerikanischen Musik vergessen, was sie für mich getan hatte, damals, Anfang der fünfziger Jahre.

9. NÜTZLICHE IDIOTEN

Stalin war der beste Freund des deutschen Volkes. Sein Satz »Die Hitler kommen und gehen, das deutsche Volk und der deutsche Staat bleiben bestehen«, gebetsmühlenartig von der SED-Propaganda wiederholt, war die Garantie, daß er uns nicht mit Haut und Haar verschlingen wollte. Der beste Freund des deutschen Volkes war hinter vorgehaltener Hand der entsprungene grusinische Klosterschüler, der Bankräuber und Verfälscher Lenins.

Hatte man bei den Nazis immer gesagt »Wenn das der Führer wüßte!«, so hieß es jetzt, daß Lenin vor Stalin gewarnt, ihn nicht gewollt, ihn zu verhindern gesucht hatte. Leider sei Lenin zu früh gestorben. Stalin hatte inzwischen einen von Altersmehl gepuderten Schnurrbart, er war ein wenig feist in seiner Generalissimus-Uniform, die schlicht war, aber doch irgendwie an Göring oder Tito erinnerte. Stalin hatte die Haare straff zurückgekämmt und war unter die Klassiker geraten, die vier Klassiker: Marx, Engels, Lenin, Stalin – so waren ihre Köpfe in einer Reihe abgebildet, eine Parade wechselnder Bärte, Vollbart, Schnauzbart, Spitzbart, Schnurrbart. Dabei gab es bald eine neue Ikone, Mao, etwas fettglänzend im Gesicht, wie mit Öl beschmiert.

Stalin war nicht nur der beste Freund des deutschen Volkes. Er war auch der Erbauer des Sozialismus, der Sieger und Feldherr des großen, nein, des Großen Vaterländischen Krieges, er war der Führer der sozialistischen Internationale, er war der Generalsekretär der KPdSU, in Klammern B, was Bolschewiki bedeutete: KPdSU(B). Und es gab einen kleinen Abriß der Geschichte der KPdSU(B), den hatte Stalin verfaßt, und das war der kleine Katechismus des Sozialismus, wo Merksätze drin standen wie der: »Die Geschichte der Menschheit ist eine Geschichte von Klassenkämpfen.« Und wo man belehrt wurde, daß zuweilen (Dialektik, Dialektik!) Quantität in Qualität umschlage; so wurde aus Evolution Revolution, zwangsläufig und folgerichtig wie aus Eis Wasser bei 0 Grad Celsius. Die Geschichte der KPdSU(B) war eine Naturgeschichte der Menschheit, Stalin ihr Verfasser. Stalin hatte auch ein sprachphilosophisches Werk veröffentlicht. Stalin segnete als Pädagoge die Erziehungswissenschaften von Makarenkow ab und als Biologe, als größter Biologe aller Zeiten, die Überwinterungsmutationen, die Lyssenko, ein biologischer Scharlatan, mit dem Weizen versuchte. Der Weizen und der Roggen oder die Kartoffeln oder die Gerste sollten sich wie die Menschen verhalten, Quantität sollte in Qualität umschlagen, dialektisch versteht sich. Aus Eis wurde Wasser, aus Sommerweizen Winterweizen. Satt wurde im Ostblock davon niemand.

Schon damals hat die SU ihr Endziel nicht vergessen (»Von der Sowjetunion lernen heißt siegen lernen«) und Weizen in Kanada und den USA gekauft. Obwohl die doch nicht auf der Höhe von Lyssenko waren und nicht dialektisch aus Sommerweizen Winterweizen machen konnten. Stalin ging es vor allem darum, daß man Eigenschaften nicht erbt, sondern erwirbt. Insofern war er schon der krasse Gegenpol zu Hitler. Die Umwelt macht's, die Sozialisation. Stalin war der umwälzendste Wissenschaftler aller Zeiten, militärisch ein Generalissimus, wissenschaftlich ein Generalist mit Unfehlbarkeitsdogma.

Stalin war deshalb der beste Freund des deutschen Volkes, weil er sonst nichts zu bieten hatte: keine Cola, keine Camel, kein Kaugummi, keine Nylons, keinen Jazz. Während seine Truppen in der DDR Schienen abmontierten und Fabrikanlagen – Maschinen, die irgendwo auf dem Transport sinnlos verrosteten –, skandierten wir unverdrossen pflichtgemäß: »Wir brauchen keinen Marshall-Plan / Wir kurbeln selbst die Wirtschaft an.« Stalin konnte nicht mitkurbeln, im Gegenteil, denn er war Boß eines durch Hitlers Krieg und durch den Sozialismus bis zur Erschöpfung und Agonie geschundenen Landes. Da war es gut, von Freundschaft zu reden, von der »Gesellschaft für Deutsch-Sowjetische Freundschaft«.

Einmal war in unserer Schule, in unserer Aula, eine Feier angesetzt, bei er es um Stalin ging. Geburtstag? Jahrestag? Fünfjahresplan? »Tag der Deutsch-Sowjetischen Freundschaft«, wer weiß? Jedenfalls wurde rezitiert und chorgesungen. Und vorne, an der Frontwand der Aula hing, von Blumen zu seinen Füßen geschmückt, ein Stalinbild. Irgendwann während dieser Feier, bei der wir Schüler zusammengepfercht und gelangweilt herumsaßen, wie bei jeder Feier, und deshalb immer bereit, in grundlose, hemmungslose, auch völlig unpolitische Heiterkeit auszubrechen, irgendwann mußte sich ein Schüler die Nase schneuzen. Er schnaubte laut, es trompetete durch die Aula während einer Rede, da der Schulleiter gerade von den Ruhmestaten von Josef Wissarionowitsch Dschugaschwili, genannt Stalin, sprach.

Die Schülerinnen und Schüler taten, was sie seit jeher taten und tun, wenn sich ihnen in der feierlichen Langeweile, der Anstrengung des Offiziösen, das über sie verhängt wurde, ein Ventil bietet: Sie brachen in albernes, ungehemmtes Gelächter aus.

Die Lehrer erbleichten. Lachen, Gekicher, Gemecker, Unruhe, während der Name des Erhabenen, während der Name Stalins erwähnt wurde. Das war gefährlich, das konnte bedrohlich werden. Also wurden wir alle aus der Aula geschleust, geteilt in übersichtliche Klassen, überschaubare Kleinverbände, die man kontrollieren konnte, zumal sie nach Alter gegliedert und in Klassenzimmer zurückgeführt wurden.

Der Schuldige, der Schnaubende wurde schnell ausgemacht. Es war ein Schüler in meiner Parallelklasse. Über ihn, der sich trompetend die Nase gesäubert hatte, mitten in einer Feier Stalin zu Ehren, der damit ein unkontrolliertes, ja anarchisches Gelächter unter Schülern aller Altersstufen provoziert hatte, brach ein Ungewitter herein. War er ein bewußter Provokateur, obwohl knapp sechzehn Jahre alt? War er ein Saboteur, ein Diversant, ein Feind der werktätigen Klasse?

Der Schneuzer war der Sohn eines bekannten Bernburger Arztes – damals durften Söhne von Ärzten noch zur Oberschule gehen, die SED (»Die Partei, die Partei, die hat immer recht!«) hatte das vererbbare Bildungsprivileg noch nicht zerschlagen. Und so hatte er Glück im Unglück. Ein Kollege seines Vaters bescheinigte ihm in einem ärztlichen Attest eine abnorme Verengung der Nase, eine

Nasenwand war verknorpelt und falsch geführt. Sein provozierendes Nasengeräusch war also kein Akt politischer Sabotage, sondern hatte sich aus gesundheitlicher Notlage ergeben. Er kam mit einem blauen Auge davon, er durfte auf der Schule bleiben.

Man sieht an dieser Geschichte, daß der Stalinismus der DDR nicht weniger strikte Benimmregeln entwarf als jede Tanzstundengesellschaft. Die Fünfziger waren eine »Iß-nicht-Fisch-mit-Messer!«-Epoche. Auf ostdeutsch hieß das: »Schneuz dir nicht laut deine Nase, wenn Stalin gefeiert wird!« Es gab eine Frage von Lenin, die den marxistischen Darwinismus auf den Punkt brachte, und sie hieß: »Wer wen?« – eine gute Frage, das Messer den Fisch? Stalin die verengte Nasenwand und ihre Geräusche?

Wir hatten damals Russischunterricht. Meist von Lehrern, die uns um höchstens drei oder vier Lektionen voraus waren, deren Aussprache alles andere als authentisch war (sie sprachen das Russische wie wilhelminische Lateinlehrer das Englische: mit festen Regeln, wie u ist gleich ö, also heißt es Höll und Cött (für Cut) und Böttler (für Butler)).

So war der Russischunterricht die pure Entspannung, eine Zeit der blödsinnigsten »Feuerzangenbowle«-Scherze, Gummischleudern mit von Spucke verklebtem Papier, Briefchen und anderen albernen Aktivitäten. Manchmal quälten wir unsere Lehrer, natürlich waren wir, vom Schulsystem abgerichtet und gequält, potentielle Sadisten mit Gruppenhäme: Wir präparierten uns in einer Lektion, die unserer aktuellen um, sagen wir: vier oder fünf voraus war, die also auch unsere vom Russisch überraschten Lateinlehrer nicht beherrschten. Und stellten ihnen Fragen, zum Beispiel nach komplizierten Verbmodalitäten – die sie nicht beherrschten. So kamen sie in Verlegenheit, und wir hatten in Russisch unsere Ruhe.

»Wer wen?« Eines Tages jedoch bekamen wir eine Russischlehrerin, die »richtig« aus Rußland stammte, eine Deutsch-Russin. Wenn ich mich recht erinnere, war sie klein, blond, angenehm und roch nach einem angenehm milden Parfüm, worauf wir Flegel mit gespielten Ohnmachtsanfällen reagierten, wenn sie, duftend, durch unsere Bankreihen ging. Sie sprach richtig, authentisch, jedenfalls war ihr Russisch russisch, ihr O war so sehr zum A offen, wie das O eines Amerikaners aus dem Osten oder Mittelwesten, der »Baston« sagt, wo doch »Boston« geschrieben wird – insofern ist das Russische (»Adessa« statt »Odessa«) mit dem Amerikanischen eng verwandt, Ostwestkonflikt oder Astwestkonflikt hin oder her.

Dieser duftenden, sanft das Weichheitszeichen (»mjaki znak«) sprechenden, Os zu As öffnenden Lehrerin waren wir sprachlich nicht gewachsen. Kein Ausflug in eine fern in der Zukunft liegende Lektion hätte die weich und sicher Russisch Sprechende in Verlegenheit bringen können. Und darauf reagierten wir, noch dazu, da sie keine geübte pädagogische Dompteuse war, mit Albereien, mit Unruhe, mit Ungezogenheiten.

Sie nahm das scheinbar hin. Doch eines Tages, am Ende einer Russischstunde, in der sie scheinbar hilflos ergeben unsere Störungen und glucksenden Albereien hatte über sich ergehen lassen, setzte sie sich am Ende der Stunde an ihr Pult und schrieb etwas ins Klassenbuch. Wir nahmen davon keine Notiz, bis unser Klassenlehrer kam, im weißen Kittel, er unterrichtete Mathematik und Physik und war als Naturwissenschaftler über die Ideologie erhaben, was damals, 1950, noch möglich war. Er interessierte sich für sein Motorrad und blickte hübsche Schülerinnen wohlwollend-neugierig an. Die DDR war ihm ein Graus, er war ein guter, wenn auch eitler Naturwissenschaftler, der uns eines Tages allen Ernstes sagte: »Einsteins Relativitätstheorie verstehen nur vier, fünf Menschen auf der Erde. Ich werde sie Ihnen jetzt erklären.« So waren es am Ende der Stunde statt vier oder fünf auf einen Schlag zwanzig.

Nach der Russischstunde, in der die blonde kleine Lehrerin etwas ins Klassenbuch geschrieben hatte, hatten wir Mathe. Er kam in die Klasse, klein, im weißen Mantel, dicke Hornbrille, das dunkle Haar naß gescheitelt, blickte ins Klassenbuch und erschrak. Dann gab er uns Matheunterricht, wie gewohnt, Infinitesimalrechnung oder sphärische Geometrie.

Nach der Stunde bat er mich und ein paar meiner Freunde, in der Klasse zu bleiben. Er machte ein wichtiges Gesicht und las uns die Eintragung unserer Russischlehrerin aus dem Klassenbuch vor. Da stand: »Karasek, Feilhauer, Moebus, Glatzl und Tietz sabotieren in bewußter Weise den Russisch-Unterricht.«

»Damit seid ihr erledigt«, sagte der Klassenlehrer, »damit könnt ihr von der Schule abgehen.« Wir senkten verzweifelt die Köpfe. »Aber«, sagte er, »wer wen?« Und einen Tag später erläuterte er uns, daß es eine Konferenz geben werde und daß wir einzeln ins Lehrerzimmer geholt werden würden und daß man uns verhören würde. »Und«, sagte er, »wenn sie euch schon eingetragen hat und vernichten will, müßt ihr den Spieß umdrehen.«

Auf Fragen, ob wir den Russischunterricht nicht liebten, ja verabscheuten, müßten wir erklären: »Im Gegenteil!« Wir würden die russische Sprache geradezu abgöttisch lieben! Nur aus Liebe zur russischen Sprache, zu Stalins Welt hätten wir uns im Russischunterricht so daneben benommen! Denn die Lehrerin hätte unsere Liebe zum Russischen durch ihr pädagogisches Ungeschick gefährdet, so daß wir durch Lärm und Störung gegen den schlechten Unterricht protestiert hätten.

Ich weiß nicht, was unser Klassenlehrer gegen die blonde, zarte Russischlehrerin hatte. Vielleicht gar nichts, vielleicht war es wirklich politische Gegnerschaft, vielleicht war es aber ganz etwas anderes. Wer steckt in einem lange verheirateten, weißkittligen Mann mit dicker Brille und naßgescheitelten Haaren.

Jedenfalls standen wir auf dem Korridor, vor dem Lehrerzimmer, wurden nacheinander aufgerufen, alle Delinquenten, alle Saboteure des Russischunterrichts. Als ich ins Lehrerzimmer kam, als Vorletzter, spielte ich meine Rolle auf das Gefühlvollste. »Ich – und Russisch nicht lieben? Im Gegenteil!« Ich flammte vor Empörung. Der Schulrat, leninscher Spitzbart, SED-Parteiabzeichen (damals noch selten), verheiratet, ein Mann, der ein Verhältnis mit unserer nächsten Russischlehrerin haben sollte, sieben Sprachen, darunter Usbekisch, soll er beherrscht haben, der Schulrat also fragte, warum ich denn dann gestört hätte. Und ich hörte mich sagen: »Aus Liebe zur russischen Sprache! Weil sie uns so schlecht, ja so erbärmlich nahegebracht wurde!« Die blonde, blasse Lehrerin, die mir gegenüber am Rande saß, brach in Tränen aus, lautlos, haltlos! Ich wußte, meine Freunde vor mir hatten dasselbe gesagt, das gleiche Theater gespielt. Ich wußte, wir hatten gewonnen. Mir war sterbenselend. Die Frau hat an unserer Schule nie mehr unterrichtet. Ich habe bis zum Abitur kaum Russisch gelernt. Die nächste Russischlehrerin, heimliche Geliebte des Schulrats, gab uns immer vorher die Russischarbeiten – indem sie abends, wenn der Schulrat bei seiner Familie weilen mußte, mit einem Jungen aus unserer Klasse knutschte. Sie gab uns die Arbeiten, damit sie bei uns und beim Schulrat einen Stein im Brett hatte und wir schrieben, ohne Russisch zu können, Einzen und Zweien in Russisch.

1948, an der Schwelle zu den fünfziger Jahren, war George Orwells »1984« erschienen, angeblich eine Zukunftsvision, in Wahrheit eine erschrockene und erschreckende Beschreibung des Stalinismus und seines »Doppelsprechs«, »double-speech«. Zukunftsvision daran war nur die Angst, eine westliche Demokratie wie England könnte dem Stalinismus anheimfallen; er könnte den Eisernen Vorhang niederwalzen. Die Diskussion, ob Hitler oder Stalin furchtbarere Diktatoren waren und wer von wem gelernt, wer auf wen reagiert habe, ist eine mißliche Diskussion. Und sie ist eine widerliche Diskussion, wenn sie dazu dienen soll, Auschwitz zu relativieren, die Kriegsschuld Hitlers zu verkleinern. Aber für Deutschland, das von der sowjetischen Armee besetzt und unter unendlichen Opfern besiegt worden war, gilt dennoch ein Unterschied, der nicht für die Deutschen spricht, aber ihre Haltung erklärt. Mit Hitler waren die meisten Deutschen lange Zeit einverstanden, mit Stalin waren sie nie einverstanden, mußten aber so tun, als wären sie es.

So war ihre Sprache während der Nazizeit unmenschlich, bestialisch, barbarisch. Victor Klemperer hat in seiner Untersuchung der Sprache des »Dritten Reiches«, der »LTI« (Lingua Tertii Imperii), auf diese Verrohung, auf diesen Rückfall vor die Aufklärung aufmerksam gemacht, wenn er beispielsweise unsere Sinne dafür schärft, daß die

Deutschen in der Zeit Hitlers dem Wort »fanatisch« (»fanatische Heimatliebe«) eine positive Bedeutung zuordneten – so, als wären Fanatiker keine gefährlichen, um ihre humanen Kontrollen und menschlichen Errungenschaften gebrachten Menschen.

Aber die Nazi-Sprache war für die Deutschen (die keine Opfer, keine Gegner des Nazi-Regimes waren, also bis 1945 für die Mehrheit) kein »double-speech«. Erst im Stalinismus begann der psychische Druck einer gelogenen Sprache. Mag der Stalinismus gerade in Deutschland, was die Auswirkungen seines Terrors betrifft, weitaus harmloser, ungefährlicher gewesen sein als der Nationalsozialismus, der auch das eigene Volk mit drakonischen Strafen in Todesangst hielt, sein Druck der Verlogenheit, die byzantinischen Sprachverbiegungen waren für die meisten Deutschen in den sowjetisch besetzten Teilen Deutschlands unerträglicher, stärker spürbar. Die fünfziger Jahre waren eine Zeit der Lüge – zwischen Gedanken und Ausgesprochenem war die Kluft schmerzhaft; überall, aber im Osten total, ausweglos und daher bedrückend, wie in Orwells »1984« geschildert. Niemand sagte, was er meinte; jeder hatte Angst, daß er das verraten würde, was er dachte. Der Druck war groß, man lebte in dem Gefühl, daß einem der Kragen platzen könnte, in jedem Moment, weil eine Wahrheit, die unterdrückt, weil sie lebensbedrohlich war, sich unter keinen Umständen hervorwagen durfte.

Während der Naziherrschaft hatten, wenn ich mich nicht täusche, die meisten Deutschen kein Problem, das zu glauben, was ihnen vorgelogen wurde, sie waren mit den Lügen identisch. Die Unmenschlichkeit der offziellen Sprache ging ihnen nicht auf, sie teilten sie auf schreckliche Weise. Im Stalinismus begannen sie zu lügen. Sie logen auch in den westlichen Besatzungszonen. Dort logen sie, weil sie verdrängten. Hier, im Osten, logen sie, um existieren zu können. Die fünfziger Jahre sind Jahre, in denen die Lüge wie ein Gewicht auf der verdrängten Wahrheit lastet. Im Stalinismus war das Gewicht übermächtig, total; es schien keinen noch so kleinen Winkel der Existenz auszusparen. Es war wie ein Kessel ohne Überdruckventile, eine Lüge, allumfassend, die den Hals gefährlich anschwellen ließ – bis zum Platzen. Man kann es auch so sagen: Mag der Druck und Terror unter Hitlers Herrschaft angeblich größer und gefährlicher gewesen sein – viele, die meisten Deutschen haben ihn als schwächer empfunden als im Stalinismus. Das ist ein Grund, einer, für den verqueren Verlauf unserer Auseinandersetzung mit unserer Geschichte.

Natürlich wurde auch im Westen gelogen, dem Chef gegenüber, der Frau gegenüber, dem sozialen Verband gegenüber. Leben ist Lüge, Lebenslüge. Die fünfziger Jahre waren eine Blütezeit der Lebenslügen. Nomenklaturen wie »Christlich Soziale Union«, »Vergangenheitsbewältigung«, »Freiheitlich Demokratische Grundordnung« oder »Soziale Marktwirtschaft« erwiesen ihre hohle Leere und damit ihre Verlogenheit bei jeder Überprüfung an der Wirklichkeit. Die fünfziger Jahre sind in Ost und West eine Als-ob-Zeit, in der kaum jemand zu sagen wagte, was er meinte – also eine Zeit der Verlogenheit, wo wir Angst bekamen, von uns zu sprechen, sobald wir die schützenden Wände der eigenen Person verließen. Ja, wo uns diese Angst in unseren Träumen heimsuchte, die durch die Lügen zu Alpträumen wurden. Wem vertrauen? Wem sich offenbaren? Wem beichten? Wem die Wahrheit sagen? Der Unterschied war nur – »nur«? –, daß der Stalinismus zum totalen System der Lüge zu werden drohte: Ich muß vor allen lügen, vor allen; jeder, der meine Wahrheit weiß, ist verpflichtet, mich zu entlarven und zu denunzieren. Ich bin umstellt von der Lüge, vielleicht darf ich mir nicht einmal selbst die Wahrheit eingestehen: Der Stalinismus produzierte das elende System der Selbstbezichtigungen, der Selbstkritik. Westliche Lügen basierten auf Verharmlosungen, Verdrängungen, östliche auf dem Zwang, sich zu bekennen, wozu man sich nicht bekennen wollte. Das Leben war in Propagandaparolen gepreßt, »überführt« worden. Man war nur noch die Wortblase, an der man hing.

10. DOUBLE SPEECH

Anfang der sechziger Jahre – ich war längst im Westen, Stalin war lange tot, wenn auch sein System noch nachlebte, der Arbeiteraufstand in Ostberlin war unterdrückt, die ungarische Revolution blutig niedergeschlagen, die Mauer gebaut worden – war ich Dramaturg am Württembergischen Staatstheater Stuttgart. Der Kalte Krieg war kalt geblieben, aber in kulturellen Institutionen gab es Ansätze zu Tauwetter, zu vorsichtigem Kontakt; erste tastende Versuche, die Konfrontation zu entschärfen: Wir wollten ja alle überleben, wir hatten alle Angst vor der atomaren Konfrontation. Der drohende Atomkrieg, das war das Menetekel jener Jahre. Die Weltuhr stand auf fünf Minuten vor zwölf.

Die DDR-Zeitschrift »Theater der Zeit«, ein Pendant zum westdeutschen »Theater heute«, hatte alle Dramaturgen der Bundesrepublik, der BRD (wie man damals anfing zu sagen, aus Gründen der Zweistaatlichkeit und der Gleichberechtigung zwischen DDR und BRD), zu einem Treffen in der DDR und zu einer Rundreise durch die Theater der DDR geladen. Ich folgte der Einladung, ging über die Friedrichstraße zurück nach Ostberlin, wurde im Hotel Adlon, direkt an der Mauer, zwischen Brandenburger Tor und Pariser Platz, einer Ruinenwüste, untergebracht. Vom Hotel Adlon, einst das Parkhotel der Reichshauptstadt, existierte ein Stückchen Kutschertrakt, ein rußgeschwärztes, von Bombeneinschüssen und Splittern zernarbtes Gebäude in einem nachtdunklen Niemandsland an der grellerleuchteten Mauer.

Ich war Staatsgast, dem man etwas bieten wollte, aber was man mir bot, sah aus wie die Nachkriegskulisse zum »Dritten Mann«, nur statt in Wien in Berlin, durch das damals der eisigste Wind des Kalten Krieges wehte.

Am nächsten Tag ging ich davon aus, zahlreiche westdeutsche Kollegen zu treffen. Aber außer dem Dramaturgen der Stuttgarter »Komödie im Marquardt«, eines reinen Unterhaltungs- und Boulevardtheaters, war kein Mensch aus Westdeutschland der Einladung gefolgt.

Wir waren also zu zweit, und der nette ältere Herr der Komödie, offenbar ein sehr kultivierter Schwuler, hatte ein Auto, einen Opel Kapitän. So machte der Redakteur von »Theater der Zeit«, ein junger Mann wie ich, etwa Ende zwanzig, den Vorschlag, wir sollten, statt der geplanten Reise im Bus, mit dem Opel fahren – und fragte uns dann, hastig und beiseite, ob er denn seine junge Frau mitnehmen dürfe, in unserem westlichen Auto. Wir stimmten zu – auch weil wir wußten, daß wir ihn damit korrumpiert hatten: Er hatte uns um einen privatistischen Gefallen gebeten.

Wir fuhren los, im Vorfrühling. Ich erinnere mich an riesige Wasserlachen an großen Straßen, von Jena nach Weimar, es war eine Fahrt wie durch die Tundra. Ich erinnere mich an das braune Wasser, das im Leipziger Hotelzimmer (erste Adresse, Messe) in die Wanne tropfte, ein dünnes Rinnsal. Aber vor allem erinnere ich mich an das

»double speech«. Wir besuchten Theater, Vorstellungen: in Jena, in Rostock, in Weimar, in Dresden. Und jeden Abend spielte sich das gleiche ab: Wir saßen Theatervorstellungen des sozialistischen Realismus ab, Friedenskampf mit oder ohne Brecht, optimistische Tragödien, die »Optimistische Tragödie«. Wir wurden begrüßt, vom Frieden war die Rede, von Völkerverständigung, von Koexistenz und von westlichen Kriegstreibern. Gläser wurden gehoben, es wurde offziell angestoßen. Es wurde, im Anschluß an die Vorstellungen und die Begegnungsfeiern, getrunken, viel getrunken.

Und irgendwann, wenn die Schauspielerinnen und Schauspieler, die Dramaturgen und Regisseure, die Kader und Funktionäre genug getrunken hatten, dann wechselten sie von »double speech« mit Frieden und Freundschaft und Völkerverständigung in die Bekenntnisfreude, während sie einem um den Hals fielen. Ja, hier sei alles furchtbar und verlogen. Und wie gut wir es hätten im Westen, nicht nur materiell. Und wie sie es genauso haben wollten. Das war die Zeit, wo der Stalinismus (Stalin, wie gesagt, war tot) schon längst alkoholdurchlässig geworden war, wo man sich Pausen vom »double speech« gönnte. Wie in Wilhelm Hauffs Märchen der Affe, dem man die enge Krawatte nicht öffnen darf, weil sonst seine wahre Natur zum Vorschein kommt, und der sie lockert und seine Natur zeigt.

Im Auto, wir vier unterwegs, zwei westliche Dramaturgen, ein östliches Ehepaar. Und wenn der Mann ausstieg, um auch nur zur Toilette zu gehen, sagte die junge Frau, obwohl sie sonst, frisch verheiratet, mit ihm ein Herz und eine Seele war, sagte sie also, mit uns Westlern allein im Opel: »Glauben Sie ihm kein Wort! So muß er reden, das ist aber alles Propaganda, im Grunde glaubt er dasselbe wie ich und Sie. Wir wollen eure Freiheit!«

Das war, als der Druckkessel »double speech« sich die ersten Ventile schaffte. Das, was Günter Gaus später die »Nischengesellschaft« nennen sollte. Mit sprachlichen Nischen nach drei, vier Bieren plus Korn.

11. STALIN UND DAS LIEBE JESULEIN

Schon vor dem Abitur hatte ich mich vorsorglich und für alle Fälle an der Universität in Halle beworben, für die Fächer Geschichte und Germanistik. Wenn ich heute zurückdenke, muß dies eine Scheinbewerbung gewesen sein, denn welcher vernünftige Mensch, der dem kommunistischen Regime seine ganze verheimlichte Abneigung entgegenbrachte, hätte ausgerechnet zwei Geisteswissenschaften zu Studienfächern erwählen mögen, die für ideologische Verbiegungen geradezu prädestiniert waren und die sich stets als willfährige Mägde, ja als Bauchredner der jeweiligen Regime erwiesen hatten? Geschichte und Deutsch im Halle des Jahres 1952 zu studieren, das hieß sich von vorneherein darauf einzulassen, Phrasen zu erlernen und nachzuplappern, denen man fremd gegenüber stand wie ein entsprungener Mönch dem Katechismus. Germanistik mochte dabei noch angehen, denn der tonangebende Wissenschaftler jener Jahre war Georg Lukács, der immerhin mit scharfsinnigen Interpretationen den großen Roman des bürgerlichen Realismus (also von Balzac bis Thomas Mann, von Flaubert über Tolstoi bis Gorki) als Erbe für die sozialistische Literaturtradition reklamiert hatte. Und in Leipzig lehrten immerhin Hans Mayer und

Ernst Bloch. Mochten Brecht oder Kafka dabei als formalistisch-dekadente Irrläufer auf der Strecke bleiben – es gab, etwa in den Romanen Fontanes, in den Dramen Tschechows, Stoff genug, den man mit den Methoden Lukács' durchdringen, aufschlüsseln, verarbeiten konnte. Dennoch hatte ich damals einen unbegründeten Widerwillen gegen die Lehren von Lukács und Hans Mayer (soweit ich sie als Oberschüler verstand und nahegebracht bekommen hatte). Von Kafka wußte ich noch nichts – daß die Flucht nach dem Westen mich mit Kafkas Romanen bekannt machte (wie mit der in der DDR verpönten Theorie Sigmund Freuds), erscheint mir erst im Rückblick als der entscheidende Glücksfall und Unglücksfall. Denn wenn man die Gründe für sein Traurigsein lesend erkennt, kann das nicht nur ein Glücksfall sein.

Nach dem Abitur erhielt ich die Mitteilung, ich sei für Geschichte und nicht für Germanistik an der Uni Halle angenommen worden. Da ich mich längst zur Republikflucht entschieden hatte, quittierte ich diese Verengung meiner möglichen akademischen DDR-Laufbahn mit einem Achselzucken. So what? konnte ich mir damals noch nicht sagen, aber ähnlich wurstig war meine Reaktion. Irgendwann bin ich dennoch pro forma nach Halle zu einer Immatrikulationsfeier gefahren, auf der der Rektor der Uni eine Eröffnungsansprache hielt; wie damals üblich endete die Rede in einem Toast, einer Eloge auf Stalin. Wie üblich enthielt diese Eloge die ganze Stalin-Litanei, das ganze Credo des Kommunismus. »Lang lebe Generalissimus Stalin!« hatte der Rektor ausgerufen, um dann fortzufahren: »der beste Freund des deutschen Volkes«. Über die Reihenfolge bin ich mir heute nicht mehr sicher, aber er fügte hagiographisch dem noch lebenden Diktator weitere totenkultartige unsterbliche Attribute zu: der »Erbauer des Sozialismus«, der »konsequente Erbe von Marx, Engels und Lenin«, der »Sieger und große Feldherr des Vaterländischen Krieges«, »Erbauer des Sozialismus« etc. Alles strikt nach der Schnur. Nur ein Attribut ließ der wackere Rektor weg, er sprach nicht vom »größten Wissenschaftler und großen Gelehrten, vom Lehrer der Völker«, das brachte er, selbst ein angesehener Wissenschaftler, nicht über die Lippen.

Offenbar war dieses Weglassen allein schon ein beachtlicher Widerstandsakt, den die genauen Kenner der roten Messen scharf registrierten. Es war, als hätte man im Credo »gelitten unter Pontius Pilatus« oder »am dritten Tage auferstanden von den Toten« getilgt – und das im Hochmittelalter oder im Spanien der Inquisition. Der Dramatiker Heinar Kipphardt, wie ich ein Republikflüchtling, hat mir Jahre später erzählt, daß der Rektor wegen dieses einen weggelassenen Attributs bezüglich des Genossen Stalin bereits am nächsten Tag seines Postens enthoben worden sei. In Zeiten des »double speech« versteht man sich auf Nuancen, der Teufel steckt nicht nur im Detail, sondern lauert in der richtigen oder falschen Betonung jeder Silbe.

Natürlich produzierte der Stalinismus auch seine Kehrseite, den Antistalinismus, später auch McCarthyismus genannt, die Hexenjagd auf Rote im Einflußbereich der USA. Man hatte Angst vor »fünften Kolonnen«, man hatte, seit auch die Sowjetunion über Atombomben, dann Wasserstoffbomben verfügte, Angst vor Überläufern, Verrätern, Fellow-travellers, »pinks« (also rosa Sympathisanten), vor »nützlichen Idioten«.

Ich hatte das Pech – was sich erst nachträglich herausstellte –, das schulbeste Abitur zu machen. Das trug mir nicht nur ein in Aussicht gestelltes Stipendium nach Moskau ein. Für mich war »Nach Moskau! Nach Moskau!« allerdings kein Sehnsuchtsseufzer, kein ersehntes Lebensziel wie bei Tschechows zaristischen »Drei Schwestern«. Es löste, ganz im Gegenteil, Unbehagen in mir aus: Moskau und die Auszeichnung, das Auserwähltsein, im Rom des Kommunismus studieren zu dürfen – das klang für mich nach Deportation, nach Sibirien, nach Straflager. Ich erinnere mich, wie eingekreist ich mir auch nur bei dem Gedanken an Moskau vorkam: Ich bedauerte mich in meinen Tagträumen als jemanden, der nicht einmal mehr auf dem Klo einen unverfälschten Ton von sich würde geben können. Orwells Vision vom allgegenwärtigen »Großen Bruder«, der mich überall überwachen würde, stand mir vor Augen wie ein Horrorfilm. Heute weiß ich, daß ich so schrecklich übertrieben nicht alpgeträumt habe – damals. Jedenfalls war Moskau ein Grund mehr zur Flucht.

Dabei hatte ich diesem unerwünschten Ziel vorher lammfromm entgegengearbeitet, durch gute Zensuren, durch beflissene Aufsätze, die kommunistische Hauruck-Thesen brav widerkäuten, durch kreuzfromme Interpretationen klassenkämpferischer Inhalte klassischer Dramen.

Mir ist später, im CDU-Westen, ein Witz über den Weg gelaufen, von einem Berliner Jungen, den es nach der Luftbrücke zur Erholung nach Bayern verschlagen hatte. Und dort hört er geduldig im Unterricht zu, sagt aber nie etwas. Bis die Lehrerin, um ihn aus seiner Reserve zu locken, mit einer leichten Frage konfrontiert. »Also«, fragt sie, »was ist das? Es hüpft von Baum zu Baum, ist sehr possierlich, nährt sich von Eicheln und Nüssen und hat einen buschigen roten Schwanz?« Der Berliner Schüler überlegt ein Weilchen und antwortet dann: »Wenn ick nach meim jesunden Menschenverstand jehe, ist det'n Eichhörnchen! Wie ick aber den Saftladen hier kenne, is det sicher wieder det liebe Jesulein.«

Ich hatte im Abitur immer wieder, sieht man von Mathematik, Physik und Chemie ab (die Hauptfächer waren, weil ich einen mathematisch-naturwissenschaftlichen Schulzweig besuchte) das liebe Jesulein entdeckt, in seiner rotbuschigen Version: Es hieß Marx, Engels, Lenin, Stalin, Stalin, Stalin.

Und ich hatte noch ein übriges getan: Ich war in die FDJ eingetreten und hatte (das schien mir am unpolitischsten und daher am unproblematischsten) einen Kassiererposten übernommen. Übrigens kann ich mich beim besten Willen nicht mehr erinnern, was ich kassiert habe. Und warum! Nein, ich wollte nicht Schlimmeres verhüten, aber Abitur wollte ich machen.

Und so stand in meinem Reifezeugnis nicht nur, daß ich ein guter Schüler und so weiter, nein, auch, daß ich gesellschaftspolitisch aktiv ... und daß ich Kassierer sei. Und vor allem: daß ich für meine besonderen Leistungen mit »einem Band von Stalins Werken« ausgezeichnet worden war.

Es war ein in Kunstleder, nach Lysol riechender Band der sogenannten sprachtheoretischen Schriften Stalins, die den Sprachwissenschaftler in voller Prachtentfaltung zeigten, den Sprachwissenschaftler, den der Hallenser Rektor nicht über die Lippen gebracht und der wegen dieser Sprachhemmung sein Amt verloren hatte ...

Im Westen war mein Abitur nicht viel wert. Ich wurde an der Universität Tübingen nur auf Vorbehalt immatrikuliert. Der Vorbehalt bedeutete, daß ich mein Abi neu machen mußte, parallel zu den ersten beiden Semestern, statt Russisch jetzt Großes Latinum. Nach dem »lieben Jesulein« wurde ich nicht befragt, obwohl in Tübingen damals Romano Guardini lehrte und den Ton angab (er war ohnehin ein großer »Tonangeber« der fünfziger Jahre, erst in Tübingen, später im deutschen Rom, also in München). Und Romano Guardini entdeckte damals »das liebe Jesulein« in Hölderlins großen Hymnen und in Rilkes späten »Duineser Elegien«. Da, wo bis vor kurzem die deutsche Germanistik nicht Jesus, sondern Adolf Hitler hineininterpretiert hatte.

Jedenfalls machte ich ein zweites Abitur, bekam keinen neuen Band irgendeines Klassikers (Stalin galt in der DDR neben Marx, Engels und Lenin als »sozialistischer Klassiker«) geschenkt. Und hätte mein überflüssiges DDR-Abiturzeugnis eigentlich wegschließen und begraben können. Ich hatte ja ein neues, blütenweißes Abi.

Aber als ich Mitte der fünfziger Jahre ein Fulbright-Stipendium erhielt, das mir ein Jahr Uni-Aufenthalt in den USA ermöglicht hätte (Senator Fulbright hatte auch den Rias in Berlin ermöglicht, by the way), reichte ich kreuzbrav alle meine Zeugnisse ein. Prompt verweigerte mir der amerikanische Geheimdienst die Einreise in die USA. Ich konnte das mir bereits gewährte US-Stipendium nicht antreten. Als ich nach den Gründen fragte, legte mir der Geheimdienstoffizier mein Abiturzeugnis vor und deutete mit dem Finger auf die Zeile »wurde mit einem Band von Stalins Werken ...«. »Stalin«, sagte er. Und er lächelte auch nicht, als ich einwarf, ich hätte den Band ohnehin nicht in die USA mitgenommen, da ich ihn schon in der DDR zurückgelassen hätte.

Ich habe mir das Buch dann von meiner Mutter schikken lassen und lange in Ehren gehalten. Als ich von der Ablehnung meiner Einreise in die USA erfuhr, war ich schon häufiger Besucher im Tübinger Amerika-Haus. Dessen Bibliothek hatte es mir angetan. Unter anderem hatte ich für mich die Romane von Raymond Chandler und Dashiell Hammett entdeckt – wegen ihrer düsteren Lakonik, wegen ihrer Skepsis gegenüber Autoritäten, wegen ihrer einsamen Detektive zwischen den Fronten. Doch eines Tages – es muß ungefähr zur gleichen Zeit gewesen sein, da sich mir das Tor zu den USA krachend wegen Stalin schloß – waren die Romane und Geschichten Hammetts aus dieser Bibliothek verschwunden. Er war als Botschafter des »American way of life« nicht mehr erwünscht. Er hatte vor dem McCarthy-Ausschuß »gegen unamerikanische Umtriebe« die Aussage verweigert und war eingesperrt worden, wegen »Mißachtung eines Kongreßausschusses«. Der alkoholkranke Autor hat die Haftstrafe nicht lange überlebt.

12. FAHRERFLUCHT AUS BAUTZEN

Ich kann mich eigentlich nicht erinnern, daß ich im Stalinismus panische Angst gehabt hätte – Angst verhaftet, verschleppt, verurteilt zu werden. Ich hatte wohl mehr Angstträume und dicht geschlossene Lippen, so daß ich mich selbst unter Alkoholeinfluß nicht bis zur Selbstgefährdung ausgeplappert hätte.

Erst in Tübingen begegnete ich, von Flüchtling zu Flüchtling, einem anderen Studenten, einem Zahnmediziner, der die Angst kennengelernt hatte. Als Schüler hatte er in Leipzig Flugblätter gegen die sowjetischen Besatzer verteilt, war geschnappt und zum Tode verurteilt worden. Das Urteil war in langjährige Haft umgewandelt worden, weil er wohl zur Tatzeit erst sechzehn Jahre alt gewesen war. Später wurde er vom Westen freigekauft oder in den Westen abgeschoben. Jedenfalls studierte er, war älter als ich, früher fertig und ein paar Jahre später wurde ich sein Patient.

Bei ihm habe ich das Wort Parodontose zum ersten Mal gehört und erfahren, daß ich eine hätte. Einmal, es war wohl zu einem Abschied, weil ich umziehen wollte, hat er mich am Abend besucht, mit dem Auto, wir haben uns unterhalten, dazu tranken wir Whisky, on the rocks, in dicken klirrenden Gläsern, wir waren schließlich schon wer.

Dann stand er schwer auf, hatte ein hochrotes Gesicht (eine hochrote Nase hatte er immer), wir klopften einander umarmend auf die Schultern, er ging hinunter zu seinem Auto, einem VW-Käfer, und fuhr los.

Wie ich später erfuhr, hatte er auf dem Heimweg ein parkendes Auto kurz gerammt, kräftig gestreift und war, ohne davon groß Notiz zu nehmen, weitergefahren. Jemand hatte ihn, durch den Crash aufgeschreckt, vom Fenster aus gesehen, seine Nummer notiert. Und als er zu Hause ankam, war bald darauf auch die Polizei da. Er konnte noch das tun, was man damals in Panik gerne tat: Er setzte sich eine Flasche hochprozentigen Schnapses an die Gurgel und ließ reinlaufen, was reinlief. Sturztrunk hieß das, und es machte das Ergebnis der anschließenden Blutprobe obsolet. Ich weiß nicht, ob man damals den Alkohol im Blut noch nicht so genau nach Menge und Zeitpunkt rückberechnen konnte. Tage darauf kam ein Anwalt zu mir, ebenfalls ein Studienfreund aus Tübingen. Er erzählte mir das Malheur meines Zahnarztes und fragte dann, ob wir uns denn auch über die schweren Haftjahre meines Freundes in Bautzen unterhalten hätten. »Kann schon sein«, sagte ich. »Sollte sein«, insistierte der Jurist, und meine Erinnerung gab seinem Drängen nach.

Wochen später war ich als Zeuge zur Verhandlung gegen meinen Freund geladen. Es ging um Sein oder Nichtsein, um Führerschein oder Nichtführerschein. Der Richter fragte mich, ob wir denn an dem Abend über die finsteren Zeiten in der Zone und die schreckliche Jugend meines Freundes gesprochen hätten. Und ich bejahte das.

Zwangsläufig kämen Gespräche zwischen Flüchtlingen auf ihre Vergangenheit.

Dann plädierte der Anwalt. Ich traute meinen Ohren nicht. Er schilderte, wie wir uns ausführlich über die während des Gesprächs immer bedrängender lebendig werdende Vergangenheit unterhalten hätten. Über Bautzen. Wie betäubt (vom Gespräch, nicht vom Whisky) sei mein Freund von mir gegangen, ins Auto gestiegen, weggefahren. »Und ich weiß nicht«, fuhr der Anwalt mit theatralisch weit ausholendem Arm fort, »ich weiß nicht, ob Sie das Schlagen, das metallische Schlagen von Gefängnistüren im Ohr haben, meine Herren! Es ist dies ein dumpfes, dröhnendes Geräusch. Und der Angeklagte hatte es im Ohr, ganz lebendig und gegenwärtig nach diesem Gespräch mit Herrn Doktor Karasek. Bum, bum, bum machte es in seinem Kopf. Und so hat er, als er das Auto mit dumpfem Knall streifte, nicht realisiert, daß dies nicht nur ein Gefängnistürenknall aus seiner Erinnerung war, sondern ...«

Um Gottes Willen, dachte ich, damit kommst du nicht durch! Mit diesem Schmierenauftritt hast du meinem armen Freund eher geschadet. Diese Nummer nimmt dir niemand ab.

Kurz darauf wurde der Fahrerflucht-Zahnarzt freigesprochen, auch seinen Führerschein durfte er behalten. Der Richter zeigte sich auf das tiefste beeindruckt von der Schilderung der vergegenwärtigten stalinistischen Vergangenheit durch den Anwalt. Ja, so muß es gewesen sein. Nun kann man in der Tat sagen, daß mein Freund mit Bautzen manches vorauszahlend abgesessen hat, weiß Gott auch eine läppische Fahrerflucht. Aber mir ist die Geschichte aus einem anderen Grund lebhaft erinnerlich: Es wurde viel Schmierentheater gespielt, politisches Schmierentheater. Auf großen und auf kleinsten Bühnen, für größte und für kleinste Anlässe. Das stalinistische Pathos fand sein Echo im antikommunistischen Pathos, wie die Tragödie in der Komödie. So ähnlich jedenfalls hatte es Marx schon im »18. Brumaire« befunden – wo in der Geschichte der Revolutionen der Tragödie das Satyrspiel folgt.

Es ist nicht so, daß ein Mund, der lange verschlossen bleiben muß, dann, wenn er endlich reden darf, die reine Wahrheit kündet.

Aber wie verschlossen wir damals waren, dazu fällt mir der Abschied von einem Mädchen ein, von dem ich nicht wissen durfte, daß es ein Abschied war.

Ich ging in Bernburg zwar auf eine gemischte Schule, aber viel half mir das nicht, denn in unserer Klasse (17 Schüler) waren schließlich nur zwei, noch schließlicher nur ein Mädchen. Am Schluß, beim Abitur, waren es null Mädchen. Um diese Situation zu verbessern, trat ich in einen gemischten Schulchor ein, sang freiwillig an Wochenenden auf irgendwelchen Veranstaltungen »Wetscherni swon« (»Abendglöcklein«) oder »Kalinka«, aber auch »Bald prangt, den Morgen zu verkünden«. »Leis das Glöcklein ertönt, so verschwiegen/ Wo die Bäume zum Walde sich biegen (oder schmiegen?)/ Singt der Fuhrmann seine Lieder voller Weh«, schmalzten wir. Unser Vorbild war ein Tenor der Roten Armee, der glockenhell und kastratenhaft unter all den düsteren Kosakenbässen schmelzend hoch sang. Aber anschließend war man mit kichernden Mädchen (der besseren Hälfte des Chors) auf eine Brause oder einen Kaffee mit Kuchen zusammen und noch anschließender, wenn man Glück hatte, mit einem

Mädchen allein auf dem Heimweg. Ich hatte dieses Glück, sie hieß Gisela und hatte leider eine fast gleichalte Stiefschwester, die nur schwer von ihrer Seite wich, auch weil sie weniger begehrt als Gisela und daher neidisch war.

Der Chorleiter, ein hübscher, schlanker, bohemehafter Musiklehrer mit großem, unruhig auf- und abwippendem Adamsapfel und langen, schlanken Dirigentenfingern, sammelte leidenschaftlich Wirtinnenverse (»Frau Wirtin hatte 'nen Lakai, der hatte nur ein einz'ges Ei/Das andre ging ihm flöten/Bei einer Massenvögelei/Ward es ihm abgetreten«) und ABC-Reime frei nach Wilhelm Busch, die Schmutzversion (»Den Vogel schreibt man stets mit Vau/Bei Votze weiß man's nicht genau.«). Sein Eifer beim Sammeln war leidenschaftlich, lieferte ihm jemand einen ihm bis dahin unbekannten Vers, glühte sein Gesicht auf, als hätte er eine neue Schriftrolle am Toten Meer gefunden.

Er war leidenschaftlicher Musiker, aber offenbar betrieb er den Gedanken des gemischten Jugendchores aus einer ähnlichen Motivation wie viele Jugendchorleiter der fünfziger Jahre, die darüber auch spektakulär strauchelten: aus Liebe zu manchem Sopran oder Alt oder gar Tenor oder Bariton. Unser Chorleiter fiel, als ruchbar wurde, daß die Schülerin einer elften Klasse (ich erinnere sie als »sehr reif für ihr Alter«, wie die Redensart sagt) eine Pelzjacke trug, die er ihr geschenkt hatte. Als sie damit prahlte, vor anderen, meist körperlich weniger entwickelten Mädchen, war er dran. Meine Beziehung zu Gisela war harmloser und komplizierter. Meist störte die fast gleichaltrige Schwester, und wenn wir sie abschüttelten, dann knutschten wir herum. Das sahen dann gelegentlich Schulfreunde, und ich Idiot war gegen deren Hänseleien so anfällig, konnte ihren Spott (den ich nicht als Neid durchschaute) so schlecht ertragen, daß ich mich von Gisela trennte, mich nie mehr bei ihr zeigte, gar düster »Es ist aus!« zu ihr sagte. Sie bekam dann feuchte Augen, die mich schön und waidwund anblickten. »Warum?« schienen sie zu fragen.

Und wenn ich ein paar Tage an diese feuchten Augen gedacht hatte, überkamen mich Reue und Lust, und wir »versöhnten« uns wieder, angezogen auf ihrem Sofa oder auf einer Wiese auf dem Friedhof, während Annemie, ihre Stiefschwester, jede Sekunde störend hätte auftauchen können.

Einmal, wir hatten uns wieder gezankt, überkam mich die verlangende Reue an einem trüben Sonntag. Ich rief sie an, ihr Vater, Notar, hatte Telefon, wir verabredeten uns, gingen spazieren, ich stammelte Entschuldigungen, gestand meine Gefühle. Aber, merkwürdig, diesmal blieb sie traurig und wortkarg, es sei zu spät, sagte sie, obwohl sie dabei doch nicht von meiner Seite wich und geduldig mit mir Stunden durch die Stadt spazierte.

Zu spät? Hatte ich diesmal überzogen? War sie meines idiotischen Verhaltens überdrüssig? Wir verabschiedeten uns vor ihrer Haustür, mit einem weitgestreckten Händedruck, so als bräuchten wir eine möglichst große Distanz zwischen uns. Ihre Augen tränten. Mir fiel (ein damals beliebter) Schlager ein, der Refrain: »Gisela ich lieb dich, du bist süß!« Friedl Hentsch und die Cypris haben ihn gesungen, »Hallo, kleines Fräulein« begann er.

Hallo, kleines Fräulein,
haben Sie heut Zeit?
Mit mir auszugehen,
nur zum Zeitvertreib.

Wir gehen über Felder,
streifen durch den Wald,
keiner wird uns sehen,
weder jung noch alt.

Wenn es dann schon dunkelt,
Stern auf Stern uns lacht,
werde ich dich küssen,
halt im Arm dich sacht.

Dann sind wir so selig
wie im Paradies.
Gisela, ich lieb dich,
du bist süß!

Das alles, mitsamt dem raffinierten Übergang vom »Fräulein« und »Sie« zur »Gisela« und zum »Du« mittels eines Kusses, erlebte ich im Moment des Abschieds in Gedanken noch einmal. Dann ging ich dumpf nach Hause.

Am nächsten Tag hatte die Familie, der Notar und seine Töchter Gisela und Annemie, sowie seine Frau, die Mutter von Gisela, Republikflucht begangen. Gisela schrieb mir aus dem Westen einen Brief: Sie habe Angst gehabt, mir die Wahrheit zu sagen. So, als hätte ich ihre Flucht verraten können. Das war 1950.

13. ADLER OHNE HAKENKREUZ

An einem schönen Maitag des Jahres 1945, das großdeutsche Reich, zum Schluß ein schmaler, an der Elbe bei Torgau bereits unterbrochener Korridor zwischen alliierter und sowjetischer Front, hatte kapituliert, saß ich an einem Feldrand, nahe einer tschechischen Scheune in Stare Paka, und bearbeitete mit einer Feile mein Koppelschloß. Es hielt mit einem Kunstledergürtel (breit, außen schwarz) meine Überfallhose. Es war meine einzige Hose und mein einziger Gürtel. Auf dem Koppelschloß war ein Adler, der, wie alle deutschen Adler damals, auf einem Hakenkreuz verkrallt hockte, und auf dem Schloß stand: »Unsere Ehre heißt Treue«. Was mir damals, als 11jährigem, an dem Spruch gefiel: daß er reversibel war. Das heißt, man konnte ihn umdrehen, ohne seinem tiefen Sinn Schaden anzutun: Unsere Treue heißt Ehre, unsere Ehre heißt Treue. Es war das Motto der SS, und ich trug ein Napola-Koppel, die eine Eliteschule der SS war, so wie die Adolf-Hitler-Schulen eine Eliteschule der Partei.

Mit der Feile schabte ich mit Hingabe das Hakenkreuz heraus, so eifrig, daß das Koppel, das ich als einziges trotzdem behalten mußte, schließlich an der Stelle des Hakenkreuzes dünn war und auch noch an einer Stelle in einem Loch durchbrach. Besser ein Loch als ein Hakenkreuz. Ich wollte verschwinden. Der Mensch, der ich vor 1945 gewesen war, sollte verschwinden, es sollte ihn nie gegeben haben. Das Koppel sollte als mein einziger Gürtel noch bis 1947 halten müssen.

Das Wegfeilen des Hakenkreuzes, das wußte ich im Mai '45 noch nicht, war eine unter den Deutschen allgemein verbreitete Beschäftigung, eine mechanische Beseitigung der Vergangenheit. Überall, wo der Krieg die Bauten Albert Speers und die Bauten in seinem Geiste nicht in Trümmer gelegt hatte, sah man Adler an Gebäuden, denen das Hakenkreuz zu Füßen weggeschlagen, ausgemeißelt worden war. Das Gebäude atmete zwar noch, mit Großmannssucht und Säulenpracht und eng verklemmten Fenstern, den Geist jener auf 1000 Jahre angelegten Epoche – wie mein Koppel die Zeit verriet, der es entstammte –, aber das Hakenkreuz hatte einen blinden Fleck hinterlassen, schlimmstenfalls ein Loch. Der Flughafen Tempelhof zum Beispiel sah so aus, mit dem die Berliner doch erst kürzlich, 1948, demokratisches Durchhaltevermögen gezeigt hatten, während der Luftbrücke, mit der die Westsektoren der sowjetischen Aushungerung standhielten. Später befand sich auf dem Platz vor dem Flughafen, der ein Halbrund mit zwei Flügeln bildet, ein in die Luft geschwungenes Luftbrückendenkmal. Und wer das Denkmal sah, konnte auch die flankierenden Adler des Flughafengebäudes sehen, sie hockten auf einem Hohlraum, den die Nazizeit hinterlassen hatte. Und nur drei Jahre danach gab es Grund zum Stolz auf eine demokratische Trotzgeste. Dafür hatten die roten Fahnen, die in der Ostzone zum 1. Mai aus dem Fenster gehängt wurden, oft einen Kreis in der Mitte, wo sie weniger ausgebleicht waren.

Der Übergang von der Nazizeit zur Demokratie war verdammt kurz bemessen: Es reichte gerade zum hastigen Koppelschloßauskratzen. Ehe die Deutschen auch nur begriffen hatten, was sie in der und mit der Nazizeit angestellt und angerichtet hatten, mußten sie schon wieder nach vorne blicken und Front machen im Kalten Krieg. Dabei war der Blick zurück eher hinderlich.

Jedenfalls vergingen nur vier Jahre nach der bedingungslosen Kapitulation – und auf deutschem Boden waren zwei Staaten entstanden, der eine unter amerikanischer, der andere unter sowjetischer Obhut, die gleichzeitig den entschlossen feindseligen Lagern des Kalten Krieges angehörten. Ein kurzer Zeitraum, wenn man sich vor Augen hält, daß die vier Alliierten 1946 durch ihre Außenminister darüber verhandelten, Deutschland wiederzuvereinen, das Land aber 25 Jahre unter gemeinsame Besatzung zu stellen und total zu demilitarisieren. Statt dessen entstanden 1949 zwei souveräne, schein-souveräne staatliche Gebilde, die bald ihren Waffenbeitrag zu dem jeweiligen Block leisten sollten.

Was war geschehen? Schon beim Potsdamer Abkommen im August 1945 hatte sich gezeigt, daß es Risse in der Allianz gegen Hitler gab. Das Bündnis zwischen dem Westen und der Sowjetunion war in der Tat ein Bund zwischen Feuer und Wasser gewesen. Nur die unglaubliche Aggression und das hemmungslose Verbrechen Hitlers hielten diesen Bund bis zum Sieg zusammen. US-Präsident Truman konnte während der Konferenz von Potsdam mit der Tatsache auftrumpfen, daß die USA erstmals erfolgreich eine Atombombe getestet hatten, ein deutlicher

Hinweis darauf, daß die USA den Krieg mit Japan allein und ohne sowjetische Allianz beenden wollten – wie es dann tatsächlich durch das Bombardement auf Hiroshima und Nagasaki geschah. Andererseits begann die Sowjetunion in Osteuropa, unter dem Einfluß ihrer siegreichen Armeen, rigoros ihre Herrschaftsgebiete zu installieren, in Polen, in Ungarn, auf dem Balkan, in der Tschechoslowakei. Bereits im Mai '45 hatte übrigens Churchill vor der sowjetischen Expansion gewarnt und in einem Telegramm an Truman Sorge wegen des »Eisernen Vorhangs« geäußert, der sich in Europa herabzusenken begänne. Die Deutschen gerieten in den Kalten Krieg, was sie sehr schnell aus schuldigen Kriegsverbrechern zu erwünschten, potentiellen Verbündeten der einen wie der anderen Seite machte. Die Entnazifizierung war dabei eher hinderlich.

Jene Zeiten der späten Vierziger stehen im Zeichen einer gewaltigen Entfremdung der Sieger in Ost und West. Es begann, vom Westen aus gesehen, die Politik der »Eindämmung«, wie sie George F. Kennan, Sowjetunionkenner und lange Mitglied der US-Botschaft in Moskau, formuliert hatte. Eindämmung und gar Roll-back? Zunächst aber »Eindämmung« war die westliche Devise jener Jahre.

Für Deutsche hörbar wurde dieser Schwenk vor allem in der amerikanischen Politik durch die Stuttgarter Ansprache des US-Außenministers James Francis Byrnes vom 6. 9. 1946. Da war zum ersten Mal die Rede davon, daß die amerikanischen Soldaten in Deutschland für lange Zeit stationiert bleiben würden – aber nicht, um das Wiederaufleben eines deutschen Militarismus und Nationalsozialismus zu verhindern, sondern ausdrücklich, um den sowjetischen Truppen auf deutschem Boden Paroli zu bieten. Und Byrnes sagte noch etwas Sensationelles: Er sprach von einer Revision der in Jalta und Potsdam festgelegten Oder-Neiße-Linie. Sie sollte, nachdem Polen von der Sowjetunion »gleichgemacht« worden war, nicht unbedingt Garant für eine größere Ausdehnung des Ostblocks sein, jedenfalls nicht mit westlicher Billigung. Man muß sich das, nachträglich, in allen krassen Farben ausmalen: Ein Jahr zuvor hatte Deutschland bedingungslos kapituliert, sich den gemeinsamen Siegern auf Gnade und Ungnade ausliefern müssen. Jetzt erhob einer der Sieger gegen einen anderen im Namen der Unterworfenen und Besiegten einen Anspruch auf Revision! Wir Deutschen waren schon wieder wer. Potentielle Verbündete.

1948 war Prag einem stalinistischen Staatsstreich zum Opfer gefallen. Bereits im April 1946 waren SPD und KPD in der sowjetischen Besatzungszone zur SED (zwangs)vereint worden – die übliche Vorbereitung auf die stalinistische Einverleibung. 1949 proklamierte Mao Tse-tung die Volksrepublik China. Schon vorher hatte die Sowjetunion damit geworben, der Sozialismus nehme auf ihrem Boden »ein Sechstel der Erde« ein. 1950 tobte am 48. Breitengrad der Koreakrieg – und wäre fast, als General Mac Arthur in China angreifen wollte, zum Dritten Weltkrieg eskaliert. Deutsche stellten fürsorglich, so sie es sich leisten konnten, die ersten Konservenbüchsen (Heringsfilets in pikanter Tomatensauce) und Zwiebackpakete in ihre Kellerregale – im Falle eines Falles. Viel Zeit zur Umerziehung ist den Deutschen von 1945 bis 1950 nicht geblieben, viel Zeit haben sich die Alliierten dafür nicht genommen, sie hatten andere Sorgen. Viel Zeit zur Rückbesinnung auf die schlimmsten Verbrechen ihrer Geschichte mußten sich die

Deutschen nicht nehmen, sie würden schon wieder gebraucht.

So ist unmittelbar zu Beginn der fünfziger Jahre etwas laut geworden, was manche Deutsche schon von Anfang an, das heißt: von 1945 an, geahnt haben wollten, hinter vorgehaltener Hand und mit schmutzigem Grinsen vorgetragen: »Die Amis wissen jetzt: sie haben das falsche Schwein geschlachtet.« Das war das frühe Stammtischende der Vergangenheitsbewältigung. Erst viel später, also etwa nach dem Frankfurter Auschwitzprozeß von 1966, sollte die Scham über das Offenbarwerden unvorstellbarer Verbrechen dieses Stammtischgefühl beiseiteschwemmen. Im »Historikerstreit« ist es dann, nur wenig verändert, wieder fratzenhaft aufgetaucht: »das falsche Schwein geschlachtet« hieß jetzt »Auschwitz als asiatische Tat«.

14. WEHE DEN BESIEGTEN!

Ich war elf Jahre, als der Krieg zu Ende ging, und ich war vorher ein dreiviertel Schuljahr lang auf einer »Nationalpolitischen Lehranstalt«, einer Napola, gewesen. Die Zentralschule lag in Annaberg, die niedrigeren Klassen wurden in der Nähe von Kattowitz, in Loben (Lublinic) in einer ehemaligen polnischen Militärschule ausgebildet. Ich war ausgesucht worden, weil ich arisch war und meine Zensuren überdurchschnittlich waren. Ich sah sportlich aus, haßte aber Sport schon deswegen, weil mein Vater ein Sportler mit Leib und Seele war. Ich hatte Angst vor Turngeräten, die einem die Glieder zerquetschten, ich war ein Feigling. Ich wollte nicht auf die Napola, weil ich nicht weg von dem warmen, bequemen Bett daheim wollte. Ich habe von der Schule aus Bettelbriefe nach Hause geschrieben, meine Eltern sollten mich rausnehmen. Nicht aus politischen Überzeugungen, sondern weil der Kommißton und Kameradschaftsdrill meinem Körper zuwider waren. Die Napola- oder »Napobi«-Schulen waren, wie gesagt, Elite- und Kaderschulen der SS, wie die Adolf-Hitler-Schulen Eliteschulen der NSDAP waren, also das Schlimmste. Manchmal, in Alpträumen, überfällt mich der Gedanke, wie ich diese Schule länger hätte besuchen müssen, weil der Krieg später zu Ende gegangen wäre. Älter wäre ich vielleicht mehr als nur ein schlimmer Mitläufer geworden. Daß ich zum Kriegsende erst elf war, hat mir an Charakterproben viel erspart, und in mir nagt manchmal der Zweifel, ob ich ein Nazi geworden wäre. Und dann wird mir fast schlecht, weil mir schlimmere und dümmere Menschen als Nazis nicht vorstellbar sind.

Ich war also nicht gerne auf der Napola, aber, Rätsel der menschlichen Natur, es gab bei der Aufnahme- und Eignungsprüfung eine »Mutprobe«: Man mußte möglichst hoch von einer Leiter auf eine Matte springen. Und obwohl ich nicht auf die Schule wollte, bin ich bei der »Mutprobe« von der höchsten Sprosse gesprungen, meine Feigheit überwindend – »den inneren Schweinehund besiegen« nannte und nennt man das idiotischerweise. Ich sprang und knackste mir aus Tapferkeit und Hingabe den Knöchel an. Drei andere Kandidaten haben sich ebenfalls im blinden Mut die Haxen gebrochen. Ich glaube, auf diese Lemming-Mentalität konnten die Nazis setzen.

Als der Krieg »verloren« war, tat mir das leid – so erleichtert ich war, daß ich nach den Weihnachtsferien 1944 nicht nach Loben hatte zurückkehren müssen zu Bettenbau und Morgenappell um 6 Uhr, zum Robben durchs Gelände und zum Singen schmutziger Lieder (»Wir folgen der schwarzen Fahne«). Es tat mir leid, weil ich lieber zu den Siegern gehört hätte und man mir eine furchtbare Angst vor den Russen eingebleut hatte – Menschenfresser und Folterer sollten das sein, »asiatische Horden«. Daß SS-Horden sämtliche Heere Dschingis-Khans und sämtliche Tartarenstürme in den Schatten gestellt hatten, ahnte ich damals noch nicht einmal.

Ich war kein ideologischer Nazi, vielleicht gab es das

auch gar nicht. Kann von Nazi-Ideologie wirklich die Rede sein? Ist der Appell an die niedersten Instinkte, Andersdenkende, Andersartige auszulöschen, auszutilgen, auszurotten, auszumerzen, nicht bloß kriminelle Paranoia, die ein Volk befallen hatte wie eine Epidemie? Es gab einen primitiven Darwinismus: Man siegt oder wird besiegt, man frißt oder wird gefressen. Hitler war unbesiegbar, klar. Aber auf einmal war er besiegt. Das war Pech.

Was wir hatten, war ein Schädel voller Lieder, Landsknechtslieder, Soldatenlieder, Hitlerlieder. Und ein Körper voller Geländespiele und Nachtmärsche. Wir sangen »Ja, die Fahne ist mehr als der Tod!«. Als ich endlich kapierte, was das für ein Schwachsinn war, war die Fahne wieder en vogue – nur daß sie statt des Hakenkreuzes Hammer und Sichel oder Zirkel und Hammer im Ährenkranz trug.

Irgendwie hatten die Zeitläufte des Kalten Krieges, der keine drei Jahre nach Ende des heißen Hitlerkrieges vor Haß, Kälte und Mißtrauen klirrte, die Deutschen zum großen Teil gegen ihre Vergangenheit abgeschirmt, gegen die Verbrechen, die sie eben noch als Nazis begangen und als Nazi-Mitläufer geduldet hatten, abgepanzert. Aus dem Seufzer angesichts bekanntgewordener »Übergriffe« im Krieg – »Wenn das der Führer wüßte!« – war die Nachkriegsgeneralabsolution geworden: »Wir haben doch davon nichts gewußt!« »Davon«, das war alles Üble, was wir im totalen Krieg nach innen und außen angerichtet hatten. Die fünfziger Jahre waren eine Zeit der kollektiven Verdrängung. Das funktionierte weitgehend auch, weil Selbstbewußtsein und Stolz der Deutschen, ohnehin zerstört und gedemütigt, damals die ganze Wahrheit, ihr volles Ausmaß noch nicht ertragen hätten.

Von Nietzsche stammt der folgende, die Funktionen unserer Psyche aufdeckende Dialog: »›Das hab ich getan‹, sagt mein Gedächtnis. ›Das soll ich getan haben‹, sagt mein Stolz und bleibt Sieger.« Der Stolz der Deutschen blieb in den fünfziger Jahren über ihr Gedächtnis Sieger. Man könne doch nicht immerfort in der Vergangenheit herumbohren; man könne sich doch nicht pausenlos selbstquälerisch in Schuldgefühlen suhlen; einmal müsse schließlich Schluß sein; Herrgottnochmal!, natürlich war nicht alles schön, was wir im Krieg ... aber die anderen sollten doch schließlich vor der eigenen Türe kehren. Ich meine, Engel waren die doch auch keine! Und schließlich! Und endlich! Diejenigen, die an die Schuld erinnerten, galten bald als unbequeme Bußprediger, na gut, dauernd in Sack und Asche gehen könne man nicht, man habe schließlich anderes zu tun. Aufbauen sei wichtiger als bereuen, alles, was recht ist!

Der Nürnberger Prozeß von 1946, gedacht, den Besiegten die Augen über die Verbrechen ihrer Oberen zu öffnen, wurde von den Deutschen, die unter Entbehrungen Trümmer aufräumten und gegen das Hungern ankämpften, eher apathisch wahrgenommen – als Siegerjustiz. Hatte die Sowjetunion als Siegermacht nicht dafür gesorgt, daß über den Hitler-Stalin-Pakt, über Stalins Anteil am Überfall gegen Polen, über Stalins Annexion des Baltikums nicht gesprochen werden durfte? Und wo über Massenmorde und Kriegsverbrechen zu Gericht gesessen worden war, warum durfte da nicht von Katyn die Rede sein, von den Massenmorden der Roten Armee an dem polnischen Offizierskorps? Kriegsverbrechen der Deutschen? Aber was war mit Dresden? Was mit der Hamburger Brandnacht? Was mit der Vertreibung von Millionen

Deutschen aus Schlesien und Ostpreußen, aus Pommern und dem Sudetenland? Sebastian Haffner schreibt in seinen *Anmerkungen zu Hitler*: »In den Jahren 1942 bis 1945 war das Bewußtsein in der ganzen Welt lebendig, daß die Hitlerschen Massenmorde nicht einfach Kriegsverbrechen waren, sondern Verbrechen schlechthin, und zwar Verbrechen eines bis dahin unerhörten Ausmaßes, eine Zivilisationskatastrophe, die gewissermaßen dort anfing, wo die üblichen Kriegsverbrechen aufhörten. Leider wurde dieses Bewußtsein durch die Nürnberger Kriegsverbrecherprozesse – eine unglückliche Veranstaltung, an die sich heute niemand mehr gern erinnert – wieder verwischt.«

»Diese Siegerjustiz hatte viele Mängel: Der Hauptangeklagte fehlte, da er sich jeder irdischen Gerechtigkeit entzogen hatte; das Gesetz, nach dem geurteilt wurde, war rückwirkendes Ad-hoc-Recht; vor allem aber: Das eigentliche Hitlersche Verbrechen, also die fabrikmäßige Massenvertilgung von Polen, Russen, Juden, Zigeunern und Kranken, bildete nur ganz nebenbei einen Anklagepunkt, zusammengefaßt mit Zwangsarbeit und Deportation als Verbrechen gegen die Menschlichkeit, während die Hauptanklage auf Verbrechen gegen den Frieden, also Krieg als solchen, und eben auf Kriegsverbrechen lautete, definiert als Verletzungen der Kriegsgesetze und -gebräuche.«

»Solche Verletzungen hatte es natürlich, in mehr oder minder schwerer Form, auf allen Seiten gegeben, und Krieg geführt hatten auch die Siegermächte. Es war insofern leicht zu sagen, daß hier Schuldige über Schuldige richteten und daß in Wirklichkeit die Angeklagten dafür verurteilt wurden, daß sie einen Krieg verloren hatten …

Nürnberg hat viel Verwirrung angerichtet. Bei den Deutschen – und zwar gerade *den* Deutschen, die am meisten Grund hatten, in sich zu gehen und sich zu schämen – hat es eine Aufrechnungsmentalität hervorgerufen, eine Haltung, die auf jeden Vorwurf ein tu quoque – Und ihr vielleicht nicht? – bereithält.«

Unser Latein- und Geschichtslehrer hatte, mitten in der DDR der fünfziger Jahre, die damals sicher gesamtdeutsch typische Haltung parat. Kam er auf Naziverbrechen zu sprechen, sagte er, daß die anderen ... machte dann eine Pause, verdrehte komisch-gequält die Augen und sagte: »Vae victis!« Das ist Lateinisch und heißt »Wehe den Besiegten!« Und dann erzählte er uns die von Livius überlieferte Geschichte des Anführers der senonischen Gallier, Brennus, der die Römer im Jahr 390 n. Chr. geschlagen hatte, in Rom eingezogen war und die Stadt zerstört hatte, ohne freilich das Kapitol einnehmen zu können. Die Römer hätten den Abzug der Gallier mit Gold erkauft, eine bestimmte riesige Goldmenge, für Rom eine immense Last, sei festgesetzt worden. Und nun wurde öffentlich gewogen. Die Römer hätten die Waagschale mit all ihren Schätzen gefüllt. Schließlich sei sie im Gleichgewicht gewesen. Da habe Brennus sein Schwert auf der Gewichtseite in die Waagschale geworfen und so das ausgehandelte Maß willkürlich umgestoßen und erhöht – »Vae victis!« habe er zur Begründung ausgerufen. »Wehe den Besiegten!« »Vae victis!« das war das Jägerlatein der um den »Endsieg« betrogenen Verlierer.

Dieser Gedanke von der Willkür der Siegerjustiz war eines der vorherrschenden Entschuldigungsrituale der Deutschen in den fünfziger Jahren. Da sie erneut gebraucht wurden, als Verbündete von den einstigen Siegern, sind sie damit durchgekommen. Mehr recht als schlecht. Ich habe von 1952 bis 1958 in Tübingen studiert, unter anderem Geschichte. Ein Hauptseminar, das ich damals zu absolvieren hatte, beschäftigte sich mit dem Begriff »unconditional surrender«, mit der »bedingungslosen Kapitulation«. 1942 in Casablanca hatten, wie erinnerlich, die beiden westlichen Hauptverbündeten Präsident Roosevelt und Premier Winston Churchill festgelegt, daß es mit Hitler keinen Verhandlungsfrieden geben dürfe; der Krieg könne nur durch Deutschlands bedingungslose Kapitulation beendet werden – ein nur zu folgerichtiger Entschluß, nachdem Hitler sich aus jeglicher menschlichen Konvention gestohlen hatte. Unser Seminar versuchte nun in langen Quellenstudien klar zu machen, daß diese Bedingung der Alliierten den Krieg unnötig verlängert und damit seinen schrecklichsten Verbrechen zumindest Vorschub geleistet habe. Mit Schaudern wurde auf den Morgenthau-Plan (die Rückführung Deutschlands in die vorindustrielle Zeit) hingewiesen – so als ließen sich hinter diesem in der Tat grotesken Gedankenspiel (und mehr wurde es glücklicherweise nicht) alle realen, über das Gedankenspiel leider weit hinaus gewachsenen Verbrechen der Nazis verstecken. Churchill und Roosevelt waren schuld, daß Hitler einen so langen, wahnwitzigen Durchhaltekrieg betrieben hatte. Mit ihrer Bedingung von der bedingungslosen Kapitulation! Natürlich war der Professor ein übertünchter Nazi, ein mühsam Umerzogener.

In Tübingen lehrte auch Hans Rothfels, im Ersten Weltkrieg für Deutschland als Frontoffizier zum Krüppel geschossen und dafür von Hitler als Jude mit dem Tode bedroht, ein Mann preußischer Pflicht, und er lehrte großartig vom 20. Juli '44, vom deutschen Widerstand, an dem sich damals auch das verstörte Selbstbewußtsein aufzurichten suchte.

Dresden, die Vertreibung und Aussiedlung der Ostdeutschen, die Teilung Deutschlands, die marodierenden, vergewaltigenden Sowjetdivisionen, die in Trümmer gelegten Kulturdenkmäler Deutschlands waren den meisten Deutschen viel zu gegenwärtig, als daß sie sich der eigenen Schuld hätten zuwenden können und wollen. In Rußland gab es zahllose deutsche Kriegsgefangene, die Bundeskanzler Konrad Adenauer bei seinem Moskau-Besuch 1957 freikaufte. Damals kursierte eine Geschichte vom letzten aus Bayern stammenden Kriegsgefangenen, der lange, weltabgeschieden, in Sibirien hatte leben müssen und der nach seiner Rückkehr in Bonn mit allen Ehren empfangen worden sei; er habe Präsident und Kanzler besuchen dürfen. Anschließend sei er nach München gekommen und habe dort ein Interview gegeben. Wie ihm denn die Hauptstadt Bonn gefallen habe? Sehr gut. Und der Bundeskanzler. »Sehr gut, aber oid worden is er, der Hitler! Schrecklich oid!«

Das war der Volkswitz, der darauf anspielte, daß Adenauer sich als einen Staatssekretär einen Mann namens Globke hielt, der der Chefkommentator der Nürnberger Rassengesetze gewesen war. Und einen Vertriebenenminister namens Oberländer, der als Waffen-SS-Führer ein Kriegsverbrecher war. Das alles war damals möglich, und später, nach der Wiedervereinigung, die noch einmal ähnliche Probleme aufwarf, sollte es selbst jemand wie Egon Bahr zwecks Wiederherstellung des inneren Friedens in Deutschland gutheißen, daß ehemalige Nazis in der Adenauer-Zeit in führende Positionen gekommen waren.

Bereits 1949 begründete Adenauer den Alleinvertretungsanspruch Deutschlands durch die Bundesrepublik, und schon in ihrem Gründungsjahr 1949 sprach sich Adenauer für ein deutsches Kontingent in einer europäischen Streitmacht aus. 1950 verwahrte sich der Bundestag gegen die Anerkennung der Oder-Neiße-Grenze. 1951 erklärte die Bundesregierung andererseits ihre Bereitschaft zur Wiedergutmachung gegenüber Israel, ein Gesetz, das am 10. September 1952 ratifiziert wurde. 1952 bietet Stalin in einer Note die deutsche Wiedervereinigung als Kompensationsgeschäft gegen die Wiederaufrüstung und militärische Allianz mit dem Westen an. 1953 stirbt Stalin. Es beginnt ein Tauwetter, das 1956 mit der blutigen Niederschlagung des Ungarn-Aufstandes jäh und schrecklich zu Ende geht. Bundesregierung und Bundestag brachten zwei imposante Gesetzeswerke zuwege, die Vergangenheit zu bewältigen in der Lage waren: die Wiedergutmachung und den Lastenausgleich.

Eine widersprüchliche Zeit, in der Deutschland sich mit Israel aussöhnte und Nazis in die Regierung nahm; in der Debatten über deutsche Kriegsschuld sich mit dem Streit über die deutsche Wiederbewaffnung kreuzten; in der es Gedanken über ein »Roll-back« gab und laut von der Rückeroberung der deutschen Ostgebiete gefaselt wurde; in der es eine nationale »Ami-go-home!«-Bewegung gab, der sich die östliche Propaganda annahm, und kriegerisch tönende Heimatverbände und Heimatvertriebenenparteien. Als »Ostlandreiter« und »Revanchisten« wurden sie in der DDR geschmäht, die Anfang der fünfziger Jahre die Rechtmäßigkeit der Oder-Neiße-Linie vertraglich anerkannte.

Im Westen gab es Plakate mit dem Deutschland in

den Grenzen von 1938. Das Land war gespalten in West und DDR und Ost: »Deutschland dreigeteilt? Niemals!« Auch die Landkarten in Schulen und Eisenbahnen zeigten Deutschland in den Grenzen von 1938. Und in der Tat: Es gab keinen Friedensvertrag zwischen Siegern und Besiegten. Niemand wußte, daß es ihn nie geben würde. Kurt Schumacher, der SPD-Chef und Führer der Opposition, konnte Adenauer als »Kanzler der Alliierten« schmähen. Liest man heute die Reden nach, die Ernst Reuter als SPD-Bürgermeister Berlins oder eben Schumacher damals hielten, ist man förmlich erschrocken über die unverhohlen nationalistischen Töne: Da wir Verbündete waren, mußten wir uns mit der Niederlage nicht abfinden – jedenfalls nicht verbal.

Es gab einen Antikommunismus und einen Antiamerikanismus, beides auch Reaktionen des gekränkten Besiegten, die einander ergänzten und gegeneinander propagandistisch ausgeschlachtet wurden. Adenauer sprach mit allen Zeichen rheinisch-westlicher Verachtung von den »Soffjets«. Und die vom Osten geschürten »Ami-go-home!«-Kampagnen waren auch das Aufbegehren der Alten, Unbelehrbaren gegen »Neger«-Musik, kaugummikauende Halbstarke, die Coca-Cola-Kultur. Cola habe die Bombardierung einer deutschen Großstadt mitfinanziert, hieß eine der Flüsterparolen, die ergänzt wurde durch die andere – wie Cola den Magen zerfresse. Zum Beweis müsse man nur ein Stück Fleisch in ein Glas mit Coca Cola legen – und sehen, wie es am nächsten Tag zersetzt sei. Die Amis hatten weiche Sohlen, sie traten aufreizend lässig auf, ohne Zack, weich in Hüfte und Schritt, mit respektlos mahlendem Gesicht.

Von dem großen Volkssänger und Brecht-Künstler Ernst

Busch ist mir ein »Ami-go-home-Lied« im Gedächtnis geblieben, dessen Text von Hanns Eisler stammt:

Go home, Ami, Ami, go home!
Spalt für den Frieden dein Atom!
Sag Good-bye dem Vater Rhein,
Laß in Ruh sein Töchterlein!
Loreley, so lang du blühst,
wird Deutschland sein!

Ein schönes Gedicht! Vor allem die Zeile »Spalt für den Frieden dein Atom!« Holzfällerartig. Der propagandistische Hintergrund war, daß damals bei der Loreley Bohrungen für Brückensprengungen im Eventualfall vorgenommen wurden. Eine kriegerische Zeit, die friedlichen Fuffziger.

15. DER FEDERHALTER VOM POSTAMT

Die deutschen Postämter. Sie waren lange, lange Zeit Widerstandsnester gegen den sogenannten Fortschritt, der seit der Währungsreform 1948 ungestüm einsetzte, das heißt erst langsam, dann ungestüm, dann, zu Ende des Jahrzehnts, sich vor Eile und Eifer überschlagend.

Aber die Postämter. Da saßen Schalterbeamte, die zahlreiche Stempel hatten, mit abgeriebenen, verspeckten Holzgriffen, sie trugen Ärmelschoner in Grau oder graue Arbeitskittel, funkelten die Kunden, die sie als Untertanen empfanden, sie waren ja im staatlichen Hoheitsdienst, über Brillengläser hinweg an, stellten, kurz bevor man an der Reihe war, ein Schild vor sich auf: »Schalter geschlossen« oder »Schalter vorübergehend geschlossen«. Und ohne Murren gingen die Schlangestehenden an den nächsten Schalter, wo sich ein Beamter zur Arbeit räusperte. Briefmarken riß er von Bögen, als wären es (die durch die D-Mark längst außer Kraft gesetzten) Bezugsscheine und Lebensmittelmarken. Und in der Tat gab es hier ja noch etwas zu beziehen: das huldreich gewährte Recht, Briefe durch den Staat expedieren zu lassen.

Studenten und Rentner benutzten die Postsparbücher als ihr Bankkonto. Und da stand man dann stramm, während der Postbeamte mit einem Lineal und einem Federhalter Striche zog, akkurat Summen verminderte, den amtlichen Charakter seines Tuns durch einen heftigen Stempelschlag bestätigte und einem mit gnädigem Widerwillen zwanzig D-Mark rausrückte, um einem dann das zum Aus- und Einzahlen durchlinierte, zwiefach gestempelte, durch die Beamtenunterschrift abgesegnete Sparbuch zurückzureichen – »der Nächste, bitte!«

Schalterbeamte schrieben lange mit der Feder, obwohl der Kugelschreiber seinen Siegeszug schon angetreten hatte. Der war bequem, ruinierte die Handschrift, »verdarb« deren »Charakter«, und machte keine Tintenflecken auf Jacke und Fingerkuppe. Dafür lief der Kugelschreiber ganz aus, und die pasteartig schmierige Flüssigkeit ließ sich viel schlechter als Tinte entfernen, anfangs überhaupt nicht, aber das waren die Kinderkrankheiten des neuen Kugelschreibersystems, der auch so wunderbare Schreibgeräte wie den Vierfarbenstift zum Drücken (Rot, Schwarz, Grün, Blau) verdrängte.

Ich meine, auf manchen Postämtern hätten noch Spucknäpfe herumgestanden. Emaillierte Gefäße mit abschüssigem Deckel und einer runden Öffnung. Man hustete (damals viel, damals mehr?) und spuckte gezielt auf den Spucknapfteller.

Sicher ist, daß es Schreibpulte gab, gelb gebeiztes Holz, das an den Rändern abblätterte, braune Flecken hinterließ; auf den Schreibpulten lagen Schreibunterlagen, ein Löschblatt, auf denen man Postanweisungen, Zahlkarten, Paketkarten, Einschreibebriefformulare auszufüllen hatte. Der Postbeamte würde sie anschließend grimmig mit seinen Zeichen ergänzen, noch grimmiger stempeln und mit der Schere in Abschnitte zerlegen.

Hatte man den eigenen Kugelschreiber nicht mit, stand da, eingelassen in das Pult, ein Tintenfaß, und ein Federhalter lag in einer eigens dafür gekerbten Rille; viele Spritzer wiesen darauf hin, daß er schon oft Postanweisungen, Zahlkarten, Paketkarten ausgefüllt hatte. Er lag noch nicht an der Kette, meist eine Kugelkette, wie später die gelben Kugelschreiber. Er hatte einen nach oben spitz zulaufenden Holzgriff, und unten steckte eine Stahlfeder drin.

Tauchte man die in die Tinte, so war die entweder im Faß ausgetrocknet, es gab ein leise ächzendes Kratzgeräusch, dann schabte die Feder trocken über das Papier. Nichts. Oder die Feder zog eine Schlammschicht aus dem Faß, die auf das Formular vertropfte, so daß man ein neues am Schalter besorgen mußte. Manchmal hatte die Feder auch nur einen Faden nach sich aus der Tinte gezogen, der der Schrift unerwünschte Schnörkel verlieh. Das Schlimmste aber war, wie die von der öffentlichen Hand mißhandelte Feder sich spreizte, ihre gespaltene Zunge sperrig ins Papier bohrte und dabei hängenblieb. Sie zerriß das Papier und die Schrift, sie kratzte und fauchte, sie war störrisch, Schreiben war Widerstandsüberwindung. Niemand schonte die Feder, niemand kümmerte sich recht um die Tinte. Alles war Gemeingut, niemandes Eigentum.

Ich habe damals in einem Reader's-Digest-Heft (»Das Beste« hieß es auf Deutsch, und darin erzählten Witwen von reichen, aber gutartigen Leuten in Connecticut, »Ein Mensch, den man nie vergißt«, wie fleißig, bescheiden, gütig und humorig-streng der Verblichene gewesen sei) den Satz gelesen: »Der Sozialismus gleicht dem Versuch, mit dem Federhalter vom Postamt zu schreiben.« In seiner schrecklichen Banalität enthielt dieser Satz eine grandiose

Wahrheit. Es ist die vertrackte Sache mit dem Privateigentum und dem öffentlichen Interesse.

Dabei war es damals eher umgekehrt wie heute: Da die meisten bei ihrem Aufstieg noch in bescheidenen Verhältnissen steckten, wirkten viele der öffentlichen Einrichtungen, Schulen, Gemeindesäle, Finanzämter, noch wohlhabender ausgestattet als ihre private Umgebung; der Staat war der erste, der den neuen Reichtum repräsentierte. Heute sind Schulen, Ämter, Behörden längst auf den Hund gekommen, die meisten öffentlichen Einrichtungen sehen verwahrlost und verarmt aus. Und die Bahnhöfe waren damals noch samaritische Einrichtungen mit den durch Eisenöfen überheizten Wartesälen, auf deren Holzbänken Wartende schliefen (»Zutritt nur mit gültigem Reiseausweis«), mit Rot-Kreuz-Küchen, die Tee ausschenkten, mit Suchbildern nach den Vermißten des Krieges.

Wer sich heute im ICE vom Schaffner einen Kaffee bringen läßt, ahnt nicht mehr, daß die freundlichen Kellner einst Beamte waren, Herren über Sperren und Züge, die unerbittlich Löcher in braune oder grüne Karten aus Karton zwickten oder mit dem Bleistift Striche auf deren Rückseite anbrachten. Sie waren fast Polizisten, jedenfalls kein Dienstleistungsgewerbe, sie vergaben Reisen als staatliche Betreuung und Obhut. In Post und Bahn hat sich der alte Beamten- und Untertanenstaat lange gegen den rigoros geschmacklosen Siegeszug der D-Mark gewehrt.

In Süddeutschland hatten die Bahnhöfe allerdings alle Geranienkästen vor den Fenstern. Und Kioske, an denen es Schokolade gab, Malzbonbons und Zeitschriften über das Glück Faruks und Sorayas.

16. TROPFENDE NYLONHEMDEN

Das erste Wegwerfprodukt der sich anbahnenden Wegwerfgesellschaft war das Papiertaschentuch. Wie in den USA die Firma Kleenex, deren anderer genialer Streich es war, Papiertücher so ineinander zu falten, daß sie sich beim Herausziehen aus der Papp-Box verketteten, hatte es die Nürnberger Firma Tempo schnell geschafft, daß ihr Markenartikelname zum Sachbegriff avancierte: Aus Papiertaschentuch wurde Tempotaschentuch oder einfach Tempo. Bedeutete der amerikanische Name das »Sauber« und »Weg«, »Clean« und »ex« und »hopp«, so beschränkte sich der deutsche auf das schnelle Wegwerfen – Tempo, Tempo wurde die Devise des Konsums.

Aus Amerika waren ohnehin die neuen Grundsätze einer Hygiene der makellosen Sauberkeit nach Europa herübergeschwappt: Dusche anstelle von Badewanne mit Schmutzkruste und gekrümelten Schmutz-Seifen-Partikeln; Wäsche, vor allem Unterwäsche wurde täglich gewechselt in den USA, munkelte man mit bewunderndem Kopfschütteln; Socken mit Löchern wurden gar weggeschmissen, eine gefährliche Attacke auf das deutsche Stopfei in der Hand der deutschen Hausfrau.

Vertreter, der neue klinkenputzende Berufsstand, der

die Konsumgesellschaft ankurbelte und ihr weisungs- und auftragsgemäß immer neue Wünsche und Bedürfnisse aufschwatzte, Vertreter trugen blitzend, ja, glänzend weiße Nyltesthemden, die sie nachts in ihren Hotelzimmern durch eine Lauge im Waschbecken drückten, dann auf einen Plastikbügel tropfend über die Badewanne, so vorhanden (meist hatten die Hotels damals bestenfalls ein Badezimmer pro Stockwerk), hängten, sonst eben über das Waschbecken. Oder über den Fußboden, wo sich ein Rinnsal auf den Spuren anderer Rinnsale bildete. Die Hotelleitungen schritten mit mahnenden Schildern dagegen ein, so wie sie mit der Aufforderung, sich die Schuhe nicht mit der Gardine zu putzen, gegen einen anderen Sauberkeitsfanatismus von Vertretern ankämpften. Die weißen Hemden waren bügelfrei. Einmal über dem Bügel getrocknet, knitterten sie nicht. Ihr Nachteil, man schwitzte unter ihrem schweißdichten makellosen Weiß. Man kann der Versuchung kaum widerstehen, das als moralisches Symbol zu sehen.

Vertreter, die Treibriemen des Überganges von der Verteilungs- zur Konsumgesellschaft, das war der Beruf, Arthur Millers »Tod eines Handlungsreisenden« das entsprechende Bühnenstück (wie übrigens Martin Walsers Roman »Halbzeit« von 1960, der ebenfalls die Gründerjahre in der Figur eines Vertreters chiffregleich einzufangen trachtete). Millers Willy Loman, der Handlungsreisende, ist, auch was die Hygiene anbetrifft, eine Schlüsselfigur jener Jahre. (Der Film mit Fredric March wie ein Gesicht der fünfziger Jahre: statt des alerten Vertreters der scheiternde.) Die Figur macht klar: Hygiene ist gleich Moral, Sauberkeit ist sexuelle Sauberkeit, »Rein bleiben und reif werden« hatte das schon früher Walter Flex den Deutschen in die Pubertät buchstabiert, der hygienische Imperativ, ein sauberer Geist in einem sauberen Körper, Kleenex.

Das Tempo-Taschentuch machte »Bäh!« zu Menschen, die ihren alten Rotz, in Tücher gefaltet, immer noch mit sich herumtrugen. Unhygienische Menschen. Immer wieder fiel der Spott auf ältere Verwandte, die sich die Nase schnaubten und dann nachdenklich, wohl auch sorgenvoll, in ihr offenes Taschentuch starrten: »Pfui Teufel!, Igitt!, Pfui Deibel!«

Die Werbung zum Papiertaschentuch versprach dazu Ungeheuerliches, nämlich nichts Geringeres als den endgültigen Sieg über den Schnupfen. Wie das? Da man sich mit einem Tempo-Taschentuch nur ein einziges Mal schneuzte (und: schneuzen sollte), vermied man, laut Werbung, die Selbstinfektion, das Grundübel des Schnupfens. Damit war der Schnupfen weg, er verhungerte sozusagen nach sich selbst. Inzwischen ist die Selbstinfektion seit gut 45 Jahren besiegt, aber der Schnupfen ist immer noch da.

Der Sieg über den Schnupfen, das war eines der ersten zu hochtönenden Versprechen der Werbung, die sich immer mehr in einer Vorher-Nachher-Dramatik bewegte – Tragödien mit Happy-End. Vorher Schnupfen, dann Tempo, dann Schnupfen weg. Vorher Akne, ein leidzerfurchtes, punkteübersätes Antlitz, dann Anti-Akne-Creme, danach ein befreites Lächeln, das Gesicht keine Kraterlandschaft mehr, vielmehr glatt und glücklich.

Nur merkwürdig, daß die Werbung ihre Happy-End-Versprechen Jahr für Jahr wiederholend steigern mußte: weiß, blütenweiß, schneeweiß, strahlend weiß, weißer als weiß und schließlich das weißeste Weiß. Oder weißer geht's nicht.

Jetzt noch besser, jetzt noch wirksamer – und das, obwohl es in der letzten Saison schon am wirksamsten war. Das Problem der Werbung in den Fünfzigern und fortan in alle Ewigkeit war: Wie überbiete ich einen Superlativ und wie den Superlativ eines Superlativs? Es kursierte die Geschichte von der Kundin, die kleine Eier kaufen wollte und vom Verkäufer belehrt wurde, es gebe keine kleinen Eier. Es gebe nur große, riesengroße und supergroße Eier.

Ich war aus der Ost-Propaganda gekommen, war ihr entkommen. Jetzt erlebte ich die Anfänge der kapitalistischen Propaganda, der Werbung, die die Dinge der Welt mit einem bunten, glitzernden schönen Schein überzog, dem Versprechen guter Laune, eines ständig mit weißen Zähnen lächelnden Optimismus. Anders als dem Agitprop fehlte diesem Versprechen das kantig in die Zukunft vorgeschobene Kinn, es war hedonistisch, wo die Propaganda sich heroisch gerierte. Beide waren Schönfärber und Gesundbeter. Den Unterschied machen vielleicht zwei damals kursierende Witze deutlich.

In Moskau hat ein Leichtathletikwettkampf stattgefunden. Beim 800-Meter-Lauf traten nur zwei Läufer an, ein Sowjet-Mensch und ein US-Amerikaner. Der Ami siegte. Wie meldete das die offizielle sowjetische Nachrichtenagentur TASS am nächsten Tag? »In einem international hochbesetzten 800-Meter-Lauf belegte die Sowjetunion einen ehrenvollen zweiten Platz, während die USA nur Vorletzte wurden.«

In einer Westberliner Schule. Fritzchen hat in der Pause einen riesengroßen Penis an die Tafel gemalt. Überraschend kommt die Lehrerin dazu. »Wer war das?« Fritz meldet sich, muß in der Pause der Lehrerin folgen. Sie nimmt ihn mit ins Lehrerzimmer. Gespannt und gebannt warten die Klassenkameraden auf seine Rückkehr. Als er kommt, macht er sich genüßlich noch die letzten Knöpfe seines Hosenstalls zu. Er sagt: »Da sieht man, was Reklame ausmacht!«

Das einzige, was ich heute nicht mehr weiß, ist, ob er sich damals seine Hose *noch* zuknöpfte oder *schon* mit einem Reißverschluß zuzog.

Die Lüge der Sprache in der damaligen Zeit folgte nicht nur aus der Geschichte und der Politik, nicht nur aus der Doppelmoral – sie war auch das Resultat der Werbung, die uns zu vergeßlichen Idioten degradieren wollte, die uns weiß- und weiszumachen suchte, es gebe weißeres Weiß, die uns einzureden trachtete, wir könnten jede Form von Makel, Schatten, Unglück mühelos wegkonsumieren, ein Glückspakt auf Teufel komm raus.

Nikolaus Jungwirth und Gerhard Kromschröder haben in ihrem Buch »Die Pubertät der Republik« das Vorher-Nachher mit dem Schnee der Schuppen belegt, der aus den Haaren auf das Jackett fiel, die Unappetitlichkeit des Alten Adam zu belagern, an dem es alles zu bekämpfen galt: seine Ausdünstungen, seine Absonderungen und Ausscheidungen. Besonders dem Geruch aus allen Poren und Öffnungen wurde der Kampf angesagt. Deodorants, die rund um die Uhr schützten, 8 x 4 = 24 (plus 8), waren angesagt. Und irgendwann war das Zaubermittel gegen jeglichen Körpergeruch gefunden, aus Weiß wurde Grün: das Chlorophyll. Der grüne Farbstoff der Natur, der löste alle Gestanksprobleme. Dufteten schon die Toiletten nach Fichtennadeln, ja, nach Tannenwäldern, so sollte durch pures Chlorophyll sämtliche lästigen Geruchsnoten, immer Zeichen von Liederlichkeit, Krankheit, Verwesung beseitigt werden. Die Welt ein frisch duftendes Birkenwäldchen, eine saftig-grüne Maienwiese.

Alles wurde auf einmal grün, die Zahncreme, die Schuheinlegesohle gegen den Schweißfuß, das Achseldeo, das Körperpuder, die Pille nach der Mahlzeit – eine grüne Welle der Geruchsbekämpfung überrollte unsere Drogerien und Parfümerien, es gab nur noch eins, das geruchsbekämpfende Chlorophyll.

Da ich ein eher areligiöser Mensch bin, glaubte ich der Werbung, diesem Kontor des ungehemmten Fortschritts und Schalter des Optimismus, so gut wie alles, weil ich natürlich, jenseits des Glücksversprechens, die Botschaften der geheimen Drohung empfing: Ich sei schlecht, unsauber, stinkend, ja, verwesend-gebrechlich, löse mich in zersetzenden Schweiß, Mundgeruch, schuppende Haut auf. Also glaubte ich auch an Chlorophyll. Glücklicherweise hatte ich einen Studienfreund, Gerd, ein älterer, hagerer Bergsteiger, dem die Öffnungen in seinem luft- und wasserdichten Kleppermantel – ein Utensil naturverbundener Kanufahrer, Wanderer und Kletterer jener Jahre – unter den Achselhöhlen zur Belüftung genügten. Gerd gehörte der jüngsten Kriegsgeneration an, die neben den 19- bis 25jährigen die Hörsaalbänke drückte: Es waren entschiedene Pazifisten, die doch aus dem Krieg und Nachkrieg eine Vorliebe für Aluminiumgeschirr, Zelten, Brotbüchsen, Kommißbrot und Erbsensuppe bewahrt hatten. Dieser Gerd erklärte mir mit drastischer Anschaulichkeit den Unsinn des neuen Chlorophyll-Kultes. »Quatsch«, sagte er, »vollkommener Mist! Wenn das wahr wäre mit dem Chlorophyll, dann müßte ja ein Ziegenbock am besten riechen. Der frißt doch den ganzen Tag nichts als Chlorophyll.« Ich glaubte diesem schlagenden, wenn auch kaum wissenschaftlichen Beweis. Und ein paar Monate später war auch der allgemeine Glaube an den grünen Geruchsvernichter verflogen, die Zahncremes und die Schuheinlegesohlen wurden wieder weiß oder rosa, grün blieben nur die Heide, der Oberförster und der Heimatfilm. Und grün, das war damals noch keine Protestbewegung gegen eine immer hybridere Zivilisation, das war noch keine Angst vor Luftverschmutzung, Waldsterben, Autobahnen und Ozonloch. Grün, das war Ferienstimmung und Kitschsehnsucht einer Welt, die sich über wachsende Autoproduktionen und gebaute Autobahn-Kilometer noch ungehemmt zu freuen schien. Denn schließlich, was man alles gegen Hitler sagen konnte, er hatte »auf der anderen Seite« die Autobahnen gebaut. Und den VW, den Volkswagen, »alles, was recht ist.«

Chlorophyll war nicht der einzige eklatante Nonsens, an den ich mich erinnere. Mir kommen beispielsweise jene kleinen Plastikdreiecke in den Sinn, die, bonbonfarben zartrosa, durchsichtig grün, blau oder gelb, vorne die Kühlerhauben fast aller Autos zierten. Es war wie eine Seuche, jeder steckte sich dieses kleine Plastikding an sein Auto. Angeblich diente es dazu, den Luftstrom so vor der Windschutzscheibe abzuleiten, daß die lästigen Fliegen, Hummeln, Bienen und Käfer nicht mehr häßlich auf dem Fenster zerspradderten und zerplatzten, dabei eklige gelbe Sekrete des Verendens hinterlassend. Wider besseren Augenschein – denn natürlich klatschten sich nach wie vor Myriaden von Insekten an Autoscheiben tot – kauften so gut wie alle Autofahrer diesen aerodynamischen Nippes. Es war ein ähnlicher Unfug wie die Gummiblitzableiter, die von der Karosserie auf die Straße hingen.

Natürlich waren nicht nur Schuppen lästige Absonderungen, sondern auch die Haare selbst. Sie hatten kurzgeschnitten, fassongeschnitten zu sein, mit »Messerschnitt« um den schmalen Kopf gebändigt. Nur Künstler hatten gelegentlich Mähnen, lange Haare waren sonst verpönt. Selbst der große Theatermann Fritz Kortner haßte bei seinen Schauspielern langes Haar. Als er einen jungen Schauspieler dafür getadelt hatte, wandte der ein: »Aber Herr Kortner, auch Einstein hatte lange, wilde Haare!« Und Kortner soll erwidert haben: »Die hatte er nicht als Physiker und Mathematiker. Sondern als Künstler. Als Geiger. Und als Geiger war er ganz schlecht!« Klar, daß sich Kortner gegen den Genie-Habitus eines jungen Möchtegern-Genies wandte, aber eine Attitüde der fünfziger Jahre ist es dennoch. Und als die Fünfziger gegen Ende der Sechziger endgültig überwunden werden wollten, geschah das mit ungebärdigen langen Haaren, mit Bärten und Mähnen. Das Musical »Hair« setzte ein solches Signal, die Pilzköpfe der Beatles waren ein ähnliches Fanal gewesen.

Keine Frage, es war die Zeit der glatten Rasuren, des Rasierwassers, der sauber geschabten Haut. Und die Werbung versuchte die Trockenrasierer an den Mann zu bringen. Immer kompliziertere Scherköpfe in immer komplizierteren Verbundsystemen pries sie an. Sie zeigte in Zeichnungen, auf der Barthaare auf Graslänge und -stärke vergrößert waren, wie diese elektrischen Mähgeräte arbeiteten: Sie drückten die Ackerkrume der Haut hinunter, preßten das Haar empor, schutzlos dem Messer des Scherkopfs entgegen, der schnitt wurzeltief zu. Diese Zeichnungen sah man Jahr für Jahr, inzwischen Jahrzehnt für Jahrzehnt: »Jetzt noch tiefer!«, »Jetzt noch gründlicher!«. Eigentlich, wenn man der Werbung Glauben geschenkt hätte, wäre die Rasur inzwischen so gründlich, daß das Messer des Shavers, an der einen Wange angesetzt, so tief an die Wurzel reichte, daß es das Barthaar auf der anderen Wange von innen herausgeschnitten hätte.

Aber verschweigen wir die Verdienste der Werbung nicht. Sie mußte unsere Haushalte zum Maschinenpark umgestalten: vom Kühlschrank bis zum Trockenrasierer, vom Fön über das Küchenmixgerät bis zur Wasch- und Geschirrspülmaschine, vom Toaster bis zum Elektrogrill.

Der Trockenrasierer sorgte dafür, daß der Bart ab war, der Küchenmixer schuf eine ganze neue Restaurant- und Kaffeehaus-Kultur. In den fünfziger Jahren wurden die Milchbars etabliert, helle, übersichtlich leere, saubere Lokale, in den Pastellfarben jener Jahre gehalten mit abwaschbaren Resopalplatten, der feuchte Lappen war das meistgebrauchte Utensil. Hinter den Tresen, hinter denen milchweißgekleidete junge Leute standen, surrten die Mixer und verwandelten weiße Milch in die rosafarbenen, lilafarbenen, orangefarbenen, zitronengelben Getränke, Shakes, Frappés und Flips. Sanddorn und Orange, Heidelbeere und Zitrone. Milchbars und Eisdielen, das war die neue luftige, duftige, gesunde, unschuldige Mode.

Das Mobiliar war staksig und oft aus luftigem Drahtgeflecht, die Wände Bambus oder String, nirgends das, was man verächtlich einen Staubfänger hätte nennen können. Alles sah ein bißchen nach Calder und Klee aus, die Farben blaß und unaufdringlich, luftig und vor allem sauber, sauber, sauber, wie frische Milch. Kaum war das Getränk schaumig aus dem Mixer in die Gläser geflossen, in die man bunte Strohhalme steckte, Fruchtschnitze an den Rand, da wurde der Mixer auch schon unter fließendes Wasser gehalten. Milch war hygienisch, gekühlt, gesund, Milch war die Milch der frommen Denkungsart.

Gesichtsmilch brachte die Avon-Beraterin, die edelste Fee im Klinkenputzer-Beruf, die, wenn sie überhaupt einen Fuß in die Türe stemmte, dies mit hohem, spitzem Absatz tat. Im weichen Kostüm, mit im Schritt geschlitztem Rock, der kurz den Blick auf ihre nylonglänzenden Beine freilegte, die sie beim Sitzen elegant übereinanderschlug oder lang parallel zur Seite streckte, war sie die elegante Welt, die die deutsche Hausfrau heimsuchte, ihr zur Maskerade verhalf. Das Diktum aus der Nazizeit, nach dem sich eine deutsche Frau nicht schminkt (Hildegard Knef sprach in diesem Zusammenhang vom Kernseifengesicht der Deutschen), mußte überwunden werden. Langsam, Schritt für Schritt. Dicke Schminke, rote, volle Lippen, die knallige Spuren an Tassen, Gläsern, ja männlichen Hemdkragen hinterließen, galten immer noch als unfein, »halbseiden«, vulgär. Im Straßenbild konnte man Ausländerinnen, Frauen aus Skandinavien oder Italien, immer noch an dem stärker aufgetragenen Make-up, den voller geschminkten Lippen, den kräftiger nachgezogenen Brauen erkennen.

Als ich Ende der Fünfziger am Goethe-Institut in Ebersberg in der Nähe von München Ausländern Deutschunterricht gab, fuhren die Studentinnen und Studenten zur Gaudi mit einem Taxifahrer nach München, der unglückseligerweise »Herr Reiser« hieß. Unglückseligerweise deshalb, weil den Studenten nicht auszutreiben war, daß »Reiser« eine Berufsbezeichnung wäre, von »reisen«, deutsch für Chauffeur oder Taxifahrer. Einmal war unter den Kursteilnehmern eine große, blonde, schlanke Brasilianerin, die sich sehr selbstbewußt (oder sehr verschüchtert?) stark schminkte. »A gsunde Gsichtsfarb hat dera ihr Puder«, bemerkte Herr Reiser mit gesundem Volksempfinden dazu.

Die Avon-Vertreterin, die Duft und Pfirsichhaut versprach und deren Idealtyp ich mein Fasziniertsein durch nylonbestrumpfte, knisternde Frauenbeine verdanke (über den Schaden, den die Pfennigabsätze dem Fuß zufügten, sahen wir Männer hinweg, den Chinesen ähnlich, die für einen sexuell stimulierenden Gang Klumpfüße in Kauf nahmen), ähnelte einem anderen Idealtyp der Zeit – der Stewardeß, genauer: der Pan-Am-Stewardeß, die ein weiches, hellblaues (wirklich strahlend blaues) Kostüm über ihren Nylons trug, eine schräg aufgesetzte runde, ungeheuer weich wirkende Mütze auf blondem Haar, das mit Spray so gestählt war, daß man fürchtete, man könne sich beim Hineinfassen schneiden, wie an Stahlwolle. Auf der Mütze befand sich das Messingsymbol des weltumspannenden Flugs. Der Gang der Stewardeß, durch den Rock begrenzt und die hohen Absätze geprägt, war eng, darauf bedacht, daß sich die Oberschenkel aneinander rieben. Die Stewardessen trugen jene halb viereckigen, halb oval abgerundeten Hartkoffer mit blitzenden Metalleinlassungen am Verschluß, in denen sie ihre Tuschkästen, Kleenex-Tücher, Kämme, Nagelfeilen, Nagelscheren aufbewahrten, Puderdosen und Puderquasten. Die Koffer waren blaßblau, blaßgrün, blaßrosa – jene drei Pastellfarben, die in den Fünfzigern überall wiederkehrten, auf Straßenkreuzern wie auf Aschenbechern, auf Orangenpressen wie auf Küchenmöbeln.

Wer diesen sanft lächelnden Stewardessen der Pan Am (sie waren die ins Bürgerlich-Anständige gewendete Variante der Bunnies, der »Häschen« des »Playboy«) als Ausdruck des Zeitgeschmacks wiederbegegnen will, muß sich nur Stanley Kubricks »2001« ansehen, die Odyssee ins All. Da schwebt jene sanft-servile (heimlich dominante) Pan-Am-Dienerin durch den schwerelosen Raum, der ihren Gang noch enger, noch lasziver macht. Und der Raum erinnert an die Hilton-Hotels, die damals auch den modischen Farbton angaben. Pan-Am und Hilton kann man auch in Hitchcocks Blondinen in ihren enganliegenden, grauen Kostümen wiederentdecken, ihrem zum wirbelnden Knoten gebändigten Haar. Sie sind die klinisch-reine, gemilderte Variante des Pan-Am- oder Avon-Sex-Appeals. François Truffaut gegenüber hat Hitchcock gestanden, was er für geheime Vorstellungen von diesen unnahbar diszipliniert wirkenden Blondinen hatte: Im Taxi würden sie sich sofort über den Hosenschlitz des sie begleitenden Mannes hermachen.

Natürlich hatten sie lange, blutrote Fingernägel (für die sie all das Aceton, die Wattebäuschchen, auch sie zartrosa und zartbabyblau, die Sandschmirgelfeilen und Hautscherchen mitführten). Die Fingernägel signalisierten, daß die Hände zur Arbeit nicht geschaffen seien, es sei denn zur Arbeit am Mann, wo sie am Rücken Kratzspuren der Leidenschaft hinterließen, die Ehemänner ähnlich fürchteten wie Knutschflecken oder Lippenstift am Hemd oder der Unterhose. Oder ein fremdes Parfüm – die anlockende Kosmetik schuf ihre Probleme, Samuel Beckett: »Danach roch ich sie ihm an!« Ein Mal hat mir ein Pan Am-Flugtikket, das auf der Rückseite zwecks Durchschrift mit roter Kopierfarbe versehen war, aus der Brusttasche, weil ich ins Schwitzen geriet, das blütenweiße Nyltesthemd rot verfärbt. Meine Frau mißdeutete das als die Lippenspuren einer Pan Am-Stewardess.

Manchmal brachen die Nägel ab, blieben am Nylonstrumpf hängen. Ginge ich zu einem Psychoanalytiker, könnte der mir wahrscheinlich den geheimen Grund entlocken, warum mir das Geräusch, mit dem ein eingerissener Nagel am Nylonstrumpf hängenbleibt, eine Gänsehaut verursacht – wie eine Gabel, die über einen Kochtopfboden kratzt.

Die Vertreter, die sich beim Öffnen des Türspalts brachial oder besser »pedal« Eintritt bei der hilflosen Hausfrau, dem gutgläubigen Rentner verschafften, hat Loriot in einem seiner Sketche, in dem Wein-, Staubsauger- und Versicherungsvertreter bei einer einzigen Hausfrau aufeinanderprallen, glänzend komisch festgehalten. Wie überhaupt Loriots Szenen ein wahres Kompendium der Lebensart jener Jahre sind: die Mischung aus Benimm und Spießigkeit, ein geradezu stupider Sinn für das Praktische, für das »Anständige« – der Qualitätsmaßstab des Spießers. »Ich habe nichts mehr Anständiges anzuziehen«, klagte da die Frau oder forderte ihren Mann auf: »Zieh dir etwas Anständiges an.« Theodor Heuss, der erste deutsche Bundespräsident, Inbegriff weißhaariger schwäbischer Bonhomie und schwäbischen Bildungsbürgertums, hat das »Anständige« als »Inbegriff der Qualität« bezeichnet. Die fünfziger Jahre waren Jahre des Anstands, der sich im Aufführen, Betragen und Benehmen äußerte. Benimmregeln wurden großgeschrieben. Es war, als ob eine ganze Gesellschaft einen Tanzstundenkurs belegt hätte: Der Buchtitel Jungwirths und Kromschröders von der »Pubertät der Republik« ist daher sehr treffsicher: eine Gesellschaft, die ihre Pubertätsakne loswerden und sicheres, gesichertes Auftreten lernen wollte. Loriot übrigens hat damals in Cartoons in »Illustrierten« diese Benimmwelle mit seinem knollennasigen Mann im steifen dunklen Anzug und der knollennasigen Frau im geblümten oder gepunkteten Kleid parodiert und auf die komische Spitze getrieben.

Wenn die Vertreter die Schwelle überschritten, überschritten sie gleichzeitig mit raffiniert ausgeklügelten Verträgen die Schwelle zwischen steifem Benehmen und dem Wirtschaftskampf mit »knallharten Bandagen«. Die Klinkenputzer hießen oft »Drücker«, wenn sie, wie für Leseringe, mit Bussen und in Kolonnen auftraten, »Drükkerkolonnen«. Sie drückten unbedarfte Kunden in langjährige Verträge, zwangen denen, die chronisch knapp bei Kasse waren, Ratenzahlungen auf. Billy Wilder hat in seinem Film »Das Appartement« die Moral jener Jahre mit dem Slogan »Kaufe jetzt, zahle später!« charakterisiert. Wer eine Kaffeemaschine kaufte, dem wurde, günstig, günstig!, noch die monatliche Kaffeelieferung aufgeschwatzt. Den Vertretern wiederum saß der Zwang, Prämien zu machen, im Nacken. Im Vertretergewerbe gab es Hierarchien und Feldzug- oder »Kampagnen«-Pläne wie bei einer kriegführenden Armee, begleitet von der Kriegspropaganda der Reklame – es wurden Verbraucherschlachten geschlagen.

Und über den kleinen, aalglatten Würstchen, die im Glencheck-Anzug, im verschwitzten Nyltesthemd, den Schlips im gelockerten kleinen Windsor-Knoten im Nahkampfeifer leicht zur Seite gezogen, den obersten Kragenknopf geöffnet, über diesen Kämpfern an der Wohnungstür und am Kleingartenzaun thronten die Herren über ganze Gebiete, die Großvertreter wie Fürsten. Sie waren so etwas wie die ersten Neureichen ihrer Epoche, Adelige, oft mit graumelierten Schläfen, die einen dunklen Anzug zu tragen wußten, das Ziertuch richtig eingesteckt, den

Handkuß treffend appliziert, fleischgewordene »Henkell trocken«-Sektreklame. Sie gaben große Gesellschaftsfeste wie etwa der Generalvertreter für Mercedes in Österreich, dessen Party ein »must« der wieder aufblühenden Salzburger Festspiele wurde.

17. SCHNEEWITTCHENS SARG

Die Wohnungen der fünfziger Jahre wirkten seltsam leer, obwohl sie klein, eng, niedrig waren. So als hätten ihre Bewohner noch keine Vergangenheit, die sich in den Räumen hätte ablagern können. Das stimmte oft buchstäblich, denn viele waren ausgebombt, waren vertrieben worden oder geflüchtet – nie waren die Deutschen, zwangsweise, mobiler gewesen. Die späten Vierziger bieten Bilder von Menschen in überfüllten Zügen mit Sack und Pack, mit Bündeln und lädierten, von Stricken zusammengehaltenen Koffern. Die neuen, kleinen Wohnungen trennten rigoros die Generationen, hier fand ein Schnitt statt, den sich die Gesellschaft sonst ersparte, durch Verdrängung ersparte.

Auf den Bücherregalen, Modell »String«, einzelne Bretter, in lockerer Anordnung an die Wand gehängt, entweder hell oder braun gebeizt, standen nur wenige Bücher, so daß sie schräg ineinanderfielen. Die Kleiderschränke waren schmal, Tische und Stühle hatten dünne, nach außen gespreizte Beine oder ruhten in runden Drahtkörben, die Treppen, Freischwinger, hatten luftige Zwischenräume, das Geländer wirkte wie locker verschnürt. Auf die kleinen Zimmer drückten Tapeten in schweren Farben und mit wilden, großen Mustern oder wuchtigen Streifen – als ob die Räume nicht ohnedies eng genug gewesen wären. Eine Wand kontrastierte mit drei anderen, waren drei gelb oder rot, so war die vierte schwarz: Die Muster waren durch Miró angeregt oder durch Jackson Pollocks wild tropfende, heftig hingekleckste Bilder (Spitzname: »Jack the Dripper«). Es gab Labyrinthe mit schwarzen Gängen, dicke, schwarze Punkte auf gelbem Grund. Nur die Vorhänge waren oft noch unruhiger in ihrem Dessin. Die extremen Tapetenmuster haben sich mir offenkundig so auf die Seele gelegt, daß ich, nachdem ich den Fünfzigern entkommen war, nie mehr andere als weiße, musterlose Tapeten an meinen Wänden ertragen konnte.

Berühmt-berüchtigt ist die Zeit für ihre Tische und Lampen geworden, als Nierentisch- und Tütenlampen-Epoche. Beide, die Nieren- wie die Tütenform, stellen eine Absage an die klaren, geometrischen Formen, an Kreis, Oval, Gerade, Kegel und Zylinder dar. Pflanzen mit nierenförmigen Blättern schlängelten sich von Bambusregalen, man versank in drahtverbundenen Schalensitzen (»Mauser-Muschel«), in flaffigen Schaumgummifüllungen (sie waren ein neuer Bestandteil der Möbelkultur) der Stühle und Sofas; die Stühle hatten buntgepunktete oder schwarzweißgestrichelte Plastikbezüge; Resopalplatten, die bunte Muster wie unter Glas zeigten, waren oft von Messingleisten eingerahmt. Alles war abwaschbar. Die Kunststoffböden, rot, gelb oder schwarz, meliert und gemustert, das versiegelte Kleinstparkett – Staubfänger war eines der schlimmsten Schimpfwörter; alles, was Staub fing, war alt und verstaubt – es war ein gebohnertes, gemopptes, staubgesaugtes Ambiente, in das sich schräg die Beine der Möbel spreizten, die biegsamen, biegbaren Blütenarme der Tütenlampen streckten. Blumenvasen erinnerten an den überwältigenden Einfluß Picassos auf die Epoche, von den Decken hingen die ageometrischen luftigen Mobiles, wie sie Calder geschaffen hatte. Plastiken orientierten sich entweder an den wuchtig fließenden, durchlöcherten Urzeit-Figurinen Henry Moores oder an den staksigen, spindeldürren, spitzen Giacometti-Kunstwerken.

In Architektur und Design dominierten skandinavische Einflüsse, eine Ausstattung mit knotigen, naturschmutzigen Wollteppichen, die mit glänzendem Parkett grob kontrastierten. Die Möbel waren hell, aber vor allem Teak, verbargen ohne Furnier ihre Astlöcher nicht; alles war karg, rustikal, grobleinen, die Gläser schlank, das Besteck mit dünnem Griff. Die Fünfziger sind als Teakholz-Zeit in die Designgeschichte eingegangen. Natürlich gab es daneben jene barocke Überladenheit, die sich für gemütlich hält. Das »Gelsenkirchener Barock« kam auf, bei besseren Leuten wurden wurmstichige Madonnen neben Bauerntruhen und Bauernschränke gestellt. Mit dieser überladenen Gemütlichkeit erholte man sich vom »Stil« der Fuffziger, den in Deutschland vor allem die HfG Ulm, die Ulmer Hochschule für Gestaltung, bestimmte, anfangs unter Max Bill, von Designern wie Gugelot geprägt.

In diesen Spießerhöhlen weicher Gemütlichkeit gab es röhrende Hirsche und Kuckucksuhren, Seestücke und Alpenlandschaften mit cremig-weißen Berggipfeln, einer Nivea-Welt der Berge und Firne. An den Wänden hingen abgesägte Baumscheiben (vorwiegend Birke?), in die Sprüche eingebrannt waren: »Seit ich die Menschen kenne, liebe ich die Tiere«. Der Dackel, zweifellos neben dem weißgelockten Foxterrier der Hund der Epoche, klein genug für kleine Körbchen in schmalen Fluren, hob dazu dankbar den Dackelblick.

An eine poetische Leistung (Dichter unbekannt) jener Epoche erinnere ich mich, neben den Aufforderungen wie »Hax'n abkratz'n« – das die Bajuwarisierung der Republik in den ersten Jahren reflektierte –, besonders gern. Der Spruch hing in Telefonnähe des damals schon luxusweißen klobigen Telefons und lautete:

Laß dich durch einen Fernspruch
nicht aus der Ruhe bringen!
Denk immer an den Kernspruch
Des Götz von Berlichingen!

Welche Reime, welche Bildung!

So gab es den schlechten, gemütlichen Geschmack, dessen Non-plus-ultra-Ausdruck die gewaltigen Grundig-Musiktruhen waren, die als Krönung einen Zehn-Platten-Spieler hatten, man saß dann neben der mit Mixer, klobigem Tischfeuerzeug und eventuell betropften Chiantiflaschen in Bast ausstaffierten Hausbar und ließ Platte für Platte ablaufen – sei es Beethoven, seien es Rudi Schurickes »Caprifischer«. Übrigens wurden im Jahr 1955 eine Million Plattenspieler in Deutschland verkauft. Auch die Musiktruhe hatte gespreizte Beine, und wenn man ihre mit reichlich gemaserten Edelhölzern furnierten Klappen öffnete, sah man viele Elfenbeintasten, messingglitzernde Knöpfe, magische Augen, üppige Skalen. Das Koffer- und Kleinradio im Plastiklook aus Bakelit kam auf, für die geplagte Hausfrau stand es, wieder in den unvermeidlichen Pastellfarben grün, rosa und blau, aber auch knallbunt, frechbunt, in Küche und Bad. In den Freibädern entwickelte es seine lärmbelästigende Kraft.

Dagegen hatten die Leute von Stil und Geschmack das sogenannte Braun-Design. Als Radio also den (1958 von Hans Gugelot entwickelten) sogenannten »Schneewittchensarg«, eine formschöne Radio-Schallplatten-Kombination aus naturbleichem Ahornholz mit waagerechten Lautsprecherschlitzen, streng rechteckig, Skala, Plattenteller, grauen Knöpfen rein funktional; von einem Plexiglasdeckel wurde seine Funktion als Radio und Schallplattenspieler nicht verhüllt.

Braun-Geräte waren von Mitte der fünfziger Jahre an die Spitze des nüchtern-guten Geschmacks. Ihr Designer Fritz Eichler, vom Dessauer Bauhaus geprägt, arbeitete eng mit den HfG-Designern Hans Gugelot, Otl Aicher (dem Vater der Piktogramme), Herbert Hirche und Dieter Rams zusammen. 1958 erkannte das MoMA (Museum of Modern Art) das Braun-Design als richtungweisend an.

Bestellte der breite Geschmack sein Mobiliar bei Neckermann, der das Land mit Katalogangeboten für Nierentische, schwulstige oder spartanische Sitzmöbel und Tütenlampen überschwemmte, so (es war schon damals etwas teurer, einen besseren Geschmack zu haben) bezog der gute Geschmack seine Möbel bei Knoll International, einer württembergischen Firma, die sich am sogenannten »Werkstättenstil« (Bauhaus, Wiener Werkstätten) orientierte. Knoll entwickelte die modernen Schalensitze unter dem Motto: »neue Formensprache mit neuen technischen Mitteln«. Knoll beschäftigte internationale Designer wie den Finnen Eero Saarinen oder den Italo-Amerikaner Harry Bertoia, der der Vater der drahtverschweißten Sitzschalen wurde.

Prunkstück des Knoll-International-Designs war der Lounge Chair des amerikanischen Künstlers Charles Eames, dessen Fuß Büromöbelstabilität hat, dessen geschwungener Sitz aus gepreßtem Schichtholz besteht (Eames arbeitete vorwiegend mit Schichtholzpressungen, was seinen Möbeln Schwung und Stil verleiht, ähnlich wie rund fünfzig Jahre vor ihm Thonets Holzpressungen) und der mit schwarzem, durch Knöpfe gebauschtem Leder bespannt ist. Der Lounge Chair, bis heute ein Klassiker modernen Möbeldesigns, bekam bald darauf eine entsprechend gestaltete Fußbank dazu: Das Fernsehzeitalter hatte begonnen. Den Earmes-Chair gab es meist nur einmal pro Wohnung. Er war ein patriarchales Möbel, in ihm thronte des Abends der Hausherr, Fotograf oder Architekt, reinigte mit viel Besteck seine Pfeife und las den »Playboy« – wegen der hochinteressanten Interviews.

Wie Braun und Knoll International das moderne Möbeldesign bestimmten, so die italienische Firma Olivetti das zeitgemäße Bürodesign. Die Olivetti-Schreibmaschine, entworfen von Marcello Nizzoli und gefärbt von den Pastelltönen der Zeit, wirkte wie ein Aufbegehren gegen die Kompaktheit des Maschinenzeitalters.

Wer den unruhig-schlechten Geschmack der Zeit belächelt – er wurde gründlich entrümpelt, nichts flog so gnadenlos auf den späteren Sperrmüll wie der Nierentisch –, sollte sich vor Augen halten, wie sehr der Zeitstil die Sehweisen und Zeichen der modernen Kunst popularisiert hat – so daß man von einer Pop-Art auf den Spuren Picassos, Mirós, Klees und Calders sprechen könnte, die sich in der kleinsten Zweizimmerwohnung breitmachte.

Merkwürdigerweise galt es lange als chic, in den engen, kleinen, hellhörigen Neubauwohnungen zu leben – und nicht in der übriggebliebenen Gründerzeitpracht der Altbauten. Die verstuckten Fassaden waren meist vom Rost der Zeit angefressen, von Kriegsnarben gezeichnet – man hatte für die Renovierung noch kein Geld. Innen waren die riesigen Wohnungen, Wohnpaläste des wilhelminischen Großbürgertums, oft aus Nachkriegsnot in mehrere Kleinwohnungen unterteilt, die Installationen waren heruntergekommen, die großen Herde, die Badkacheln herausgerissen, die Decken künstlich mit Preßpappeabdeckungen heruntergezogen. Nein, der großzügige Altbau war kein begehrtes Wohnobjekt einer kleinkarierten Zeit. Das kam erst, als sich die Wirtschaftswunderjahre einen neuen Luxus gönnen konnten – zum Ende der Epoche. Nichts war den Fünfzigern so verhaßt und so suspekt wie das ausgehende 19. Jahrhundert, das als plüschig, verschnörkelt, bärtig, schnurrbärtig galt. Man verachtete die schweren Stoffe, die Stukkaturen, die gedrechselten Möbel, Vertigo und Pendeluhr, Messingbett und eingelegten Furniertisch. Als ungelüftet galt die Jahrhundertwende, und mit einer Renaissance der Komödien von Carl Sternheim und der Tragikomödien Frank Wedekinds machte man sich mit satirischem Spott über diese Zeit her.

Neben der Musiktruhe von Grundig oder Siemens lag die »Hör zu«, durch die man blätterte, während man sich abends, zu zärtlicher Musik, einen Eierlikör oder einen Südwein genehmigte. Jawohl, genehmigte. Damals mochte man es noch süß, noch nicht trocken, dry, secco.

Die »Hör zu« war die neue Gartenlaube der Epoche: Ihre Titelbilder, meist gezeichnet, waren den amerikanischen Rockwell-Idyllen nachempfunden. Als Idealtitelbild jener Zeit stelle ich mir zwei Kinder vor, Mädchen und Junge, stupsnäsig, blond, Sommersprossen im Gesicht. Die Sonne scheint, sie spielen mit einem Gartenschlauch, ein flockiger, flauschiger Spitz hüpft um sie herum, vom Wasser bedroht. Die Eltern auf der Terrasse lächeln mit blitzenden Zähnen auf die tollenden Kinder herab. »Familje«. Eine Zeitschrift für die ganze Familie.

Auf dem Titel der »Hör zu« tauchte auch der Redaktionsigel »Mecki« auf, mit seiner komischen Struppigkeit ein Maskottchen der Epoche, die, auf den Spuren Walt Disneys, vermenschlichte Tiere über alles liebte. Vor allem »Bambi«, »Bambi«, das Reh. Mit seinen wackligen, schräg nach außen gestellten Beinen stand es da wie ein leibhaftiger Nierentisch. Bambi, das war der beseelte Nierentisch. Es waren, wie gesagt, hellhörige Wohnungen, in denen »Mecki« wohnte, »Bambi« graste und das musikalische Wunschprogramm vom Zehn-Platten-Spieler plumpste. »Schalten Sie bitte Ihr Gerät auf Zimmerlautstärke!« mahnte der sonore Sprecher mit amtlicher Stimme im Radio.

Es gab den Nachbarschaftsstreit um den Lärmpegel. Während man den tosenden Motor- und Autolärm von außen ignorierte, einfach nicht wahrnahm, weil er unerbittlicher Bestandteil des Fortschritts war. Dagegen klopfte man gegen den häuslichen Lärm mit dem Besen gegen die Decke, wozu man vorher, war die Wohnung nicht wie sonst niedrig, auf den Stuhl stieg. Oder man schlug mit der Faust gegen die Wand. Ich erinnere mich jener verbissen nach innen gebrüllter, nach außen gehauchter Erziehungsstreitigkeiten, mit denen laute Väter ihre lauten Söhne leise anbrüllten.

Zimmerlautstärke. Die dünnwandige Neubau-Gesellschaft erließ Benimmregeln. So entwarf die Pappritz die

Klo-Regel, man solle bei Blähungen rasch die Spülung ziehen oder gar singen. Ich glaube, es war Loriot, der den Herrn im dunklen Jackett und gestreifter, in diesem Falle: heruntergestreifter Hose volksliedersingend auf den Topf gesetzt hatte. Als Parodie. Heinz Erhardt sagte damals: »Das Leben ist wie eine Brille.« Pause. Dann: »Man macht viel durch.«

Aus dem damaligen New York erzählte mir Billy Wilder eine entsprechende Geschichte. Arthur Millers Mutter wohnte beengt, das Klo unmittelbar neben dem Wohnzimmer. Als Millers Braut, Marilyn Monroe, zum ersten Mal zum Anstandsbesuch kam, mußte sie mal. Sie ging aufs Klo, und da sie sich genierte, drehte sie den Wasserhahn stark auf … Am nächsten Tag sagte Mutter Miller zu ihrem Sohn: »Alle Achtung, deine Braut brunst (pinkelt) wie ein Pferd!«

Das Klo und die Fünfziger! Ich weiß noch, wie wir uns darüber amüsierten, daß Sternheims Komödie »Die Hose« (die von weiblichen Unterhosen als den »unaussprechlichen« handelte) in der Prüderie der wilhelminischen Epoche nur unter dem Titel »Der Riese« publiziert werden durfte. Als ob wir besser gewesen wären! Hitchcocks »Psycho« wurde 1959 gedreht. Und die Zensur machte dem Film große Schwierigkeiten. Nicht wegen des brutalen Mordes unter der Dusche – eine der perfidesten Attacken Hitchcocks auf das hygienische Zeitalter. Nein, weil Janet Leigh, bevor sie umgebracht wurde, einen Zettel zerrissen, in die (groß aufgenommene) Klomuschel geworfen und dann entschlossen runtergespült hatte. So etwas durfte und sollte man damals nicht zeigen! Nur mit dem Hinweis auf die dramaturgische Notwendigkeit rettete Hitchcock die Szene.

18. UNTERDRÜCKTES STÖHNEN

Sie war Grafikerin, Ende zwanzig, und lebte mit ihrer Mutter in einer abgeschrägten Dreizimmer-Wohnung unterm Dach eines Dreifamilienhauses in einer Neubausiedlung aus Zwei- und Dreifamilienhäusern am Rande der Stadt. In den Fildern um Stuttgart gab es solche Siedlungen zuhauf, kleine, holzumzäunte Vorgärten um würfelige Giebeldachbauten. Unten wohnten meist die Besitzer, die auch den Garten nutzten, im ersten Stock Mieter, die den Bau mitfinanzieren und steuerlich begünstigen sollten. Unter dem Dach, in der Schräge und Enge, noch einmal Mieter oder die übriggebliebene Schwiegermutter.

Sie arbeitete für Zeitungen und Buchverlage.

Sie trug gern grobgestrickte schwarze oder rote Rollkragenpullover, die ihre üppigen Formen wirkungsvoll an Hüfte und Busen unterstrichen. Wildlederschuhe, mit Fransen, eine große Brosche, eine Bernsteinkette. Sie hatte breite, ostpreußische Züge, einen breiten, sinnlich geschminkten Mund, und ab und zu roch es nach kräftigem Kohl oder deftiger Wurst in der kleinen Wohnung, die ich nie vor elf, halb zwölf Uhr nachts betreten durfte. Ich meldete mich telefonisch an, die Haustür war dann aufgeschlossen, der Schlüssel steckte von innen. Ich schlich leise das dunkle Treppenhaus hoch, oben war die Türe schon angelehnt. Ich durfte erst atmen, wenn ich lautlos den kleinen Flur durchquert hatte und in ihrem Zimmer war, dessen Schlafcouch unter der Schräge einen Teil der Sitzgarnitur bildete.

Ihre Mutter, derentwegen diese Heimlichkeiten veranstaltet wurden, habe ich nie gesehen. Von einem Vater war nie die Rede. Er war offenbar im Krieg oder auf der Flucht seiner Frau und seiner Tochter abhanden gekommen. Und auch über die Mutter erfuhr ich nur den Haß der Tochter, den Haß darüber, mit ihr zwanghaft in einer engen, hellhörigen Wohnung zusammengepfercht leben zu müssen. Wie die Mutter war, habe ich nur dadurch erlebt, wie sehr ich vor ihr verheimlicht, versteckt, verborgen wurde.

Als wir, die Tochter und ich, schon vertraut miteinander waren, hat sie mir ein erotisches Kartenspiel gezeigt, das sie gezeichnet hatte, anmutige Rokoko-Königinnen, also Damen, kräftige Ritter, also Buben, und männliche Könige. Einem der Könige perlte aus einem sanft gebogenen Schweif (der das Vorbild Beardsleys nicht verleugnete) in einem gebogenen Strahl Samen, den eine lächelnde Dame elegant mit dem Munde auffing. So lebte der Geist der Libertinage in der engen, ängstlichen Wohnung. Irgendwie wirkte sie nach unseren schnellen, weil späten Umarmungen vergrämt, was ich auf meine Ungeduld zurückführte. Bis ich erfuhr, daß …

Unter ihr, in der großen vermieteten Wohnung wohnte ein amerikanischer Tenor mit seiner Frau, der Repertoire-Rollen an der Stuttgarter Oper sang. Sie war mit dem Paar befreundet. Und eines Tages erklärte sie mir freudestrahlend, der Tenor sei wieder auf einer auswärtigen Verpflichtung, und in einem solchen Falle würde er ihr freundschaftlicherweise seine Wohnung leihen. Wir könnten uns also zeitiger treffen. Als ich gegen zehn zu ihr kam, durfte ich beim Sänger klingeln. Und während wir uns umarmten, hörte ich sie erstmals laut und lustvoll stöhnen und schreien. Sie erzählte mir dann, daß sie hier, wo sie sich vor ihrer leichtschlafenden, mißtrauischen Mutter sicher fühlte, wirklich gehen lassen könne.

Einmal, sie war mehrere Tage nicht zu erreichen gewesen, sah ich sie an einem frühdunklen Winterabend in einer Telefonzelle in unmittelbarer Nähe ihrer Wohnung. Es schien ein sehr bedeutsames Gespräch zu sein, ihre Gesten hatten Gewicht, der Gesichtsausdruck war ernst. Danach war sie einige Zeit verschwunden. Ich nahm instinktiv an, daß sie sich wegen eines Schwangerschaftsabbruchs nicht getraut hatte, das Gespräch vom eigenen Telefon in der Nähe der mißtrauischen Mutter zu führen. Als ich sie später darauf ansprach, hat sie mit einem Achselzucken reagiert. Sie war in ihrer dünnwandigen Wohnung weitgehend nur zu stummer Verständigung fähig. Eine ihrer Freundinnen, die Ehefrau eines Journalisten, mit dem sie zusammen Bücher aus dem Amerikanischen übersetzte, nannte sich »Garance«, nach der Heldin aus den »Kindern des Olymp«. So wollte sie auch angesprochen werden und trug ihr rotgefärbtes Haar straff am Kopf – wie die Arletty. Einmal erzählte sie, während sie ihre langen Beine in eleganten Pumps von sich streckte und die Zigarettenspitze abspreizte, von einem Traum, um sie herum saßen fast nur Männer, ihr eigener Mann reinigte, wie immer, seine Pfeife. Sie sei im Traum in einem Schuhgeschäft gewesen, habe Schuhe probiert, und alle Schuhe seien ihr zu klein gewesen. Ihr Mann zog einen

Pfeifenreiniger durch den Pfeifenstiel und kratzte mit einem Pfeifenlöffel im Pfeifenkopf. Wir saßen im Wohnzimmer eines Redakteurs, zwischen hellen String-Regalen. Der Gastgeber und seine Frau trugen Birkenstocksandalen. Aus dem »Schneewittchen-Sarg« hörte man, gedämpft, Bach, die Brandenburgischen Konzerte.

19. DIE RÜCKKEHR DER VÄTER

Der Krieg hatte mit seinen unvorstellbaren Verwüstungen und Zerstörungen auch als Befreier gewirkt: Er hatte nicht nur Millionen getötet, sondern auch die Konventionen verbrannt. Nicht nur die Häuser lagen in Schutt und Asche, auch die Ordnungen, in deren Namen er geführt worden war, schienen vernichtet. Er war auch eine Befreiung. Merkwürdigerweise hatten es sich die Deutschen angewöhnt, die Befreiung den Zusammenbruch zu nennen. Und sie meinten das vor allem bedauernd.

Mit dem Krieg kam, zwangsläufig, die sexuelle Freiheit, Ehepaare waren getrennt, die Frauen mußten zu Hause allein fertig werden, »ihren Mann stehen«, wie man sagte; also ging, einfach durch die Kraft des Faktischen, die alte patriarchalische Ordnung in die Brüche. Frauen in der Rüstungsindustrie, Frauen als Schaffner, Fahrer, später als Trümmerfrauen, die den Aufbau begannen, als ihre Männer noch in Krieg und Gefangenschaft waren, Frauen, die mit anderen Männern zusammenlebten, in Zweck- und Notgemeinschaften, um des Überlebens willen. Frauen, die »organisierten«, das Notwendige, Lebenswichtige mit ungeheurer Energie herbeischafften, Kohlen von Zügen klauten, das alles war eine Welt, in der es nicht auf Moral, sondern auf Energie ankam. Eine solche Welt droht in Anarchie oder Revolution zu explodieren, sich im politischen Chaos wild aufzulösen. Und so mußten diese frei vagabundierenden Energien wieder eingefangen, gebändigt, in die Ordnung zurückgeholt werden. Die fünfziger Jahre waren weltweit eine Zeit der Restauration. Es war die Zeit, in der die Heimkehrer ihr Kriegsrecht wieder abgaben, in der sie versuchen mußten, ihre Frauen wieder in die Weibchenrolle, die Abhängigkeit, die Hausarbeit zurückzudrängen. Die beiden Werkzeuge, die sie dazu benutzten, waren die Moral und der Anstand. Die Moral war eine christliche Moral, vom Christentum wurde behauptet, daß es den Krieg unbeschadet überstanden hätte. Obwohl auf dem Koppel jedes deutschen Soldaten »Gott mit uns« gestanden hatte, wurden die christlichen Religionen von aller Kriegsschuld freigesprochen. Wollte man Sitte und Anstand wieder etablieren, brauchte man starke Schranken gegen eine aus den Fugen geratene Welt. Die Religionen des »christlichen Abendlands«, das als neuer Wertbegriff beschworen wurde, hatten diese restaurierende Kraft. Jedenfalls wurde sie ihnen beschwörend zugesprochen – eher als Behauptung denn als Gewißheit. Es war eine Epoche, in der viel geheuchelt und gefrömmelt wurde. Vielleicht sogar aus Notwendigkeit.

Diese Welt wurde von den überlebenden und zurückkehrenden Männern errichtet, die die Familie als Hort der Ordnung nach den Zeiten des Streunens, Marodierens, nach der Epoche der nackten Gier und des nackten Hungers installierten. Nie wurde das Wort »Familie«, in Adenauers Diktion »Famillje«, mit einer derart beschwörenden Inbrunst ausgesprochen wie während der Adenauer-Restauration.

Monika Maron, die als Tochter die Zeit erlebte, als die Väter aus dem Krieg, aus der Kriegsgefangenschaft zurückkehrten, hat diesen Wandel in ihrem Roman »Animal triste« beschrieben. Was wie eine satirische Überspitzung klingt, ist eine gesellschaftliche Wahrheit. »Sie (die Väter) hätten nicht zurückkommen dürfen. Damals, als Hansi Petzke und ich mit den vergifteten Ratten Vater-Mutter-Kind spielten, hätten sie uns mit unseren Müttern allein lassen sollen …«

»Vor allem aber wäre uns die unbegreifliche Verwandlung unserer Mütter erspart geblieben. Ehe ich merkte, daß alles anders geworden war, fiel mir auf, daß meine Mutter anders lachte, anders als früher und anders als ich. Früher hatte es einfach aus ihr herausgelacht, so daß sie manchmal gar nicht aufhören konnte zu lachen, klang ihr Lachen plötzlich wie ein aufdringlicher Koloratursopran, und ihr Mund durfte sich auch nicht mehr hemmungslos in die Breite ziehen wie bei Clowns und Kindern, sondern bildete ein maßvolles Oval, wobei die Lippen die Zähne halb bedeckten.« Besser und präziser läßt sich die Wiederkehr von fraulichem Benehmen, wie es in den fünfziger Jahren als neue Notwendigkeit gepredigt wurde, kaum beschreiben.

Und das Zurück in die Weibchen-Rolle: »Am wenigsten verstand ich damals, warum meine Mutter ständig behauptete, für die einfachsten Verrichtungen zu ungeschickt zu sein, obwohl ich genau wußte, daß es nicht stimmte. Sogar ich hatte gelernt, Sicherungen mit Silberpapier oder Draht zu flicken, und meine Mutter gab vor, nicht einmal zu wissen, wie man sie wechselt. Sie juchzte, als wäre sie zu Tod erschrocken, wenn es in der Wohnung plötzlich dunkel wurde. Dabei hatten wir jahrelang mit Verdunklung und

Stromsperren gelebt. Zu einer Freundin hörte ich sie einmal sagen, man müsse den Männern wieder zu Selbstvertrauen verhelfen. Damals, glaube ich, sagte ich zu Hansi Petzke zum ersten Mal: meine Mutter ist doof, und Hansi sagte: meine auch.«

VW-Chef Piëch erinnert sich, wie seine Mutter in Abwesenheit seines Vaters nach dem Krieg beispielhaft und beherzt den Porsche-Betrieb führte, aber nach Rückkehr des Vaters klaglos ihren Posten zu räumen hatte.

Monika Maron nennt auch die Gründe für diesen Wandel:

»Aber als unsere Mütter die überlebenden Krieger wieder aufnahmen, fügten sie sich gleichzeitig den erschwerten Konkurrenzbedingungen einer Nachkriegszeit – auf einen Mann kämen zweieinhalb Frauen, hieß es damals –, als Seidenstrümpfe so knapp waren wie Lebensmittel und die Präsentation schöner Beine so aufwendige Beschaffungsaktionen erforderte wie die Eroberung eines Mannes mittels werbender Kochkunst. Wahrscheinlich hätte meine Mutter schon darum niemals gewagt, meinem Vater das Schlürfen zu verbieten, weil die Kriegerwitwe Burkhardt aus dem ersten Stock ihre Sympathie für meinen Vater offen zur Schau trug und ihm sogar schon einmal ein Stück selbstgebackenen Streuselkuchen geschenkt hatte.«

Eine Ehevariante des sich stabilisierenden Familienlebens war die »Onkel-Ehe«, bei der eine Kriegerwitwe mit einem Mann zusammenzog, dabei jedoch, um ihre Rente nicht zu gefährden, auf das heilige Sakrament der Ehe und der staatlichen Fürsorge für den vor dem Standesamt bekräftigten Bund verzichtete: wilde Ehen, bei denen es alles andere als wild zuging. Und die Kinder durften Papa zum Onkel sagen.

20. AUF DEN STRASSEN

Das Wort »Frust« (und alle verwandten Begriffe wie »frustrieren« und »Frustration«) gab es in den fünfziger Jahren noch nicht.

Ich erinnere mich an eine Party, Mitte der Sechziger, in einer geräumigen, unzeitgemäß verwohnten Altbauvilla in Stuttgarter Halbhöhenlage, die einem Fotografen gehörte, der gerade helles Licht durch beschlagene Biergläser gejagt hatte – um das leuchtende Bier in tropfend sich trübenden Gläsern zu fotografieren. Jeder sollte Durst bekommen, wenn er das Foto, hell wie sonst nur ein Dia, auf Plakatwänden sah.

Danach hockten wir in einem zersessen-bequemen Wohnzimmer beisammen, Biergläser oder Rotweingläser in den Händen, Schauspieler, Journalisten, ein Psychiater, Fotografen, ein Architekt – ihre schönen Frauen hatten alle wie Trophäen dabei, und fast jeder Mann schielte auf jeden anderen Mannes Frau, die er noch nicht ausprobiert hatte: Frust.

Es waren Vertreter einiger Fünfziger-Jahre-Aufsteiger-Berufe, moderne Kunst versammelte sich an den Wänden monochrom oder genagelt, in Metall gekratzt oder kinetisch, und wir sprachen über den neuen Begriff »Frust«.

Was heißt sprachen? Wir blödelten darüber, weich in unsere Sessel ausgestreckt, die Gläser in der Hand, leicht gerötet die Gesichter, versuchten, mit unserem Blödelspiel Eindruck zu schinden, uns aufzumandeln: vor den anderen Männern, vor deren Frauen. Die Frauen machten eher zaghaft mit.

»Das Wandern ist des Müllers Frust«, sagte der eine. Meckerndes Lachen. »De Frustibus non est disputandum«, überbot ihn ein anderer, Jurist oder Mediziner. »Waldes Frust« und der »Berliner Frustgarten« oder das »Frustschlößchen« und »Frustrieren geht über studieren«. Immer wieder Gelächter, das Spiel mit dem Frust war Ausdruck desselben, der bis dahin noch nicht bekannt war, ein neues Lebensgefühl, das aus dem Wirtschaftswunderwohlstand kroch wie Schweiß nach der sportlichen Anstrengung, kalter Schweiß der Enttäuschung. Konsumieren hatte nicht »glücklich« gemacht, eher frustriert.

Natürlich gab es den Frust schon in den Fünfzigern, auch wenn er da noch nicht seinen Namen trug, es war namenloser Frust, der die Hausfrauen dazu bewegte, »Klosterfrau Melissengeist« zu verkümmeln, ein heimlicher, schleichender Alkoholismus, der auch seinen Namen noch nicht trug, sich aber in Tränensäcken und schlaffer, teigigweißer Haut bemerkbar machte. »Klosterfrau Melissengeist« oder »Underberg«. »Klosterfrau Melissengeist«, der Name war fast so alkoholfrei wie »Kruzifünferl« in Bayern als Fluch christusfrei war. In zahllosen Kantinen, Kasinos, Imbißstuben, jugoslawischen Restaurants saßen die Männer und die Frauen, faßten sich mit besorgter Miene an den Bauch – »Mich drückt da was!« oder »Wahrscheinlich habe ich zu schwer gegessen!« – »Den brauch' ich zur Verdauung!« hieß es vom »Underberg« (der auch »Doornkaat« oder »Jägermeister« oder sonstwie heißen konnte). Und das war zum einen ein Zeichen, daß man zu fett fraß, und zum anderen eins für den Frust, aus der Zeit, als es den Frust noch nicht gab. Und schließlich die Tendenz der Zeit, ihren Alkoholismus zu kaschieren, zu tarnen, zu verheimlichen. Das machen alle Zeiten so? Sicher. Aber nicht alle mit Likörkonfekt und »Klosterfrau Melissengeist«!

Die Gründe für den Frust kann man auf einen Urgrund zurückführen: Das schier besinnungslos-begeisterte Wiederaufbauen, die Wut, mehr, mehr und mehr zu produzieren und zu konsumieren, hatte nicht in eine Fülle, sondern in eine Leere geführt. Da saß man nun vor seiner Musiktruhe, der Zehn-Platten-Spieler ließ Platte für Platte fallen, man hörte kaum hin, die Ehefrau hatte die Tütenlampe mit einem roten Seidentuch umwickelt, man schaute kaum hin, aus einer öligen Flüssigkeit krochen Düfte, man roch kaum hin. Salzstangen, Salzbrezeln, Nüsse, Erdnüsse fraß man in sich hinein, trank ein Bier. Und dann, »ich weiß nicht«, brauchte man einen »Underberg«, einen »Scharlachberg«, darauf einen »Dujardin« oder einen »Asbach Uralt«.

Dabei hatte sich der Frust, der erst in den sechziger Jahren den ihm angemessenen Ausdruck, eben das Wort »Frustration«, das zum »Frust« schrumpfte, fand, in den fünfziger Jahren lange aufstauen können – vor allem mit dem Lieblingsspielzeug und Lieblingswerkzeug der Deutschen, mit dem Auto. Mit dem Auto waren sie in das Wirtschaftswunder gerast, mit dem Auto hatten sich ihre Aggressionen zum Frust gestaut, man kann sagen, daß das Auto Lust und Frust der Epoche wurde.

Das Auto war eine Quelle des Frusts, das Auto, der neue Fetisch der Freiheit und des Wohlstands. Auf Werbeflächen fuhren Familien mit bei offenem Fenster wehenden Haaren durch schöne Landschaften, man fuhr in die Ferien, ins Wochenende, ins Grüne, ins Freie. Ich erinnere mich an München, das keine Umgehungsstraßen, keine Ringautobahnen hatte: wie sich ächzend, stinkend, brütend, schwarze Auspuffwolken verströmend der Verkehr schier endlos durch die Stadt schob, im Schritttempo, Meter um Meter hüpfend, vor einem der Lkw mit seinen schwarzen Auspuffwolken, neben einem die Frau mit langsam verzweifelndem Gesicht, weil hinten die Kinder schrien oder sich übergaben. Stunde um Stunde. Ein Lärm, der die Nerven der Anwohner zertrümmerte, langsam, aber stetig. Oder die Kurven der nicht gut ausgebauten Straßen, an denen die Polizei Totenköpfe angebracht hatte – zur Warnung. Und auf Anzeigentafeln vermeldete, wieviele in dieser Kurve in der Schlacht um die freie Fahrt für den freien Bürger schon ihr Leben geopfert hatten.

Dabei hatte alles so schön angefangen, man war beweglich, war frei geworden, konnte überallhin. Man liebte das Auto, man putzte und polierte es, überschwemmte die Straße mit Spülschaum, Autowaschen wurde, noch vor dem Grillen, das Hobby der Deutschen. Der Gartenschlauch, der Plastikeimer, der Schwamm, das Poliertuch, das Lösemittel, der Stoßstangenreiniger, alles im freien Wettbewerb vor dem Reihenhaus. Im Auto die Blumenvase, ein verankerter Glaskelch für genau ein Blümchen, der heilige Christophorus als Plakette, wer weiß, wofür es gut ist. Das Kissen, die Häkeldecke, der Schonbezug für die Sitze, die Aufkleber: »Schau an, der war schon in Berchtesgaden, in Salzburg, an der Nordsee!«

Das Auto rollte vom Fließband, einem Symbol für

Wachstum und Fortschritt, gläubig wurde aus den USA nachbuchstabiert: »Was gut ist für General Motors, ist auch gut für die USA.« Der Erfolg von VW war gut für Deutschland, der Käfer, ich meine, Hergottnochmal, Hitler hatte nicht nur Schlechtes ...; Professor Nordhoff wurde zum Inbegriff des modernen Industriekapitäns, des Managers.

Auch der Mercedes war wieder da, den man bald den »dicken Mercedes« nennen sollte, als »Metzgerauto« bezeichneten ihn diejenigen verächtlich, die ihn sich nicht leisten konnten und die es ärgerte, daß Metzger, Schlachter, Fleischer sich so schnell alles leisten konnten. Der Mercedes war neureich, ehe er solide wurde, deutsche Wertarbeit, deutsche Präzision, deutsche Solidität, made in Germany. Auch da hatte schon Hitler gewußt, was gut war. Er im offenen Mercedes, das Volk sollte im VW fahren nach dem Endsieg. Die Bundesrepublik hatte Wolfsburg von Hitler sozusagen geerbt, als einen Motor des Wirtschaftswunders.

Im Unterschied zu den amerikanischen Straßenkreuzern mit ihren Heckflossen, mit ihren Chromverzierungen, mit ihren weißen Lenksäulen und roten Ledersitzen, die zu dem cremigen Weiß und dem blassen Blau und Grün kontrastierten, waren deutsche Autos eher klein und schnuckelig – auf Dreiradfahrzeuge wie den Messerschmidt-Kabinenroller, der nach oben geöffnet wurde, Winzlinge wie den »Lloyd 30« mit der Sperrholzkarosserie, der »Leukoplastbomber«, oder das »Goggomobil«, in das man nur mit dem Schuhlöffel einsteigen konnte, folgte bestenfalls der »Kapitän« von Opel, mit einem Kühler, der aussah wie eine Music-Box. Rund waren die Autos, der BMW und vor allem die Isabella von Borgward, der Inbegriff des zeitaltergerecht gestylten Wagens, weil seiner Zeit, natürlich, voraus. Die DDR dagegen hatte das Auto der frühen 50er im »Trabi« bis zur Wiedervereinigung konserviert – einem rollenden Anachronismus.

Man liebte das Auto. Man hatte den Stau, den man erlebte, noch nicht im Bewußtsein, nahm ihn als Zeichen des Fortschritts, des Mehr-mehr-mehr!, schob sich die Schuld an den Unlustgefühlen selber zu. Das Auto konnte doch nicht schuld sein, lächerlich!

Die Menschen damals liebten das Auto so, daß sie es am Wochenende freiwillig und ohne Notwendigkeit bestiegen. Männer bepackten ihre Familien damit, »Mutti« nach vorne, die quengelnden Kinder nach hinten, »Vati« ans Steuer. Man fuhr ins Grüne, man fuhr zu überfüllten, übergroßen Cafés, an Badeseen. Vor allem aber zu Verwandten, auch zu solchen, die man eigentlich nicht leiden konnte. Um ihnen das Auto zu zeigen – daß es neuer und größer war als das der Besuchten, daß man sich was leisten konnte, zum Beispiel diesen Besuch. So wälzte sich Wochenende für Wochenende ein Strom sich besuchender Verwandter über Landstraßen, Bundesstraßen, Autobahnen. Mit Kindern, denen hinten schlecht wurde im Auto (»Papi, mir wird schlecht!«), mit Frauen, die Papas Fahrkünste kritisierten (»Paß doch auf, Walter!« – »Misch dich nicht ein, Mutti!« – »Ist doch wahr, Walter!»), mit Männern, die andere Fahrer mit Flüchen bedachten (»Sonntagsfahrer!« – »Ich sage nur, Frau am Steuer!«).

Autofahrende Frauen waren Gegenstand des Spottes oder des Neides. Heinz Erhardt, der Komiker der Zeit, erzählte bei seinen Bühnenauftritten gern jenen umjubelten Autofahrerwitz: Eine VW-Fahrerin steht ratlos auf der Kreuzung, ihr Käfer streikt. Eine andere VW-Fahrerin bleibt stehen, fragt: »Kann ich Ihnen helfen?« – »Ja«, sagt die mit der Panne, »stellen Sie sich vor, ich mache meine Kühlerhaube auf. Und was sehe ich? Kein Motor drinnen!« – »Ach«, sagt die andere, »wenn es weiter nichts ist. Da kann ich Ihnen helfen. Ich habe neulich zufällig hinten den Kofferraum bei meinem Käfer aufgemacht. Und denken Sie mal! Da war ein Ersatzmotor drinnen!« Herzliches Gelächter aller männlichen Heckmotorfahrer. Und die Scherzfrage der Zeit: »Wie parkt eine Frau?« Die Antwort: »Nach Gehör!« – »Darauf einen Dujardin«!

Und wehe, der Sonntagsausflug mit Vati am Steuer endete mit einem Kratzer im Lack (durch ungeschicktes Parken) oder einer Delle im Blech (durch einen im Rückspiegel übersehenen Holzpfahl). Dann nahm die Seele Schaden, es gab eine Beule im Gemüt, einen Rostflecken im Selbstbewußtsein: Man war ein Versager, ein schlechter Autofahrer. Frust!

Nirgends wurden solche Schäden so schnell getilgt und bereinigt wie in der Bundesrepublik. Kam man nach Frankreich oder Italien, staunte man nicht schlecht, wie gleichgültig-nachlässig »die« Franzosen mit ihren Citroëns oder Renaults umgingen, die parkten da, trugen ungeniert Dellen und verbogene Stoßstangen zur Schau.

Und wollte man damals wissen, was das war, das sich zur späteren »Ellbogengesellschaft« entwickelte, dann mußte man sich nur in den Straßenverkehr begeben. Hier tobte bereits der Klassenkampf der klassenlosen Gesellschaft, als Geschwindigkeitsrausch, als Machtrausch.

Unter der Fahrt ins Grüne, dem Wochenendausflug, gar der langen Autofahrt nach Österreich oder, oh, Schreck, nach Süditalien haben Kinder der Epoche so gelitten, daß sie einen lebenslänglichen Schrecken davontrugen. Die

Psychologie würde von einem Auto-Trauma sprechen. Noch heute, als längst älter gewordene Mitbürger, müssen sie, sitzen sie hinten im Auto, schlichtweg kotzen. Und Grüne wurden sie allemal, die das Auto haßten. Und die Verwandten, die sie mit dem Auto besuchen mußten.

Viele Autoren haben sich das, was sie am Wochenende als Kinder im Auto erlebten, später als Erwachsene von der Seele geschrieben. Wer es nicht tat, hat damals nicht gelebt, nicht gelitten. Thomas Hürlimann beispielsweise schildert, mit welchem Stolz seine Eltern einen amerikanischen Straßenkreuzer am Wochenende durch die Schweiz kutschierten, sich zum Stolz und Frust, den Kindern zum Leid und zur bleibenden Erinnerung.

Sie war weizenblond, jung, MTA, hatte wunderschöne, etwas zu große Zähne (noch nicht das Resultat von Jakkettkronen, mit denen die Deutschen ein Jahrzehnt später ihre Gebisse übertreiben sollten), die ihre vollen Lippen mit einem Lachen sprengten. Ein zu lautes helles Lachen, das nur ihre Jugend und Schönheit entschuldigte und unwiderstehlich machte. Ich war ihr Nachbar unterm Dach, wir wohnten Mansarde an Mansarde, sie war aus Bochum, und ich kam für sie nicht in Frage, da ich weder Medizin studierte noch motorisiert war. Bestenfalls war ich ihr Beichtvater, Confident nennt man das in französischen Komödien. Sie kam dann zu mir herüber, setzte sich auf mein Bett und erzählte mir von ihren Eroberungen. Ich litt Höllenqualen, weil sie so wunderschön auf meinem Bett saß. Und weil mein Wirt mir wegen ihrer Besuche Scherereien machte. Er hielt sich an mir schadlos, weil ich sein Untermieter, er auf sie scharf war und sie einen anderen Hauptvermieter hatte, einen toleranten.

Eines Tages hatte sie sich den Arzt ihres Lebens geangelt: groß, schlank, schwarzhaarig, mit hagerem, blaurasiertem Gesicht, ein Beau, der noch dazu Motorrad fuhr. Sie saß hinten, die blonde Mähne mühsam gebändigt, und blitzte mit den Zähnen, wenn sie mit der Maschine losröhrten. Ein Paar wie aus der Werbung. Dann hatten sie einen Unfall. Ihr war, Gott sei Dank, nichts geschehen, doch ihm hatte es den Knöchel zerschlagen. Er ging in Gips, lange. Er humpelte. Als man ihm den Gips abnahm, humpelte er immer noch und benutzte einen Stock. Seine Unwiderstehlichkeit war dahin. Niemand mochte das Unglück und den Mißerfolg, damals. Sie hat sich in aller Unschuld einen anderen Arzt gesucht. Der war etwas korpulenter und fuhr einen Mercedes.

Sie hieß Gudula und war die Nichte des Ressortchefs der Kulturredaktion. Sie hatte ein freches Jungsgesicht, einen Bubikopf mit brünettem Haar. Sie sah nicht schön, aber frisch aus. Vor allem ihr spöttisches Lachen. Sie arbeitete aushilfsweise als Sekretärin. Ein Redakteur, der in Scheidung lebte, lud sie ab und zu ins Kino ein. Sie gingen Kaffee trinken, küßten einander vor ihrer Haustür. Er paßte auf, daß es der Onkel nicht sah. Dann beschlossen sie, ein Wochenende miteinander zu verbringen. In einem Hotel, zwei Zimmer, in der Nacht würden sie sich formell an der Rezeption nach dem Abendessen – das Lokal war für Forellen berühmt – verabschieden: »Gute Nacht, Fräulein Gudula!« – »Gute Nacht, Herr Dr. Schneider!« Dann würde er auf Zehenspitzen von seinem Zimmer zu ihrem schleichen. Das kam ihm nicht komisch vor, obwohl er immerhin 36 war und sie 25.

Ob die Nacht besonders heftig und leidenschaftlich

verlaufen ist, hat er nie erwähnt. Für ihn war es ohnehin nicht mehr als ein Trost während seiner Scheidungszeit, eine Frau für ihn war sie nicht, das wußte er, zumindest nicht auf Dauer.

Jedenfalls fuhren sie am nächsten Morgen mit seinem VW los, so rechtzeitig, daß sie die Redaktion erreichen würden, bevor ihre Reise auch nur bemerkt würde. Dann hatte er einen Unfall, als ihn jemand, der, die Vorfahrt mißachtend, aus einer Landstraße in die Bundesstraße einbog, nötigte, das Auto von der Fahrbahn zu reißen. Er blieb unversehrt, Gudula schlug mit dem Kopf durch die Frontscheibe. Ihr Gesicht war böse zerschnitten. Ihr bubenhafter Charme, ihr freches Lächeln – dahin. Und obwohl er sie nur für ein paar Tage kennen wollte, blieb er Monate mit ihr zusammen, wie an sie gekettet. Als er sie dann doch verließ, haben es ihm alle trotzdem übelgenommen.

Er hieß Karo und war Fotograf. Ende der Fünfziger feierte er seinen vierzigsten Geburtstag, seine Frau war älter als er, tolerant, wie man sagte, sie hatten Zwillingssöhne, damals grade zehn. Natürlich hatten sie zu früh geheiratet. Er hatte den Charme des dröhnenden Draufgängers, ging unbekümmert und mit zu lautem Lachen durch seine Umgebung, erzählte deftige Witze, auch vor Frauen, er konnte es sich leisten. Er hatte Sommersprossen und rotes Krusselhaar, feuerrotes. Am auffälligsten war sein Hunger. Die Kriegs- und Nachkriegszeit hatte ihn geprägt, und er fraß Erfolge, Frauen, Erlebnisse in sich hinein. Sein Hunger war ansteckend und machte anderen Appetit. Die Frauen mochten ihn, selbst seine Großsprecherei war sympathisch. Er war ein dröhnend-lauter Eroberer.

Noch lebte er auf Pump, auf Pump seines Erfolges als Werbefotograf. Er hatte ein Haus, er hatte Kameras, er hatte ein Mercedes-Cabrio, das Modell der Zeit, mit Pagodendach. Er war, wie gesagt, vierzig, was seinen Hunger steigerte. Abends saß er in Stuttgart, soff mit Freunden, dann sah er den Wetterbericht im Fernsehen: Schnee in den Alpen. Es war Freitag, elf Uhr abends. Er schnallte die Ski auf seinen Wagen, hinten schräg nach oben, boxte seine Söhne freundschaftlich in die Schultern und sagte zu seiner Frau: »Du, Lore, ich fahr noch zum Skifahren.« Dann bretterte er los, Richtung Ulm, Richtung München.

Er fuhr in ein anderes Auto, das auf der Autobahn stand. Sein Mercedes ging in Flammen auf. Später erzählten Augenzeugen, er sei in der Glut auf die Größe eines Zwerges geschrumpft, eines schwarzen Gnoms.

Jede Zeit hat ihre Todesarten. Der Autounfall aus heiterem Himmel und aus Übermut, das scheint mir die typische Todesart der Fünfziger. Man hatte es noch nicht im Griff.

Hans-Peter Schwarz schreibt in seinem die »Geschichte der Bundesrepublik Deutschland« die Jahre 1949 bis 1957 betreffenden Band »Die Ära Adenauer«: »1953 zählte man bereits 10936 Verkehrstote – das waren etwa genauso viele Tote, wie die deutsche Armee 1939 im Polenfeldzug verloren hatte.«

1949 waren in Deutschland 355000 Pkws zugelassen, Personenkraftwagen, wie die Autos damals im Amtsschimmeldeutsch hießen, davon nur 84300 neuzugelassene Wagen aus den Jahren 1948 und 1949. Die Motorisierung begann bescheiden, mit Motorrädern, Kabinenrollern, Motorrollern. 1953 wurden zwei Millionen Krafträder zugelassen gegenüber nur einer Million Autos. Erst 1957 überstieg die Zahl der Autos die der Motorräder: 2,4 Millionen Autos gegenüber 2,3 Millionen Krafträdern.

Der Lastwagen-Boom hatte eher eingesetzt: 1950 holperten 358 000 Brummis über die meist noch miserablen Straßen, 1957 waren es schon 600 000. Verkehrsminister Hans-Christoph Seebohm, der von 1949 bis 1966 für das Verkehrsressort zuständig war, zerschnitt unablässig Bänder, um neue Straßen einzuweihen. Die übrige Zeit hielt der ursprünglich der rechten Deutschen Partei angehörige Minister (er trat 1960 in die CDU ein, als die DP verkümmert war) seine Ansprachen. Seebohm war seit 1959 Sprecher der Sudetendeutschen Landsmannschaften. Seine bei allen Liberalen und Linken gefürchteten »Sonntagsreden« sollten dem Adenauer-Regime den Zulauf einer rechten Klientel sichern: Flüchtlinge, die in dem Gefühl lebten, ihnen sei Unrecht zugefügt worden, ohne daß sie dabei erkannt hätten, daß das Nazi-Unrecht die Ursache ihrer Aussiedlung (»Vertreibung« nannten sie selber es) war. Ehemalige Nazis (»Unverbesserliche« genannt), die sich vom Verkehrsminister angesprochen fühlten. Polemisch ließe sich sagen, daß Seebohm in den Augen dieser Klientel mit dem Autobahnbau das Werk Hitlers fortsetzte. Darüber konnte man sich mit einem Augenzwinkern verständigen.

1950 baute VW 90 000 Autos, 1960 liefen 890 000 Käfer vom Band. Die Daimler-Benz-AG baute 1950 33 000 Mercedes-Pkws, 1960 waren es 122 000 Personenwagen. Der Luxus kam allmählich auf Touren.

21. AM HÄUSLICHEN HERD

»Bis daß das Geld euch scheidet« hieß ein Film von 1960, in dem der Fünfziger-Jahre-Routinier Alfred Vohrer mit Luise Ullrich (ach, was war sie patent, mütterlich-grau, bubikopfig und frei von störendem Sex!) und Gert Fröbe (dem teigigen Schurken jener Jahre) ein zeittypisches Ehedrama dem ehekrisengeschüttelten Publikum nahebrachte: »Ein schäbiger Emporkömmling«, so Rowohlts »Lexikon des Films«, »zerstört vorsätzlich seine Ehe, um nach der Scheidung seine ordinäre Geliebte heiraten zu können.« Die Geliebte: Christiane Nielsen. Wir haben sie, im Unterschied zu Luise Ullrich, gnädig oder ungnädig vergessen. Geliebte waren in den Augen derjenigen, die keine hatten, »ordinär«.

Der Film signalisierte, zum Ende des Jahrzehnts, daß die Ehe, daß die Familie, Hort und Orientierungsordnung der Epoche, als Institution kriselte.

Hans-Peter Schwarz (»Die Ära Adenauer«) schreibt dazu: »Die starke Familienorientierung, in der die Soziologen übereinstimmend einen Grundzug der ersten Nachkriegsjahre und der frühen Adenauer-Ära erkannt haben, hielt noch das ganze Jahrzehnt über an. Solange die Wohnverhältnisse beengt und die wirtschaftliche Lage drückend blieben, waren es allerdings oft nervöse und gereizte Familien mit überlasteten Müttern, die neben ihren Pflichten im Haushalt häufig nebenher noch in einem Erwerbsverhältnis standen oder im eigenen Geschäft zu arbeiten hatten.«

Die Gesellschaft der Adenauer-Ära ruhte auf dem Fundament der kleinsten sozialen Einheit, der Familie. Nach »Volksgemeinschaft« der Kriegsjahre und Notgemeinschaft der Nachkriegsjahre also jetzt der Familienverbund, aber nicht der über Generationen reichende, wie ihn die bäuerliche Gesellschaft produziert hatte, sondern, schon wegen der beengten Wohnverhältnisse und der notwendigen Mobilität der Industriegesellschaft, die Kleinfamilie, eine zusammengedrängte Horde aus jungem Vater, junger Mutter, beide berufstätig und mit ein bis zwei Kindern, die nur der Halbtagsaufsicht der Mutter unterworfen waren, sonst von der Oma, so sie in derselben Stadt wohnte, betreut.

Diese Kleinfamilie war *die* Grundlage der fünfziger Jahre – solide und brüchig in einem. Solide, weil durch den Erwerbstrieb und Aufstiegsehrgeiz zusammengeschmiedet und von der Ethik der Epoche gepriesen (als neuer Hort eines neuen Biedermeier), und, so weit möglich, belohnt. Brüchig, weil die Industriegesellschaft mit ihrer Anonymität und Mobilität das christliche Etikett, das sie trug, nur als leeren Schein zu rechtfertigen vermochte. Sobald man Zeit zum Aufatmen, Innehalten, Zeit zur Besinnung hatte, merkte man die Brüchigkeit der offiziellen Moral, sie verwandelte sich zur Doppelmoral, zu einem Schein, dem das Sein nur mühsam entsprach: mühsam, mühselig und beladen.

Die Ehen der Aufstiegsjahre waren oft das Ergebnis einer Zweckgemeinschaft des gemeinsamen Erwerbs, Handwerker brauchten Frauen, die ihnen die Bücher führten, Metzger Frauen, die Aufschnitt bereiten und den Angestellten auf die Finger gucken konnten, Ärzte brauchten Assistentinnen, die das Wartezimmer organisierten. Oder die Ehen waren die Frucht der Leidenschaft, die, längst erloschen, zur Gewohnheit erstarrt sein konnte. Leidenschaften von vorgestern als Gewohnheiten von heute.

Ich erinnere mich an einen hochgewachsenen, hageren Medizinstudenten, der eine ebenso große, nur mütterlich füllige Freundin hatte, die ebenfalls Medizin studierte. Die beiden waren ein Paar, bei dem eher die gegenseitige Zweckmäßigkeit ins Auge fiel, das gemeinsame Büffeln und wie sie für seine Socken sorgte und er sich ihres Fahrrads annahm. Sicher, auch die regelmäßige Triebabfuhr spielte eine Rolle (wir dachten: na ja, er hat seine sexuelle Grundversorgung!), trotzdem wurde das Paar auch von den einsamsten Onanisten mit hohlen Augen und wilden Phantasien nicht beneidet: Die beiden waren zusammen, zwei gute Kameraden an der Front der Medizin, in der Zeit des Vorklinikums.

Wir trafen sie von Zeit zu Zeit, vielleicht einmal oder zweimal die Woche bei »Tante Emilie«, einem schmuddligen Studentenlokal am Neckar, wo sich diejenigen zusammenfanden, die nichts vom Korps-Leben hielten, nichts von farbentragenden und schlagenden Verbindungen, und die dennoch gemeinsam ein Bier trinken wollten – und sei es bis zum grölenden Rausch.

Eines Abends kam der hagere Mediziner ohne seine Marianne, so hieß seine üppig-zerfließende Partnerin. Er kam bleich, unrasiert, sein Blick war wild, verstört. Als er sich zum Bier gesetzt und den ersten Schaum vom Mund gewischt hatte, fragten wir ihn, was denn passiert sei. Er schaute ernst in die Runde und sagte dann mit heiserer Stimme: »S'isch ausbliebe!« (auf Hochdeutsch: es ist ausgeblieben). S' (oder es), das war die Regel, und in der Regel war dann ein Mädchen schwanger. Das bedeutete damals die unabweisbare Forderung zur Heirat, den zwangsläufigen Beginn einer Ehe, sollte das Mädchen nicht in den sozialen Abgrund gestoßen werden. »Maria Magdalena«, Fausts »Gretchen«, die »Bernauerin«, das waren damals noch gültige Theatertragödien, die ihr Echo in der bürgerlichen Gesellschaft fanden. Es gab noch den Begriff vom »unbescholtenen Mädchen« (wobei der Geschlechtsverkehr offenbar dem Verb »schelten« entsprechen mußte). Und es gab unter jungen Männern, die studierten und die durchaus für damalige Verhältnisse nicht debil waren, ernsthafte Debatten darüber, ob man ein Mädchen heiraten könne, das nicht mehr Jungfrau sei oder wäre. Libertins meinten stolz, ja, wenn auch ..., die andern verneinten. Deutschland war damals wie Sizilien, wenn auch sicher ohne dessen Feuer und Leidenschaft. Ich habe sie noch heute im Ohr, die Stimmen von zwei juristischen Stengeln, die an einem Morgen vor dem Audimax standen und sich nicht beruhigen konnten, weil sie gerade etwas von »Kranzgeld« im Seminar gehört hatten und der eine, bleich vom Masturbieren und Studieren, erregt den Kopf schüttelte: Keinesfalls, nein, keinesfalls würde er ein Mädchen heiraten, das keine »virgo immaculata« mehr sei. Notfalls, und dabei lachte er fetter, als es ihm seine körperlichen Bedingungen erlaubten, notfalls ein Mädchen, das er selber defloriert hätte. Aber wirklich nur notfalls.

»Kranzgeld« war die Ablösesumme, die man einem Mädchen zu zahlen hatte, wenn man die Verlobung mit ihr löste und damit ihre »Unbescholtenheit« in Frage stellte.

Wenn »es« ausgeblieben war, hieß das, daß man den Zustand der »Bescholtenheit« (nein, diesen Begriff gab es in Wahrheit nicht) schnellstmöglich zu beenden und durch die Ehe zu legitimieren hatte. Die fünfziger Jahre waren insofern liberale Jahre, als sie nach der Eheschließung *nicht* nachrechneten, wie viele Monate zwischen Hochzeit und Kindesgeburt verstrichen waren, da war man großzügig und ließ fünfe gerade sein.

Die Antibabypille gab es noch nicht. Ende der fünfziger Jahre hatte sie der amerikanische Biochemiker Carl Djerassi (der später ein hinreißender Erzähler wurde) erfunden. Djerassi wird »Vater der Antibabypille« genannt: Weil er so vielen Männer ersparte, Vater zu werden? Wenn ich die Wahl hätte, Djerassi einen Namen zu geben, ich würde ihn, voll Dankbarkeit, einen der Drachentöter der fünfziger Jahre nennen. Hohle Religionen fallen, wenn sie von unerwarteter Seite angegriffen werden. In Deutschland begannen Mitte des Jahres 1960 öffentliche Diskussionen (in Zeitschriften), ob man die Pille nehmen solle oder nicht. Erst danach kam sie ziemlich rasch in Gebrauch: Was als Instrument der »Familienplanung« (auch als Mittel gegen die damals heiß diskutierte »Bevölkerungsexplosion«) gepriesen wurde, entwickelte sich in den sechziger Jahren schnell zu einem Vehikel einer veränderten Sexualmoral, das den Frauen eine neue Freiheit zu schenken in der Lage sei. Weit waren da noch die Zeiten entfernt, da man in der Verhütungspille ein neues Mittel sah, Frauen den Männern verfügbar zu machen, auf Kosten der weiblichen Gesundheit. Ein Kollege, der Anfang der Sechziger auf den Spuren Chandlers in den USA war, berichtete uns, während wir mit offenem Mund zuhörten, in Amerika würden Männer Frauen kurz fragen »Are you on pills?«, als plumpe Einleitung eines Flirts.

Die Verhütung durch Präservative hatte in den Fünfzigern etwas Verächtliches. Kondome waren etwas für Bordellbesucher und gegen Geschlechtskrankheiten, für kurze, »schmutzige« Abenteuer mit Frauen, die man mit der scheußlich bürokratischen Polizei-Diktion »HWG« nannte, Frauen mit »häufig wechselndem Geschlechtsverkehr« – und eigentlich nur dafür war »das Gummi« als Regulativ und Schutzmittel anerkannt, auf Autobahnraststätten, in Bahnhofsnähe, im Rotlichtmilieu. Es hieß damals, daß die Hälfte der Kinder vom Storch, die andere Hälfte von Knaus-Ogino (der Verhütungsmethode mit Regelberechnung nach Thermometer) gebracht würden. Und an Abtreibung war damals nicht zu denken. Abtreibung, das war eines der Donnerworte der christlich-abendländischen Epoche, sie bedeutete Schimpf und Schande. Fast jeder, der diese Zeit mit Bewußtsein erlebt hat, erinnert sich an Freunde, Verwandte, Bekannte, die sich verzweifelt an ihn wandten, sich scheu und flüsternd umsahen, ob man denn nicht jemanden wisse …

Man wußte, zumal in Süddeutschland, niemanden, es sei denn brutale Engelmacherinnen mit Stricknadeln und heißem Wasser, das waren Geschichten auf Leben und Tod. Schauermären machten die Runde, von Ärzten, die ihre Approbation verloren hatten und, nach Gefängnisstrafen, wenn sie Glück hatten, als Vertreter mit Arzneikoffern der aufstrebenden Pharmaindustrie durchs Land reisten, von Praxis zu Praxis, einst medizinische Hoffnungen, jetzt keinesfalls »satisfaktionsfähig«, gesellschaftlicher Treibsand, abgewrackte Existenzen.

Und so stelle ich mir eine Musterehe, eine Familie par excellence jener Jahre vor: Zuerst war »es ausgeblieben«, der Mann hatte mit Ach und Krach (»achokrachoque«, wie der ewig witzelnde Große-Latinums-Inhaber das genannt hätte) sein Studium beendet, mit Darben und Entbehrungen seine Existenz aufgebaut, wobei die Frau ihm doppelbelastet klaglos zur Seite stand, grau, dick, müde wurde. Die Ehe fand in zu engen Wohnverhältnissen statt, wo einem die Kinder den Schlaf und die über den Kinderlärm erbosten Nachbarn den Nerv raubten. Aus der Ehefrau wurde »Mutti«, es gab dafür ein zweites Kind, schon eine größere Wohnung.

Weihnachten und Ostern waren die Bewährungsproben, die Härtetests dieser Familien. Hier sollte harmonisch gefeiert werden, was sich sonst abwetzte und abrackerte. Weihnachten, das war man sich schuldig, Ostern und den gemeinsamen Urlaub auch. Kein Wunder, daß die brüchige Harmonie, die hier pochend eingeklagt wurde, in Riesenkrächen auseinanderbrach. An Wochenenden und hohen Feiertagen stiegen die Risiken der Scheidungsraten, da flog das Geschirr durch die Wohnung, da erbat sich der Nachbar, indem er mit energischen Besenstößen gegen die Wand klopfte, »Ruhe!«.

»Bis daß das Geld euch scheide«. Und irgendwann, oben oder in Mittellage angelangt, stieß der Aufsteiger diejenige, die ihm den Aufstieg ermöglicht, mitfinanziert, sich von der Seele abgerackert hatte, ab. Er heiratete die jüngere Assistentin, Sekretärin, Kollegin, die keine roten Hände vom Wäschewaschen hatte (Waschmaschinen waren damals noch eine Rarität). Die alte Frau, Weggefährtin des Aufstiegs, ließ er zurück, er trennte sich von »Mutti«. Und dann verwandelte er die Wegbegleiterin von der sexuellen Attraktion, die sie für ihn als »Ehebruch« dargestellt hatte, zur zweiten Mutti. Die paßte auf mögliche Konkurrentinnen besser auf – sie wußte ja, wie es gemacht wird – und machte ihm deshalb das Leben, wenn er später nach Hause kam, noch mehr zur Hölle. Den Nachbarn mit dem Besen, der »Ruhe!« klopfte, gab es allerdings nicht mehr. Man wohnte inzwischen, Anfang der sechziger Jahre hatte man es im Beruf zum Erfolg und im privaten Leben zur »Zweitfrau« gebracht, im Bungalow.

Wer den Verlauf dieser Ehen literarisch nachlesen will, kann dies in Martin Walsers »Ehen in Philippsburg« tun, er kann dort die dialektischen Spannungsfelder zwischen Frau, Mann und Geliebter nachvollziehen. Wie die Geliebte den Erfolgsmann zwar Nacht für Nacht in der mondänen Absteige, die er ihr gemietet oder gekauft hat, für sich hat. Wie sie aber der Ehefrau das offizielle Essen in der »Alten Post« am ersten Weihnachtsfeiertag neidet oder den Opernball, oder auch nur das Opernabonnement. Der Roman »Ehen in Philippsburg« ist 1957 erschienen. Philippsburg war ein Synonym für Stuttgart, eine Stadt, die als Heimat von Bosch, Daimler Benz, Porsche und Bauknecht einen besonders rasanten Aufstieg im frühen Wirtschaftswunderland zu verzeichnen hatte.

Die ersten Fernsehspiele haben, waren sie »kritisch«, das Schicksal jener Ehefrau geschildert, die, sobald sie als Seilschaft mit ihrem Mann beim Aufstieg ausgedient hat, abgehalftert wird. Es waren bewegende Rührstücke jener Jahre.

Das Vokabular der Scheidungen war damals noch

schmutzig. Es gab den »Ehebruch«, der, auf Antrag, sogar ein Strafdelikt war, was insofern relevant war, da der geschiedene Partner nicht den »Grund« der Scheidung, also den »Ehebrecher«, heiraten durfte. Es gab die Scheidung aus Schuld, und Schuld war meist der Seitensprung, der Ehebruch. »Schuld« war auch, daß Männer ihre Frauen schlugen und zwar »guten Gewissens«, wenn sie »gute Gründe« hatten. Privatdetektive hatten Konjunktur, in schmutziger Wäsche wurde geschnüffelt, vor Gericht wurde diese schmutzige Wäsche gewaschen, scheffelweise. Ehemänner, so erzählte man, die sich um das Geld drücken wollten, stellten ihren Frauen miese Fallen. Sie ließen Detektive dieselben »in flagranti« ertappen. Waren das nur Schauergeschichten in der Zeit eines hoffnungslos veralteten Strafrechts und einer hoffnungslos veralteten Moral? Ich glaube nicht. In Tübingen in der Neuen Aula tagten aus damaliger Raumnot Anfang der fünfziger Jahre das Amtsgericht und das Landgericht in einem Hörsaalflügel. Jurastudenten durften auch in Scheidungsangelegenheiten, wenn die Öffentlichkeit ausgeschlossen wurde, den Verhandlungen beiwohnen. Ich habe mich da ab und zu eingeschmuggelt, um zu hören, wie rettichköpfige Richter junge Frauen in Scheidungsprozessen nach Details beim »außerehelichen Geschlechtsverkehr« vernahmen. So müssen geile Mönche früher bei ihren schönen Sünderinnen die Ohrenbeichte abgenommen haben. Ich hörte mit langen Ohren zu, während mir das Wasser im Mund zusammenlief, vor Entsetzen, versteht sich. So also ging es zu in der heiligen Institution der Ehe, damals, als die Welt doch noch in Ordnung war.

22. DAS CHRISTLICHE JAHR

Weihnachten. Im Radio festliches Geläute, schwere Glokkengewitter, der Kölner Dom, der Bamberger Dom, der Dom zu Speyer, zu Worms, die Frauenkirche in München – Deutschland ist ein frommes Land mit einem karolingischen Herzen; Deutschland, einst protestantisch-mitteleuropäisch, ist rheinisch-katholisch: der Dom zu Aachen, zu Limburg. Die Weihnachtsansprache des Bundeskanzlers, rheinisch: »Ich sitze hier an der Krippe«, sagt er Weihnachten 1954 oder 1955, in Bonn »an der Krippe«, die unfreiwillige Komik dieser Enthüllung merkt so gut wie keiner. Glockenschwall, der Breslauer Dom, der Dom in Königsberg, die Nikolaikirche in Leipzig: »Nie vergessen!«, hallende Klänge.

»Hoffentlich haben wir weiße Weihnachten« heißt der saisongerechte Stoßseufzer, Kinderchöre und Christmette sind dann wie in Watte getaucht, ein Ort Namens »Himmelreich« hat Konjunktur, genauer gesagt: sein Postamt. Hier kann man Karten aufgeben mit dem Stempel »Himmelreich«, Weihnachten verpackt die Ellbogengesellschaft ihre Ellbogen in christlicher Watte.

Weihnachten gehört der Familie. Die Familie verschlingt Weihnachten, Weihnachten verschlingt die Familie. Schon gibt es Deserteure, die dem Ansturm der Großeltern auf die enge, mit Christbaum verstellte Wohnung nach den gräßlichen Erfahrungen des letzten Jahres entfliehen, in die Berge, in den Schnee mit garantiert weißer Christmette, Berchtesgaden, Salzburg, das Allgäu.

Ostern. Wieder läuten die Glocken. Die Ostermesse, die Fahrten ins Grüne, in die Ausflugslokale, Ostern, das Fest der Blechlawinen, aber auch das der Protestler gegen die Wiederaufrüstung, Ostermarschierer. Die Kirche, die den Adenauer-Staat segnet und absegnet, formiert auch den Widerstand, vor allem die protestantische Kirche. Kirchentage werden zu Zeichen der Opposition gegen Remilitarisierung, gegen die Atomwaffen. Die Kirche versucht, so auch eine gesamtdeutsche Klammer zu bilden. Der Verdacht kommt auf, daß sie von den Kommunisten in der DDR, von den christlichen Blockparteien mißbraucht wird. »Nützliche Idioten« nennt man das. Es ist die Zeit von Picassos Friedenstaube.

Pfingsten. Jeder Deutsche, der auf sich hält, zitiert zu Pfingsten Goethe, den »Reineke Fuchs«. Pfingsten fährt man erst recht ins Grüne. Der christliche Kern von Pfingsten ist kaum noch mit der Lupe auszumachen. Pfingsten treffen sich die Heimatvertriebenen: die Schlesier, die Sudetendeutschen, die Landsmannschaften. Sie tragen Trachten, die an Hitlers Bauerntage auf dem Bückeberg erinnern, sie tragen weiße Kniestrümpfe, Haferlschuhe, irgendwelche Hüte und Hauben mit Früchten: die »verlorene Heimat«, eine Trachtenidylle. Jugendliche blicken mit sogenannten leuchtenden Augen in den Pfingsttag. Heimatvertriebenen-Funktionäre, meist zu fett, meist zu schwitzig, nicht selten mit wohlwollend-verschwiegener, aber altbekannter Nazi-Vergangenheit, halten Pfingstreden, vom »unverzichtbaren Recht« auf Heimat, vom »Unrecht der Vertreibung«. Die Pfingsttreffen haben das Wohlwollen der Regierung, deren Minister oft begehrte Redner sind. Finanzielle Unterstützung ist den Pfingsttreffen so gewiß wie das polizeiliche Mißtrauen den Ostermarschierern.

Fronleichnam, Corpus Christi. Durch die katholischen Städte wird, wie eh und je, in feierlicher Prozession der Leib des Herrn getragen, Weihrauch, Baldachin, die Spaliere am Straßenrand knicken in die Knie. Würzburg ist eine Bischofstadt, die die Narben des Luftkriegs noch besonders deutlich zeigt. Zwischen zerschundenem Barock hat man besonders häßliche Wohnkästen hingesetzt, das, was man später sofort als ärmliche Scheußlichkeit der fünfziger Jahre beschreiben wird. Bei Städten, die zu früh Geld zum Wiederaufbau hatten, Heilbronn zum Beispiel, wird man später konstatieren, daß sie leider im Stil der Fünfziger verschandelt worden sind. Denkmalpflegerische Rekonstruktion war noch zu teuer.

In Würzburg fehlt das Geld, zwischen Kirchenruinen wächst das Gras. Meine Eltern und meine Geschwister, die Kinder allesamt noch auf dem Gymnasium, wohnen in einem Eckhaus, im vierten Stock, sozialer Wohnungsbau. Unten im Haus ist eine Tankstelle auf häßlichen Stelzen unter das Gebäude gesetzt. Es ist heiß an diesem Juni-Donnerstag, meine Geschwister haben, klar, schulfrei. Sie sonnen sich auf dem kleinen Vorbalkon, mit blankem Oberkörper die Brüder. Die Fronleichnamsprozession zieht vorbei, ohne daß meine Familie mit dem Sonnen aufhört, im vierten Stock. Wahrnehmen können uns in einem Haus auf der Gegenseite nur die Leute, die auch dort auf der gleichen Etage wohnen. Die Mieter da mögen die Menschen nicht, die im Haus meiner Eltern leben. Das sind »Flüchtlinge«, aus der DDR, aus Polen gar, einem persischen Arzt gehört das Haus. Meine Eltern bekommen eine Strafanzeige, weil sich meine Geschwister mit nacktem Oberkörper vor dem Leib des Herrn gezeigt hätten.

Weihnachten. Das Päckchen nach drüben, die Kerzen im Fenster, Gedanken an »unsere Brüder und Schwestern«, die »in Unfreiheit« leben müssen. Deutschland dreigeteilt? Niemals. Die neuen Phrasen von alten Specknacken vorgetragen, lähmen bald meinen bis dato springlebendigen Antikommunismus.

Aus den Ostermarschierern rekrutierte, auf den protestantischen Kirchentagen formierte sich das schlechte Gewissen der Adenauer-Ära. Es berief sich ebenso auf das Christentum wie die Epoche selbst. War es der protestantische Norden, der gegen den katholischen Westen und Süden aufmuckte?

23. HALBSÄTZE

In der Tübinger Wilhelmstraße auf dem Weg zu den Vorlesungen in der neuen Aula kam man Anfang der Fünfziger an zwei Schaukästen vorbei, die vor dem Botanischen Garten standen, ziemlich genau gegenüber der Buchhandlung Osiander, Deutschlands ältester Buchhandlung. Der erste Schaukasten warb für den RCDS, den Ring Christlich Demokratischer Studenten, der zweite für den SDS, den Sozialistischen Deutschen Studentenbund. Beides waren damals ziemlich lammfromme Vereine, eben die studentischen Jugendorganisationen der noch jungen Parteien, nicht mehr, nicht weniger.

Ich ging an den beiden Glaskästen täglich vorbei, von Montag bis Freitag. Zweimal die Woche war die Scheibe des SDS-Kastens mit einem Stein eingeschlagen. Am Tag darauf war sie wieder renoviert. Und am Tag darauf wieder eingeschlagen. Die Scheibe am Kasten des RCDS mußte nie erneuert werden, sie war immer heil. Die junge Bundesrepublik war ein strikt antikommunistisches Land, wen wundert's. Staat und Gesellschaft reagierten auf das Wort »sozialistisch«, auch in der gemilderten Form »sozialdemokratisch« allergisch – sogar mit Steinwürfen. Es half der SPD nicht viel, daß sie sich stramm antikommunistisch gab, ja in Berlin an vorderster Front des Antikommunismus stand. Es nützte ihr nichts, daß sie über das Unrecht schrie, im Osten mit den Kommunisten zwangsvereinigt worden zu sein, zur SED.

An der zersplitterten Scheibe des SDS, die dessen Funktionäre scheinbar klaglos erneuerten, Sisyphosse an der demokratischen Front, an dem zerbrochenen Glas zersplitterte zweimal pro Woche mein Antikommunismus. Meine Sympathien wandten sich dem kleinen Grüpplein der studentischen Linken zu, die, lernte man sie näher kennen, zwar agitatorischen Eifer an den Tag legten, gegen den ich allergisch war und blieb, die sich aber andererseits von den dröhnend-selbstgefälligen Rechten unterschieden, die wieder mit Schmissen und bunten Mützen prahlten, ihre Knie selbstgefällig in breitem Stand durchdrückten und über Deutschland immer im Trotzton »Das wird man doch noch sagen dürfen!« sprachen. Die Linken waren so sanft wie die Protestanten, sangen aber keine Kirchenlieder.

Im Unterschied zu den Linken waren die Rechten, sobald der öffentliche Ton ausgeschaltet war, ganz und gar nicht bußfertig. Sie hatten, was die Deutschen und die Zeit vor 1945 anbetraf, einen »Wo-gehobelt-wird-da-fallen-Späne«-Ton am Leib, »Schließlich, Krieg ist Krieg« und »Man sieht ja, daß Hitler, was die Russen anlangt, nicht so total Unrecht hatte«.

Das war, wie gesagt, der offizielle Ton des Inoffiziellen, das Herz schlug rechts, und es brachte dem FDP-Vorsitzenden Erich Mende Punkte ein, daß man, inoffiziell, sein Ritterkreuz erwähnte, und kostete Willy Brandt Punkte, inoffiziell versteht sich, daß man daran erinnerte, er habe im Krieg eine norwegische Uniform getragen. »Wer weiß«, fügten die Leute inoffiziell hinzu, »vielleicht hat er auf Deutsche geschossen?« Und dann schwiegen sie bedeutungsvoll, weil das so schlimm war, daß man darüber gar nicht sprechen mußte, die Stille, die entstanden war, sagte alles.

Konnte man solche Leute mit der Überlegung konfrontieren, daß auch die braven Deutschen auf Deutsche geschossen hätten, auf deutsche Juden, auf deutsche Kommunisten, auf deutsche Widerständler? Man konnte nicht. Denn wenn man das sagte, dann war das offiziell, das war die Sprachregelung, auf die man mit ungeduldigem »Ja, ja!« antwortete, das wissen wir doch schon, das bleut man uns täglich ein, aber auf Deutsche zu schießen, noch dazu in norwegischer Uniform, das ist schon noch etwas anderes. Und darüber spricht keiner – offiziell. Deshalb müssen wir dauernd davon reden – inoffiziell.

Die inoffizielle, die rechte Sprache der Bundesrepublik war eine der Andeutungen, des Abbrechens, des vom Gegenteil Ablenkens. »Nicht daß ich Hitlers Verbrechen an den Juden verharmlosen möchte, aber...« so hieß die Einleitung, und der Gedanke nach dem »Aber« war unwichtig und austauschbar und überhaupt nur erwähnt worden, um die Einleitung machen zu können, und die hieß: »Was Hitler mit den Juden gemacht hat, wird unheimlich aufgebauscht.« Oder man sagte: »Nicht, als ob es keinen Unterschied macht, ob nun sechs oder auch nur zwei Millionen Juden umgebracht worden sind, verstehen Sie mich nicht falsch, aber sechs Millionen, das ist doch reine Greuelpropaganda. Ich war selbst in Polen, ich habe nicht einen Juden gesehen, der umgebracht worden wäre.« Und dann schnell: »Selbstverständlich war es schrecklich, was mit den Juden passiert ist, keine Frage. Aber muß man uns dann dauernd mit den Juden kommen? Denken Sie an die Kulaken!«

Die inoffiziell herrschende Sprache der Bundesrepublik war eine vorpreschende, sich dann schnell zurückziehende Sprache, die da insinuierte, wo sie negierte. Ihr Hauptsatz, nie vollständig vorgetragen, lautete: »Man muß endlich sagen dürfen, daß nicht alles schlecht war.« Und »nicht alles schlecht« hieß: »eigentlich nicht schlechter als alles andere«. Deutschland hatte nicht Unrecht getan, sondern Pech gehabt. Und wie Deutsche so sind, in ihrem Eifer haben sie manches übertrieben, »manches«, beileibe nicht »alles«.

Die Linke dagegen war es, die schon in den fünfziger Jahren auf die ungeheuerlichen Entdeckungen reagierte, die die Zeithistoriker, die Erforscher der Geschichte des »Dritten Reiches« machten. Sie reagierte mit (dem nötigen) Entsetzen, aber auch mit dem (ohnmächtigen) Willen, zu verhindern, daß die Täter in Amt und Würden blieben, als Offiziere die neue Bundeswehr aufbauten.

Der Geheimdienstchef Reinhard Gehlen war ein solches Symbol. Gehlen, 1902 geboren, war von 1942 bis 1945 Chef der Abteilung »Fremde Heere Ost« im Generalstab des Heeres gewesen, zu der Zeit also, als die Deutsche Wehrmacht in Rußland kämpfte, ein Kampf, der sich durch den »Kommissarbefehl«, die Judenerschießungen, -gettoisierungen und -vernichtung in den KZs, durch die Anweisungen über verbrannte Erde, Zwangsverpflichtung von Menschen zur Lagerarbeit als besonders bestialisch in die Geschichtsanalen eingebrannt hat. Und ausgerechnet einer, der da am Schalthebel des Geheimdienstes der Nazis saß, durfte seit 1946 erst im Auftrag der Amerikaner, dann seit 1956 im Auftrag der Bundesrepublik deren Nachrichtendienst aufbauen.

Wundert es da, daß die Linke das Wort »faschistisch« als angemessen empfand, um bestimmte Tendenzen, um die Zielrichtung der westdeutschen Restauration zu beschreiben? Das spätere, sicher gebetsmühlenhafte Geplapper von der »faschistischen«, der »faschistoiden« Bundesrepublik – »faschistisch«, die Schlagtotphrase der Linken – hatte hier (wie in Oberländer oder Globke) seinen berechtigten Ausgangspunkt.

Und wo es Gehlen gab, der Geheimdienstchef bei den Nazis gewesen war und bei Adenauer sein konnte, wo Theodor Oberländer bei den Einsatzgruppen der Waffen-SS kommandiert haben konnte und doch Bundesvertriebenenminister sein durfte, so als wäre die Waffen-SS nur eine »Krieg-ist-Krieg«-Formation gewesen, wo das so war, verkam das Wort von der »Bewältigung der Vergangenheit« zur verlogenen Phrase. Die ohnmächtige Wut, mit der die ohnmächtige Linke dagegen anrannte, wurde mir nur zu verständlich. Die Lüge war nicht kleiner als die kommunistische Lüge in der DDR.

Vielleicht, so möchte man nachträglich begütigend und resignierend einwenden, war das, angesichts der Verstrikkung eines Hitler-hörigen Volkes gar nicht anders möglich. Man mußte offiziell in Sack und Asche gehen, um inoffiziell aller Buße Hohn zu sprechen. Anders hätte es die Nation, das Staatsvolk der Bundesrepublik zerrissen. So hielt es die Lüge schlecht und recht zusammen.

Die Ausrede, mit der man diejenigen in leitenden Aufgaben integrierte, die schon in Hitlers Staatsmaschine tätig gewesen waren, lautete, sie hätten »Schlimmeres verhütet«. Globke als Kommentator der Nürnberger Rassengesetze habe abgemildert, Schlimmeres verhütet? Was Schlimmeres hätte den Juden im Nazi-Deutschland noch widerfahren können? So gesehen wagt man es nicht, sich auszumalen, wie schlimm die zwölf Jahre »Drittes Reich« geworden wären, hätten nicht überall wackere Männer gesessen, die alle nur eines taten: »Schlimmeres verhüten«.

Wenn es das gäbe – eine verdruckste Großsprecherei, die beschwichtigt und verharmlost, womit sie doch angeben möchte, dann wäre das, nach meinem Eindruck, der beherrschende Sprachduktus der Adenauer-Ära gewesen: Man war wieder wer, aber man hatte nichts getan. Es gab keine Vergangenheit, aber derentwegen brauchte man sich auch nicht zu schämen. Schlimm war nur, daß man als schlimm galt, wo man doch nur Schlimmeres verhütet hatte! Sollen die andern erstmal vor ihrer Türe kehren, und sollen sie uns das erstmal nachmachen!

Ich sah mich eher denen zugehörig, die sich Sozialisten, die sich Linke nannten, schon deshalb, weil ihnen der Staat, seine Sprache, seine Macht nicht gehörte, sondern weil sie gegen ihn opponierten. Es ist dies vielleicht bereits die Entscheidung für die Schwächeren, die das Schwachsein ins Recht setzt. Wie es mein zehnjähriger Sohn in diesem Jahr angesichts eines Fernseh-Comics sagte: »Ich bin für die Bösen. (Pause) Weil sie am Ende sowieso verlieren!« Ich war vor den Bösen (aus der DDR) geflohen, um sie dort, wo sie nichts zu sagen hatten, als Gute wiederzufinden. Vielleicht sind ja immer nur die, die nichts zu sagen haben, die Guten. Aber die Bösen, die taten auch nichts Böses mehr, der gute, unauffällige Staatssekretär Globke, der nette Professor Ferdy Porsche, die resolute Leni Riefenstahl, Zarah Leander und Heinz Rühmann. Alle irgendwie nett, gut und für weiße Weihnacht!

Irgendwann, im Westen angekommen, mußte ich mir

den Marxismus umzimmern. In der westdeutschen Republik war man gerade dabei, ihn mit der Psychoanalyse zu versöhnen und zu vermählen, nicht nur das Sein bestimmt das Bewußtsein, sondern da gibt es noch das Es, das Ich, das Über-Ich, den Trieb, und es gibt, oh, heiliger C.G. Jung, die Kultur, die das kollektive Unbewußte zu Mustern formt und es gibt, Adorno hilf!, die Bewußtseinsindustrie, die das alles verformt und die dafür durchschaut werden will. Vom Sein, das west, ganz zu schweigen!

Für einen Überläufer von Ost nach West war alles einfacher und komplizierter: Der Marxismus, eben noch eine von oben verhängte Ideologie, unter der die Wirklichkeit stöhnte und ächzte, damit Funktionäre auf ihr ihre Diktatur errichten konnten, dieser Marxismus verwandelte sich zum genauen Instrumentarium, mit dem man den Kapitalismus analytisch durchschauen konnte. Ich war in dem Zustand, mit dem Brecht-Stücke triumphierend die Welt, schlecht wie sie ist, erklären zu können: Sucht nicht nach einer neuen Moral, bessert die Zustände!

Der Haken war nur: Dort, wo die Zustände entsprechend gebessert waren, dort waren sie am schlechtesten. Also taugt das System nicht zur Verbesserung, aber es eignet sich zur Analyse. Marxisten im Westen hatten diesen wissenden, durchschauenden Blick. Was heute die Besserwessis sind, waren damals die Besserossis, die den Osten erschrocken verlassen hatten, um den Westen das zu lehren, was sie aus dem Osten getrieben hatte.

In einem war der realexistierende Sozialismus im Osten (der damals noch nicht so hieß) für den realexistierenden Kapitalismus im Westen ein Segen: Er »zähmte« ihn. Weil man nicht wollte, daß die Arbeiter links wählten, knüpfte man mit Blick auf den Osten jenes soziale Netz immer dichter, das heute zerschnitten zu werden droht, wo es den Osten (als Schrecknis) nicht mehr gibt.

Karl Kraus schrieb einst an eine Adelige, die sich mit hartherzigem Zynismus über Rosa Luxemburg, damals im Gefängnis, lustig gemacht hatte. Darin formuliert er, er halte nichts vom Kommunismus, aber solange er imstande sei, kaltherzige Bestien wie sie, die Adelige, zu zähmen und in Schach zu halten, sei er nötig.

Für ein solch notwendiges Zähmungskorrektiv habe ich den Sozialismus im Osten für den Kapitalismus (für den er die »soziale Marktwirtschaft« produzierte oder provozierte) gehalten. Da ich »hier« und nicht mehr »dort« war, vergaß ich den Zynismus dieser Haltung denjenigen gegenüber, die »dort« zu büßen hatten, was »hier« Vorteile produzierte. Aber diese Absprache, die nie abgesprochen worden war, funktionierte zwischen Brüdern und Schwestern, auf Kosten der Brüder und Schwestern. Die Kerzen im Fenster hatten schon ihren Sinn.

24. »BEETHOVEN, EIN ÖSTERREICHER, HITLER, EIN DEUTSCHER«

Mariandl, -iandl, -iandl,
aus dem Wachauer Landl, Landl,
Dein schöner Name klingt schon wie ein süßes Wort.
Mariandl, -iandl, -iandl,
Du hältst mein Herz am Bandl, Bandl,
Du hältst es fest und läßt es nie mehr von dir fort.
Und jedes Jahr stell ich mich ein,
Da ist der Donaustrom nicht schuld und nicht der Wein,
Ins Wachauerlandl, -landl,
zieht mich ein Mariandl, -iandl,
und das will ganz allein nur mein Mariandl sein.

Das erste Land, in das sich die deutsche Reiselust, die deutsche Reisewut ergoß, war der Nachbar Österreich. Das durch die Operette aufgeschlossene Salzkammergut (»da kamma gut lustig sein!«), der Wörthersee in Kärnten (»Du bist die Rose, die Rose vom Wörthersee!«), die Wachau mit Wein, Weib und Gesang, das Burgenland mit dem Neusiedlersee, die Berge von Tirol (»Bei uns in Tirol«) und »Wien, Wien nur du allein« waren die nahen Ziele des deutschen Fernwehs, der eine Schritt von Berchtesgaden in ein anderes Land. In Österreich war man in der Ferne und doch zu Hause, bei sich und doch außer sich.

Man brauchte keine fremde Sprache zu erlernen und war trotzdem nicht in der eigenen. Topfenknödel und Topfenstrudel sagten die, wo sie Quarkklößchen oder Käsekuchen meinten. Marillenschnaps war etwas aus Aprikosen, Palatschinken gab es und Kaiserschmarrn und Backhendl und Paradeiser sagten die, wenn sie Tomaten meinten. Der deutsche Tourist fand in Österreich etwas, was gleichzeitig seinen Neid wie seine Überheblichkeit herauskitzelte, den Neid auf das Urtümliche, Gemütliche, Bodenständige (der Motor des österreichischen Wirtschaftswunders sollte ja erst der deutsche Tourismus werden), und die Überheblichkeit, weil die da noch so putzig waren, im Janker und im Dirndl und »Küß die Hand, gnä' Frau!« und »Habe die Ehre«. Glücklicherweise standen die Alpen einem hemmungslosen Fortschritt im Wege, der mußte sich einen Umweg über Sommerfrische und Wintersport, über Lipizzaner und Wiener Sängerknaben, über Salzburger Festspiele und Wiener Philharmoniker, über Karl Böhm und Herbert von Karajan bahnen. Die Österreicher verdienten, indem die Deutschen sich erholten – welch selige Arbeitsteilung! Wer das Echo der Alpen hören will, höre sich im »Mariandl«-Lied die »iandl«, »iandl« an!

Nach dem Ersten Weltkrieg hatten die Verträge von Versailles und vor allem der von St. Germain 1919 jegliche »Anschluß«-Bestrebung von Deutsch-Österreich (den deutschsprachigen Kernländern der Habsburg-Monarchie) untersagt, selbst die Vorsilbe »deutsch« im Staatsnamen »Deutschösterreich« war verboten worden. Dann kam der »Anschluß« nach der »Heim-ins-Reich«-Bewegung zu »Großdeutschland« 1938, den Hitler vom Heldenplatz vor der Wiener Hofburg vor einer riesigen, unübersehbar begeisterten Menge verkündete.

Nach 1945 war es Österreich gelungen, sich den siegreichen Alliierten als das erste Opfer der Hitlerschen Annexionen darzustellen. »Den Österreichern«, spottete der Exösterreicher Billy Wilder, »den Österreichern ist es gelungen, aus Beethoven einen Österreicher und aus Hitler einen Deutschen zu machen«. In der Tat war es in deutschen Augen ein Bravourstück, wie die Österreicher den Nationalsozialismus als deutsche Zwangsjacke für Österreich vorführten – wo doch jeder wußte und in Augenschein nehmen konnte, daß es hier mindestens soviel »Unverbesserliche« und »Unbelehrbare« gab und wohl auch mehr Antisemiten als im »Reich«, wie die Österreicher Deutschland bewundernd und verächtlich zugleich nannten.

Der »Anschluß«, der einmal verboten, dann als Staatsstreich vollzogen worden war, stellte nie wieder ein Thema dar – kein Wunder, da der Massentourismus, der bald den legeren, den spaßigen »kleinen Grenzverkehr« mit Operetten-Zöllnern und feschen Operetten-Grenzbeamten produziert hatte, die beiden Länder sozusagen im Omnibusverkehr vereinte. Gewiß, man schmuggelte Rum über die Grenze, dieses hochprozentige Gesöff der Firma Stroh war das Lieblingsschmuggelgut der »Deitschen« aus Österreich. Aber sonst? Bald konnte man ohne jede Mühe mit deutschem Geld zahlen, und ohnehin war der Schilling bald automatisch an den Kurs der Mark gekoppelt. Seit nun fast fünfzig Jahren gibt es da praktisch keine Schwankungen mehr. Eins zu sieben, und damit basta. Paßt sehr!

Das Verhältnis zwischen dem Hotelier, Gastwirt, Skilehrer und Bergführer Österreich zum Touristen und Gast Deutschland entwickelte sich herzlich-zwiespältig. »Eigentlich«, ja eigentlich gehörten Österreich und Bayern mehr zusammen als, sagen wir, Bayern und Nordrhein-Westfalen oder gar Bayern und Schleswig-Holstein: Der bayerische Märchenkönig Ludwig, eine der Kitsch-Ikonen der Fünfziger, hatte diese Zusammengehörigkeit, wie man inzwischen weiß, schlichtweg an Preußen »verkauft«, seiner Bauwut und Wagner zuliebe.

Im Mai 1955 war in Österreich die Besatzerzeit zu Ende, aus vier »Zonen« und vier »Sektoren« in Wien wurden nicht zwei durch den Eisernen Vorhang getrennte Länder wie in Deutschland, sondern ein einheitlicher, weitgehend souveräner Staat – und das um den Preis der »Neutralität«, um die viele Deutsche die Österreicher beneideten, vor allem in den Jahren der Wiederaufrüstung, als der Kalte Krieg hart am Rande eines neuen heißen Krieges zu stehen schien.

Während die Österreicher also als »Opfer« der Deutschen und Hitlers in die Souveränität entlassen wurden, trumpften sie privat und inoffiziell viel hemmungsloser als die Deutschen mit ihrer unbewältigten Vergangenheit auf. Hier gab es Kameradschaftstreffen der Waffen-SS zuhauf, hier wurde am Stammtisch ungehemmter mit den Verbrechen und den Vorurteilen der Vergangenheit geprahlt – jedenfalls schien es mir so.

Als ich mit dem Zug von Salzburg nach Wien fuhr, habe ich es damals gleich zweimal erlebt, daß Österreicher mich vor Linz darauf aufmerksam machten, wir hätten schon ein paar Minuten früher den Bahnhof erreichen können, aber leider sei es dem Führer nicht vergönnt gewesen, diese

Kurve noch zu begradigen. Zufall? Wer Helmut Qualtingers Satiren, den »Herrn Karl« beispielsweise, kennt, wer die berserkerhafte Wut vor Augen hat, mit der Thomas Bernhard in seinen Stücken (zum Beispiel im »Heldenplatz«) gegen die bestialisch-bornierte Unbelehrbarkeit seiner Landsleute anrannte und ankämpfte, der will hier an Zufall nicht glauben.

Daran mag schuld sein, daß Österreich virulente Nationalitätenprobleme hatte, in Tirol beispielsweise, aber auch in Kärnten und im Burgenland. Und daß Österreich unmittelbar an den Ostblock grenzte, an Ungarn und die Tschechoslowakei und an das nationalistisch-kommunistische Jugoslawien Titos.

Im Unterschied zu Deutschland, zu den »Reichsdeutschen«, den »Piefkes«, wie man sie verächtlich nannte, seit sie sich von 1938 bis 1945 überheblich und besserwisserisch aufgespielt hatten, im Unterschied zum gleichsprachigen Nachbarn war man frei, hatte keine Besatzer mehr. Und man war ungeteilt – der große Aderlaß war schon 1918 erfolgt.

Im Unterschied zu den Deutschen ließ der wirtschaftliche Wiederaufschwung viel länger auf sich warten. Ich weiß noch, wie grau, arm und zertrümmert Wien aussah, wie viel weniger Neon- und Reklameglanz es hier gab als selbst in Westberlin, von München und Frankfurt zu schweigen. Hier, in den grauen Häuserzeilen konnte man Filme über den Ostblock drehen, als wäre man im Ostblock selber.

So war damals nicht der Wasserkopf Wien das Ziel der Touristen, sondern das alpin-ländliche Österreich, die Lederhosen- und Jankeridylle, das Loden- und Dirndl-Paradies, eine mit barock-fröhlichen Kirchen vollgestellte

Landschaft, wo die Gasthäuser grüne Fensterläden hatten, wo Zither und Ziehharmonika spielten, wo die Knöpfe aus Hirschhorn und die Hosenträger bestickt waren. Das Lieblingswort der Deutschen, »gemütlich«, ist als österreichisches Bild ausgemalt. Nichts hat das Bewußtsein jener Jahre ähnlich stark bestimmt, wie dieses aus unentrinnbarer Haßliebe geprägte Bruderverhältnis zwischen Piefke und Österreicher, beide blickten aufeinander herab und zueinander auf, beide besoffen sich dabei. Und das bei einer Musik, die das Schauderbarste ist, was die Zeit hervorgebracht und als Hinterlassenschaft bis heute auf die Seele des österreichischen Tourismus gelegt hat.

Du bist die Rose, die Rose vom Wörthersee,
Hadi hadi hadi hö o hö.
Hadi jadi hadi hö.
Du bist die Schönste, die Schönste am Strandcafé,
Hadi jadi jadi hö o hö
Hadi jadi jadi hö.
Und selbst die alten Karawanken,
die wanken und die schwanken,
die kommen aus ihrer Ruh,
und auch die Fische in dem Wasser
die werden immer nasser
und schuld dran bist nur du, ja du,
ja, du bist die Rose (ad infinitum).

Mag sein, daß ich mir die Zeilen »und auch die Fische im Wasser / die werden immer nasser« nachträglich zurecht gereimt habe – trotzdem: Heimat war der Wunsch- und Traumbegriff der fünfziger Jahre. Heimat im Heimatfilm und im Heimatlied, Heimat als Postkarte einer ländlichen Idylle, die man sich an die Pinnwand des Gemüts heften konnte – wie einen Kalender mit Bergen und Seen in eine graue Neubausiedlung in einem Industriegebiet bei Hoechst, Rüsselsheim oder Wanne-Eickel.

Und was konnte besser Heimat sein als Österreich, wo man sich aufs Leben verstand, aufs Kochen und aufs Trinken, wo man mollig war und gemütlich, deutsch und doch nur wie deutsch auf Urlaub. Es gab damals eine schöne Definition über die Bayern: Sie vereinten preußischen Charme mit österreichischem Pflichtgefühl. Es war dieser ländlich-gemütliche Charme, den man in Österreich suchte. Er war nicht anstrengend, sondern eingängig-süßlich wie Kaiserschmarrn und Schrammelmusik, statt Mozart Mozartkugeln.

Wenn ich an die fünfziger Jahre denke, sehe ich Busladungen älterer Menschen (man nannte sie noch nicht Senioren) die vor irgendeinem Biergarten ausgeladen werden, ermüdet von der anstrengenden Reise, voller Vorfreude auf das Wiener Schnitzel. Ich sehe Andenkenläden mit Edelweißkitsch, mit Zwergerln und Kleiderhaken aus Geweihen, ich sehe Gamsbärte und Maßkrüge mit Zinndeckeln, gußeiserne Blumenhaltermesser mit Gamsgeweihgriffen, Schnapsstamperl mit Wappen und Bergbildern, Autoaufkleber und in Holz gebrannte Sprüche: »Grüß euch Gott, alle miteinander!« Ich sehe Teddybären und Puppen in grünen Jägerkleidern und Dirndln. Ich sehe Gäste, die in die barocken Dirndlausschnitte der drallen Serviererinnen blicken, die dampfende Knödel auftragen. Ich höre Heurigenlieder: »S'wird schöne Madeln geben und wir wern nimmer leben. S'wird ein Wein sein und wir wern nimmer sein ...« Noch in der plattesten österreichischen Gemütlichkeit steckt ein Kern, eine Ahnung der Vergänglichkeit, hier ist eben nicht nur der Dirndlausschnitt barock.

Sehe ich heute deutsche Vorstadthäuser, Einfamilienhäuser, die im Traum damaliger Jahre gebaut wurden, so ist in ihnen immer ein Hauch Österreich-Sehnsucht mit verbaut: im Türschild, in den Windungen des schmiedeeisernen Tors, in der Krippe mit den Blumen.

1955 vermählte sich Österreich mit Deutschland, zumindest auf der Leinwand. Ernst Marischka drehte nach dem gleichnamigen Roman von Marie Blank-Eismann den Schmachtfilm der Epoche: »Sissi«. Es ist die Liebesgeschichte des jungen Kaisers Franz-Joseph und der bayerischen Prinzessin Elisabeth. Es ist der Heimatfilm schlechthin, der Nostalgiefilm an sich. Mit »Sissi« traten Millionen die Flucht aus der Gegenwart an in eine verklärte, heile Welt, in der Kaiser und Prinzessinnen in unsere Gefühle herabstiegen, auf daß wir in ihre Gefühle hinaufsteigen konnten.

Die siebzehnjährige Romy Schneider, Tochter der österreichischen Filmidole Magda Schneider und Wolf Albach-Retty, Stieftochter des Nachtclubkettenbesitzers Blatzheim, spielte mit außergewöhnlichem Liebreiz, vor allem mit den unnachahmlichen Gutturallauten eines österreichischen Mädchens die Prinzessin Elisabeth. Die Rolle sollte sich wie ein unlöslicher Zuckerguß über das Leben dieser Schauspielerin legen, ein süßer Panzer, der nicht zu sprengen war. Karlheinz Böhm, Sohn des berühmtesten österreichischen Dirigenten dieser Jahre, Karl Böhm, mimte den jungen Kaiser in einem Film von heute schwer erträglicher, weil falscher Gefühlsseligkeit. Der Film war so erfolgreich, daß Marischka zwei Fortsetzungen drehte:

1956 »Sissi, die junge Kaiserin« und 1957 »Sissi – Schicksalsjahre einer Kaiserin«.

Sissi mit Korkenzieherlocken, in ihre gehobenen Dirndlkleider gesteckt wie ein Praliné in eine Konfektschachtel, der junge Kaiser mit akkuratem Scheitel und kurzem Messerschnitt, das glatte Gesicht aus einer weißen Uniform ragend, die eine rot-weiß-rote Schärpe dem ewigen Österreich zuordnet – die schwere Süße des Films macht deutlich, welcher Säuernis und Bitternis die damaligen Zuschauer zu entrinnen hatten.

Romys Stiefvater, Blatzheim, besaß eine Nachtlokalkette, die den verruchten Namen »Tabu« führte. Im Münchener »Tabu« habe ich, ein Frank-Sinatra-Fan, an einem Schlagersänger-Wettbewerb teilgenommen. Ich sang »Night and Day« von Cole Porter, setzte zu hoch an und kam daher bei den dritten vier Zeilen ins Gicksen und Krächzen – es war zu hoch für mich – und brach meine Darbietung schweißgebadet und mit hochroten Kopf ab: Meine Sinatra-Karriere war beendet, noch ehe sie begonnen hatte.

25. DEUTSCHER TANGO

Wenn bei Capri die rote Sonne im Meer versinkt
und vom Himmel die bleiche Sichel des Mondes winkt,
Ziehn die Fischer mit ihren Booten ins Meer hinaus,
Und sie werfen in weitem Bogen die Netze aus.

So beginnt der wohl erfolgreichste Schlager der fünfziger Jahre, die »Caprifischer«, die Rudi Schuricke 1949 mit seinem schaurig-hellen Tenor sang, eine Stimme, die soviel sexuelles Timbre hatte wie eine Glatze Haare. Sagen wir es ehrlich: Die Stimme wirkt eunuchenhaft.

Und der Refrain der »Caprifischer« lautet:

Bella, bella, bella Marie,
bleib mir treu, ich kehr zurück morgen früh.
Bella, bella, bella Marie,
vergiß mich nie!

Die »Caprifischer« wurden zwar schon 1943 von Ralph Maria Siegel (Text) und Gerhard Winkler (Musik) in die Welt gesetzt, ihre Seele, ihren Resonanzboden fanden sie aber erst in den Fünfzigern. Das Lied ist ein Tango. Wie jeder Tango handelt er von der Liebe. Wie fast jeder

Tango handelt er von der Eifersucht. Aber was für eine Liebe ist das? Es ist eine Liebe ohne Nähe, ohne Vollzug, die Liebe eines Nachtarbeiters, der zur Zeit, da der Mond malerisch am Himmel steht, nicht bei seiner »bella Marie« sein kann – also kommt auch kein Zuhörer auf dumme Gedanken.

Und die Eifersucht? Auch sie hält sich in schmachtenden Grenzen. Sie kleidet sich in die vage, brave, leidenschaftslose Bitte: »Bleib mir treu, ich kehr zurück morgen früh!« Denkt man an die wilden argentinischen Tangos, etwa an die Gardels, dann vermeint man nie einen lammfrommeren (oder sagt man: lämmerfrommen) Tango als die »Caprifischer« gehört zu haben. Der Tango der fünfziger Jahre war in all seinen Gedanken und Regungen garantiert keim- und hundertprozentig jugendfrei: Ein Mann, der seiner Schönen mit Kreide in der Stimme versichert, er komme erst morgen früh zurück, also zu der Zeit, da kein Bett ihrer Liebe drohe, ein solcher Mann paßt gnadenlos in die Stimmung der fünfziger Jahre.

Aber die Beliebtheit der »Caprifischer« hat ihren Grund noch stärker als in der klinischen Reinheit der Liebesgedanken in der Kulisse. Denn der glockenrein singende Fischer geht seiner Nachtschicht nicht bei Krupp in Essen und nicht bei VW in Wolfsburg und nicht bei Ford in Köln nach. Sondern er arbeitet vor der deutschen Traumkulisse schlechthin: bei Capri. Er arbeitet da, wo die Deutschen ihre Freizeit verbringen wollten. Und er arbeitet, damit sie ihre Freizeit so angenehm wie möglich verbringen können: im »ristorante« oder der »trattoria« am Meer, wo sie den »vino bianco« oder »rosso« trinken und die »frutti di mare« essen, »Spaghetti a la vongole«, gegrillten »pesce«, die Nacht davor gefangen, vom Freund der »bella Marie«.

Ist das vielleicht das Mädchen, das den Fisch serviert? Wer weiß? Während er fischt?

Das zweite Ziel der Deutschen war Italien.

Nachdem sie Österreich erobert hatten, überschritten sie die Alpen und fielen in Italien ein.

Die deutsche Italien-Sehnsucht ist alt, wer will, mag bis zu den Staufern zurückdenken, an das Reich Friedrich II. in Sizilien, an Konradin, der da Reich und Kopf verlor. In der Tat waren und sind die Zeugnisse staufischer Kultur beliebte Ziele des deutschen Bildungstourismus. Ebenso wie es Ravenna war und ist: Dietrich von Bern, das »Nibelungenlied«, das der deutsche Tourist, so er ein Gymnasium besucht hat, im Tornister hat.

Die Buchhändlerfamilie Baedeker, die Reiseführer für deutsche Bildungstouristen schuf, Studienräte, die mit dem Baedeker in der einen, ihrem jüngsten Kind an der andern Hand Sehenswürdigkeiten abklapperten und abhakten, brachte ihre ersten Reiseführer schon in der ersten Hälfte des 19. Jahrhunderts heraus: die Wilhelminischen Bürger hatten davon reichlich und gründlich Gebrauch gemacht, die gebildeten Stände der Adenauer-Ära folgten ihnen, sobald sie zu dem nötigen Geld kamen. Sie übersprangen die Zeit, als man als Landser, erst als Verbündeter, dann als Feind Italien heimsuchte.

Natürlich war Winckelmann, war vor allem Goethe das leuchtende Vorbild der transalpinen Bildungsbewegung: Goethe, von Tischbein in die Romagna gelegt, ist sicher eine der Ikonen der Deutschen, die ein Gymnasium hinter sich gebracht haben, die »Italienische Reise«, die Flucht aus deutscher Pflicht und Enge ins »dolce far niente«, in die Erotik der »Römischen Elegien«, die bewunderte Welt antiker Klassik und ihrer Wiederbelebung in der Renaissance war Traum und Ziel vieler Deutschen: Neapel sehen und sterben, Herculaneum und Pompeji, Rom, Rom, Rom, Venedig, Venedig, Milano und Florenz – nirgends hat die deutsche Sehnsucht nach Kultur und Bildung wichtigere Ankerplätze ausgemacht.

Auch das Verhältnis zu Italien und den Italienern war stark besetzt, weil zwiespältig. Auch hier mischten sich Neid und Bewunderung mit Herablassung und Verachtung. Die Italiener, im Ersten Weltkrieg Feinde, im Zweiten erst Verbündete, dann »Verräter«, übten auf die Deutschen eine ständige Faszination aus, die sich aus Oper und Folklore, aus Spaghetti, Frascati, der Seufzerbrücke, dem Ponte Vecchio, den Wandmalereien von Pompeji und den Ruinen des Forum Romanum zusammensetzte. Die klassische Bildungsreise, das Interesse für Archäologie sind Züge der Fünfziger, in denen man auf die deutschen Gründerjahre zurückgreift.

Die meisten Deutschen, die der erste Massentourismus in Bussen und vollgestopften Familienautos, in endlosen Schlangen über Brenner oder St. Gotthardt nach Italien preßte – man kann sich den Leidensweg nicht mühevoll genug vorstellen –, wollten die Sonne, »o sole mio«, das Nichtstun, den »vino« und den Gesang. Es zog sie an die Sonnenstrände der Adria, es zog sie nach Rimini, Bibione, Riccione, wo sie bald in der Sonne grillten, nebeneinander liegend wie Sardinen in der Büchse.

Auch ihr Übervater Adenauer machte im Süden Urlaub, an den Seen der welschen Schweiz. Und wie er reisten die Deutschen an die oberitalienischen Seen, Gardasee, Comer See, Lago Maggiore – sie folgten dem Beispiel ihres greisen Kanzlers und spielten, das Pepitahütchen auf dem Kopf, Boccia oder Minigolf.

Die italienischen Reisen der Deutschen waren weit entfernt von der luxuriös-verwöhnten Italien-Liebe, die im deutschen Mittelstand Jahrzehnte später ausbrach, als die sonnenhungrigen Massen via Charterflug zu den kanarischen Inseln, nach Spanien, Mallorca, nach Jugoslawien, Griechenland und vor allem nach Asien abgewandert waren. Die fünfziger Jahre kannten keine Toskana-Fraktion, keine Ferienhäuser mit Pools in Zypressenhainen, mit eigenem Olivenöl (extra virgine, kalt gepreßt) mit edlen D.O.C.-Weinen, buona sera!, Restaurant-Anflügen zum Mekka der weißen Trüffeln, nach Alba. Franz Josef Strauß flog in den üppigen Jahren eben mal eigenhändig von München zu den »12 Aposteln« nach Verona, um in der Feinschmeckerkirche das Abendmahl al dente zu nehmen.

Nein, es waren robustere touristische Zeiten, man starrte (»Schau mal, Emma!«) den singenden Gondoliere an, hörte Rudi Schuricke (»Raffaela hieß sie, ich vergesse sie nie«), Vico Torriani schmachten und schmettern, aß Spaghetti mit Tomatensauce oder, noch besser, ließ sich in Italien Sauerkraut servieren, warum auch nicht! In Venedig habe ich an einem Restaurant das um diese Deutschen buhlende Schild gelesen: »Wurstel con Senape«, den Würsteln fehlte, versteht sich, der Umlaut, der Senf fehlte ihnen nicht.

Lambrusco und Frascati waren die Weine, möglichst in Drei-Liter- oder Fünf-Liter-Flaschen, mit denen man sich abends unter buntangemalten Glühbirnen die eigene Birne volldonnerte, bis sie auch bunt war und die italienischen Lieder den Leuten zum Halse rauskamen – schunkelnd: »Niente O dolce far niente! Oggi azzuro e domani azzuro«, heute blau und morgen blau und übermorgen wieder.

Die Ferien waren sooo schön, der Urlaub sooo toll, daß

in Deutschland, damit auch in der Zeit zwischen den Urlauben Italien angesagt war, »die Italiener«, Restaurants, in denen es »antipaste miste«, »spaghetti a l' arrabiata« und »ensalata mista« sowie »tira misu« und reichlich »vino« gab, aus dem Boden schossen. »Laß uns heute zum Italiener gehen«, das war eine Erinnerung an die Ferien, mit Tropfkerzen. Und natürlich wurde »der Italiener« mit Vornamen angesprochen, Mario oder Luigi und sein »ristorante« hieß »Adria« oder »Vesuvio« oder eben »Mario« oder »Luigi« oder besser: »da Mario« oder »da Luigi«. Und Mario und Luigi radebrechten vor ihren Gästen auf das Schauerlichste, wenn sie vortrugen, was sie heute zu bieten hätten, und rollten komisch mit den Augen (»Wirr 'aben eute!«), und die Gäste dröhnten, denn auch das war gemütlich und noch etwas exotischer als Österreich.

Wenig später kamen auf dem Restaurantsektor »der Grieche« und »der Jugoslawe« dazu, während die Österreich-Welle auch noch den Hühner-Jahn und seinen »Wiener Wald« produziert hatte, einen der erfolgreichen Selfmademen der Epoche, wie man sie damals liebte: krachledern, urtümlich, erfolgreich, gemütlich und rücksichtslos.

Zur österreichischen Zither war die italienische Mandoline gekommen. Seit Ende der fünfziger Jahre sind die Deutschen das Urlaubs- und Ferienvolk schlechthin: Sie hatten Geld, und sie hatten hart gearbeitet, und sie hatten es sich verdient: Raus aus Wanne-Eickel! Und nix wie weg!

Die Deutschen und das Fernweh. Wenn man unseren Schlagern von damals glauben durfte, schwankten wir zwischen Fernweh und Heimweh. Wir hatten Caterina Valente (fast noch von hier und doch schon von dort) und

Vico Torriani (ein schweizerischer Kompromiß zwischen Deutschland und Italien). Es gab Lolita und Lys Assia, Fred Bertelmann, »Ha, ha, den lachenden Vagabunden«, eine der grausigsten gesungenen Kitsch-Überheblichkeiten der Deutschen. Und es gab, als Knochenbeilage zur Valente, ihren glücklosen Bruder Silvio Francesco. Ja, die Schnulzenmusik der Fünfziger ist zu Recht zu einem deutschen Markenzeichen geworden. Das machte uns keiner nach! Nur wir selber – und das bis heute.

Aber nicht nur die Deutschen fuhren nach Italien, die Italiener kamen, von der Mitte der fünfziger Jahre an, nach Deutschland. Als »Gastarbeiter«, wie der neue Begriff hieß – ein Euphemismus der Zeit, nachdem der Begriff »Fremdarbeiter« durch die Zwangsdeportationen der Nazizeit für die Rüstungsindustrie und für I.G. Farben kompromittiert war. »Gastarbeiter«, das klang nach »Komm, Herr Jesu, sei Du unser Gast / Und segne, was du uns bescheret hast.«

Die Italiener, vor allem aus dem Mezzogiorno, waren traditionelle Fremd- und Saisonarbeiter, in der Bauindustrie und vor allem beim Straßenbau. Die Anfänge waren bescheiden, wie Hans-Peter Schwarz registriert, war »die Bemühung, Italiener für die Problembranche Baugewerbe und für die Landwirtschaft anzuwerben, noch nicht von besonderem Erfolg gekrönt«. Es kamen nur die Hälfte der als Saisonarbeiter (und nicht als Dauergäste und schließlich als »ausländische Mitbürger«) vorgesehenen 31 000.

1958 gab es 127 000, 1960 gab es 329 000 Gastarbeiter. »1963, am Ende der Adenauer-Ära, beschäftigte die Bundesrepublik bereits 829 000 Gastarbeiter«, also 3,7 Prozent der Arbeitnehmer. Tendenz: rapide steigend. In Deutschland gab es jetzt drei Klassen: Einheimische, Flüchtlinge und Ausländer. Oder soll man sagen: vier? Die Besatzer. Die Ausländerfeindlichkeit gab es noch nicht, eher ein leises Mißtrauen, das sich vor dem »andre Länder, andre Sitten« fürchtete, vor der Kriminalität und Sexualität der ihrem Lebenskreis entrissenen Fremden. Zudem galten Italiener, ewiger deutscher Komplex, als bessere Liebhaber, als phantasievolle Latin Lover, die den Mädchen mit gurrenden Komplimenten, mit Schmalz und Schmelz den Kopf vollsäuselten und sie dann »sitzen ließen«. Als die Firma Bauknecht in Stuttgart für ihre Küchengeräte-Produktion viele Italiener (»Itaker«, wie man sie nannte, »Katzelmacher« und »Spaghettis«) anwarb, wurde der Slogan der Firma mit vielsagender Ironie zitiert, umzitiert: »Bauknecht weiß, was Frauen wünschen!«

Der Weg vom doch relativ provinziell-engen Deutschland, mit der Tendenz sich mißtrauisch einzuigeln, zur multikulturellen Gesellschaft war weit, ist weit. Deutschlands Großstädte wirkten, sieht man von den Besatzungssoldaten ab, im Vergleich zu Zürich etwa oder gar Paris, Brüssel oder London, wenig international. Fremde wurden mit offenem Mund angegafft, es war ein täppisches Verhältnis. Türken waren noch längst nicht in Sicht, auch noch nicht die Spanier und Jugoslawen. Als ich Ende der fünfziger Jahre mit meiner venezolanischen Frau (die man damals in Deutschland mit Zungenschnalzen als »rassig« kennzeichnete, und das war nicht nur eine Schmeichelei) in eine Neubauwohnung in einen Außenbezirk zog, nahm mich der Vermieter, nachdem er meiner Frau ansichtig geworden war, beiseite. Es gab in Schwaben die Einrichtung der »Kehrwoche«, der »Putzwoche«, bei der Hausfrauen die Häuser und Gehwege davor zu säubern hatten.

Nachdem er meine Frau heimlich von der Seite mit einem schnellen, schrägen Blick taxiert hatte, meinte er, halb flüsternd, ich würde wohl für die Kehrwoche jemanden nehmen müssen, eine Putzfrau. »Denn ihre Frau«, er deutete schwach mit dem Daumen zu ihr, »die kann das sicher nicht!« Ich nahm es als Kompliment, aber so war das damals nicht gemeint.

26. VENTILE

Die Deutschen, wir Deutsche, arbeiteten schwer in diesen Jahren. Es gab die 50-Stunden-Woche, und wer als freier Unternehmer am Wirtschaftswunder partizipierte, als Vertreter unterwegs war, der ackerte oft bis zur Erschöpfung. Der Kampf um das Ladenschlußgesetz – bis heute so etwas wie eine Reliquie einer Entscheidungsschlacht der »sozialen Marktwirtschaft«: Marke Erhard – war da ein erstes Zeichen, daß es zwar auf der einen Seite Kunden und Kaufleute gab, und der Kunde war bekanntlich wieder als König inthronisiert worden, auf der anderen aber »Arbeitgeber« und »Arbeitnehmer«, wie das im neuen antikommunistischen Euphemismus hieß. Und »Arbeitnehmer« bauten nicht nur eine klare Front gegen »Arbeitgeber« auf, sondern als »Verkäufer« und »Verkäuferinnen« auch gegen die Kunden. Eine Front lief überkreuz; es sollte nicht die letzte sein.

Streiks gab es nicht in der Wiederaufbau-Euphorie, Arbeitskämpfe gab es in England, als englische Krankheit. Aber die harte Arbeit, mit der Deutschland wiedererrichtet wurde, mit der es als potenter Partner in die europäische Montanindustrie, die chemische Industrie, die Autoindustrie vorstieß, diese Plackerei verlangte nach Ventilen.

Das Ventil im Sommer wurde der Urlaub. Die Deutschen erkämpften sich Urlaubsbedingungen, Urlaubsgelder, von denen andere Industrieproletariate nur träumen konnten – etwa die der USA, die Englands oder gar die Japans.

Zum Ventil des Winters entwickelte sich mehr und mehr der Karneval, in Süddeutschland Fasching oder, in der frugal-verbitterten schwäbischen Variante, auch »Fasnet« oder »Fasnacht« genannt. Ventile braucht die gebändigte Fleischeslust und die ungebändigte Arbeitswut. Im Karneval, einem rheinischen Fest, das in seiner Ausstrahlung und Auswirkung auf das ganze Westdeutschland zeigte, wie »westlich« wir geworden waren, westlich und »rheinisch«, im Karneval befreite sich der Deutsche von dem Ruf und dem Fluch, ein Arbeitstier zu sein, dem bei der Arbeit auch noch die Lust vergangen sei. Hier machte man »einen drauf«, hier ließ »man fünfe grade sein«: »Spaß muß sein«, hieß es begütigend.

Doch das Organisationstalent der Deutschen, ihr Ordnungssinn schlug zurück auf die scheinbar chaotischen Emanationen der Lebensfreude. Das Überschäumen der Lebensgier wurde gezähmt zu Umzügen, Sitzungen, zu feuchtfröhlicher Vereinsmeierei. Der beliebteste Kopulationsakt der Karnevalszeit war das Schunkeln: Man hakt einander sitzend und saufend unter und bewegt sich, zu Musik, von rechts nach links nach rechts. Dabei rötet sich das Gesicht, Schweiß perlt, der Kragen spannt sich, man hat Kontakt zur Nachbarin und zum Nachbarn. Aber so angesoffen man auch ist, solange man singt, kann man ihr die Pranke nicht heimlich aufs Knie legen oder zwischen die Schenkel schieben: »Wo gesungen wird, da laß dich ruhig nieder!«

Wenn man sich das Schunkeln so recht betrachtet, so offenbart sich darin zweierlei: einmal die Sehnsucht nach Nähe und Gemeinschaft, die nun nicht mehr mit Marschkolonnen und Kameradschaftsabenden befriedigt werden sollte.

Und zum zweiten? Man hat festgestellt, daß das Händeschütteln ein Symbol ist, um dem anderen zu signalisieren, man käme in friedlicher Absicht, waffenlos, ohne Schwert in der Rechten. Könnte nicht die Beliebtheit des Schunkelns in der deutschen Gesellschaft darauf hinweisen, daß auch hier ein symbolischer Vorgang abläuft? Die Ellbogengesellschaft zeigt beim Schunkeln, wie friedvoll sie Ellbogen gebraucht: zum Unterhaken.

Und das Schunkeln selbst? Lassen wir Spekulationen darüber und erzählen statt dessen einen Witz jener Jahre, deren Phantasie auch von Marsmenschen okkupiert war, von kleinen grünen Männchen und fliegenden Untertassen. Der Marsmensch unseres Witzes ist weder klein noch grün, sieht also ganz normal aus, wie Du und Ich sozusagen. Er stellt sich an einer dichtgedrängten Bartheke hinter ein Paar, vornehmlich hinter die attraktive Frau in Abendkleid. Er bestellt einen Drink, und während er trinkt, klopft er der Frau, tak, tak, zweimal mit dem Zeigefinger auf die nackte Schulter. Mann und Frau blikken sich befremdet um, wenden sich dann aber wieder zur Theke, ihren Drinks zu. Wieder taktet der Fremde, tak, tak, der Frau zweimal kurz auf den Rücken. Wieder dreht sich der Mann um und sagt: »Hören Sie! Lassen Sie das! Belästigen Sie meine Frau nicht.« Der Marsmensch entschuldigt sich, er sei nicht von hier, sondern komme von ganz weit, nämlich vom Mars. »Vom Mars«, staunt der Mann, »das ist ja interessant, Sie sehen gar nicht so aus.« Und ob denn seine Anatomie ganz wie bei Menschen sei. Ganz wie bei den Menschen, pflichtet der Marsmensch bei, um dann verlegen fortzufahren: mit einem winzigen Unterschied. »Wir«, sagt er dann, »wir Marsmänner haben keine Genitalien.« – »Keine Genitalien?« fragt der Mann. »Aber wie macht ihr es denn dann (damals fragte man noch nicht: »Wie vögelt ihr?)?« – »So«, sagt der Marsmann und klopft der Erdfrau, zweimal, tak, tak, mit dem Zeigefinger auf die Schulter.

Wäre ein Rheinländer der fünfziger Jahre auf dem Mars gelandet, er hätte, um das irdische Treiben während des Karnevals zu demonstrieren, zu schunkeln angefangen.

Die Karnevalsstimmung der fünfziger Jahre ist das Barometer der Epoche, die Karnevalsschlager sind die besten Selbstauskünfte der Deutschen, Volkes Stimme. Nicht darüber geben sie Auskunft, wie die Deutschen waren – das nicht unbedingt. Eher wie sie sein wollten. Und um so zu sein, wie man sein möchte, braucht der Karnevalist, um den Vergnügungsmotor in Gang zu setzen, den Sprit der Enthemmung, Beschleunigung, Selbstaufgabe: den Alkohol.

Der erste Schunkelwalzer, auf der Schwelle der Fünfziger, ist gleich der erfolgreichste. Er heißt »Heute blau und morgen blau und übermorgen wieder«, wurde von Maria Kloth und Franz Wendhof geschrieben und komponiert und hat den umwerfenden Schlußrefrain:

Heute blau und morgen blau
und übermorgen wieder,
und wenn wir dann mal nüchtern sind,
besaufen wir uns wieder!

Daß »Blau« die Farbe des Besoffenseins ist, der Zustand der Volltrunkenheit, mag sich mit der Verfärbung des Blutes im Kopf bei Unmengen genossenen Getränks erklären lassen. Aber ist es nicht bezeichnend, daß in einem Land, das sich eher nach blauem Himmel sehnt, als daß es ihn hätte, das Blau die Flucht aus dem ewigen Grau ist? Und die blaue Blume der Romantik? Blüht sie als Schaumkrone, als »Blume« des Bieres?

Wie nüchtern muß es in einem Alltag zugehen, wenn der Karnevalstraum Glück nur als ewigwährendes Besäufnis herbeisingen kann. Die deutsche Anarchie der fünfziger Jahre wollte in einer arbeitsintensiven, voll funktionalen Gesellschaft die totale Aufhebung der Funktion und Arbeit im Dauervollrausch.

1950 startete das Jahrzehnt in den Karneval, man war kurz nach der Währungsreform und knapp bei Kasse, mit dem Schunkler:

Wer soll das bezahlen?
Wer hat das bestellt?
Wer hat so viel Pinke Pinke?
Wer hat so viel Geld?

1952 mit dem Lied: »Wir kommen alle, alle in den Himmel«, wobei der Himmelspförtner sicher wieder nicht Petrus, sondern der Rheinwein, der Mosel und das Bier und der Korn war. 1954 bekannte der erfolgreichste Karnevalsschlager: »Der schönste Platz ist immer an der Theke«, um in logischer Inversion fortzufahren: »Ja, an der Theke ist der schönste Platz.« Zehn Jahre später war alles noch einfacher: Da machte die deutsche Karnevalsgesellschaft im Zustand seliger Bläue nur noch: »Humba-Humba-

Humba-Tätärä«. »Wir machen Humba-Humba-Humba-Tätärä«, wie gesagt 1964. Klar, daß eine Epoche, an einem solchen konsequenten Schlußpunkt angekommen, untergehen mußte.

Wenn ich mir ein Bild der Karnevalszeit ausmale, kommt mir natürlich und unabweislich Willy Millowitsch in den Sinn. Er steht vor Papierschlangen und Girlanden und trägt einen Karnevalshut, ein Schiffchen, dessen kegliger Zipfel sich nach vorne wölbt. In der einen Hand, der rechten, hat er eine Schnapsflasche, mit einem gebogenen, metallenen Einschenkrohr am Korken. Die Flasche ist geneigt, der »Dornkaat« oder »Jägermeister«, oder »Steinhäger« rinnt ins Schnapsglas, das die Linke hält. Millowitschs Gesicht ist über dem Doppelkinn in freudiger Erwartung verzogen. Er zeigt lüstern unter dem Schnurrbart die Schneidezähne. Seine Brauen sind hochgezogen, seine Augen, fast schielend und beinahe vorquellend, sind fest auf das kleine Gläschen gerichtet, im Vorgenuß. Neben der »Gemütlichkeit« gab es ein zweites Schlüsselwort der Epoche: Es hieß »Stimmung« und hatte ein Ausrufezeichen hinter sich, dem man nachzukommen hatte. Am besten mit Schnaps.

»Sei kein Frosch!«, »Na dann wolln wir einen zur Brust nehmen!« und »Auf einem Bein kann man nicht stehen!«

1954 arbeitete ich in den Semesterferien im Ruhrgebiet, auf der Zeche Dahlbusch in Gelsenkirchen. Bergmann war damals noch ein lukrativer Beruf, es gab Kohle, Geld und eine Staublunge. Am Freitag war Zahltag. Ich sehe noch, wie vor der Zeche die Frauen lauerten, um sich an ihre Männer zu hängen und zu klammern, wenn die mit ihrer Lohntüte durchs Werktor kamen. Akte von Zärtlichkeit? Nein, von Verzweiflung und Gewalt. Es galt, den Männern wenigstens Teile des Lohntüteninhalts zu entreißen, ehe die damit in die nächste Kneipe stürmten. Oder zum »Eierberg« nach Essen, wie das Bordell hieß.

»Heute blau und morgen blau und übermorgen wieder!« Kein Zweifel, man mußte den Kater der Stimmung und Gemütlichkeit loswerden.

Bei den Karnevalsumzügen praktizierten die Deutschen erstmals lauthals und offen Demokratie. Sie trauten sich, ihre Oberen als Pappfiguren durch die Stadt zu fahren, karikiert und mit mildem Spott über aktuelle politische Themen übergossen: Die Steuerschraube war ein beliebtes Thema, die Wiederaufrüstung. Es war eine »In-vino-veritas«-Kritik, gutmütig nach dem Motto: »Heile, heile, Gänsche!«

Waren die Faschingsfeiern und Karnevalsveranstaltungen Feste entfesselter Phantasie und überschäumenden Humors? Ich glaube mich der hochgeschraubten Erwartungen zu erinnern, mit denen man sie besuchte und des grauen Katers, mit denen man sie verließ. Überall standen lallende Bierleichen herum, denen Konfettifäden um die Schulter hingen. Sie waren im wahrsten Sinne des Wortes stier, und manchmal suchten sie ihre Taschen nach Geld, nach letztem Kleingeld ab. Vergeblich.

Und ich erinnere mich an einen Münchener Freund, der sich zur »Sputnik«-Zeit (1957) ein phantasievolles Raumfahrerkostüm gebastelt und gezimmert hatte, woran Lämpchen in bunten Farben blinkten, es war ganz reizend. Ich hatte, phantasielos wie ich war, ein schwarzes Hemd zu meiner Cordhose angezogen, dazu ein rotes Seidenhalstuch, man mochte damit als Korsar oder Pirat durchgehen. Ich tanzte oft und eng: Das enge Tanzen war das Nahziel des männlichen Faschingsbesuchers. Er dagegen stand in seinem Silberkasten allein und traurig in der Ecke, hatte eine Cola-Flasche in der Hand, mit Strohhalm, und blinkte bunt. Nein, Phantasie lohnte sich nicht. An ihm hätten Mädchen bestenfalls anecken können.

27. EIN WITZ

Was der Karneval als Saison ist, war (und ist) der Witz als Moment: Auch er dient als Ventil für Zwänge. Man weiß seit Freuds »Der Witz und seine Beziehung zum Unbewußten« (eine Studie, die damals als populäres Taschenbuch bei S. Fischer erschien, ich habe den bunten, inzwischen vergilbten Band noch heute), welche Erleichterung der Witz durch Verkürzung, Überrumpelung, Aufhebung der Kontrollinstanzen schafft – ein Sekunden-Fasching.

Ich möchte einen für damals so typischen Witz erzählen. Es ist ein Studentenwitz, handelt von männlicher Neugier auf die verborgene, verhüllte, vielleicht auch unbekannte weibliche Anatomie. Vordergründig erzählt er eine Posse zwischen Dialekt und Hochsprache. Hintergründig?

Also: in München. Examen an der Uni. Medizin. Der Professor zeigt einem Kandidaten eine Patientin im Bett, der Kandidat soll die Bettdecke ein wenig lüpfen und eine Diagnose stellen. Er betrachtet den Oberkörper der Frau und sagt dann: »Die Dutten san entzunden.« Darauf der Professor: »Erstens heißt das nicht die Dutten, sondern die Brüste. Zweitens heißt das nicht entzunden, sondern entzündet. Und drittens«, der Professor hebt erregt seine Stimme, »und drittens san die Dutten gar net entzunden.«

Ein blöder Witz? Mag sein. Witze sind, könnte man sagen, energische Leistungen gegen die Tabus der Zeit. Welchen Aufwand muß das kleine Witzchen vom Medizinexamen treiben – bloß damit 20jährige Studenten damals das Wort Brüste, weibliche Brüste in den Mund nehmen konnten. Und das gleich zweifach: als Dutten und als Brüste. Der Buchtitel von der »Pubertät der Republik«, wie ihn Jungwirth und Kromschröder für ihren Waren-, Design-, Mode- und Ausstattungskatalog der Fünfziger gewählt haben, ist zutreffend. Vielleicht sollten die Jahre sogar als Vorpubertät firmieren.

28. WINK MIT DEM ZAUNPFAHL

Ich habe den Schlager nirgends mehr aufgetrieben, aber ich schwöre, er klebt mir heute noch in den Ohren, und es ist mir, als habe er die Stimme Gerhard Wendlands, die ölig und wohlig knödlig war – das weiche, verführerische Selbstbewußtsein, das Männer hatten: Sie machten sich ran, weich, aber siegesgewiß. Oder war es Peter Alexander? Der fesche Peter mit den ironischen Augenwinkeln? In dem Lied, das ich meine, gibt ein Mann einem anderen einen Rat, einerseits als erotische Benimmregel, andererseits als Rezept zum sexuellen Erfolg, der mit dem Wort »Glück« umschrieben war. Glück im Schlager ist das Synonym für den Beginn einer dauerhaften Zweierbindung (die »Zweierbeziehung« gab es noch nicht), sprich: Ehe. Glück-Ehe-Familie, so lautete der Dreisprung nicht nur jener Jahre. Nun aber der gesungene Rat, die liedhaft vorgetragene Aufforderung:

Winke, winke!
Winke, winke!
Mit den Händen, mit den Augen, mit dem Mund.
Winke, winke!
Winke, winke!

Denn zum Winken gibt es immer einen Grund.
Geh an Frauen nie vorüber,
ohne einen zarten Wink und einen Blick.
Und so kommst du eines Tages
Winke, winke ins Glück!

Das Winken, keine Frage, ähnelt dem sexuellen Fingerklopfen des Marsmenschen sehr. Das Winken ist eine Ersatzhandlung: anstelle von. Anstatt. Das Winken ist ein Initiationssignal, die Eröffnung der Partie. Der Held des Lieds rät »immer bereit zu sein«, nie untätig und ohne Signal an Frauen vorüberzugehen, man kann nie wissen. Erst einmal auf alle Fälle »winken«. Aber »winken« kann nicht im Ernst gemeint gewesen sein. Man stelle sich auch nur kurz vor, wie idiotisch es ausgesehen hätte, wenn alle noch nicht glücklichen Männer allen Frauen, die ihnen noch ungebunden, also verfügbar, vorgekommen wären, zugewinkt hätten – die Welt, ein einziger Bahnsteig: »Ein Winken, schon nicht mehr auf mich bezogen.« »Ein leise Weiterwinkendes, vielleicht ein Pflaumenbaum, von dem ein Kuckuck hastig abgeflogen«, dichtete Rilke, mein Lieblingszitatenborn jener Jahre und meine persönliche Methode bei Germanistik-Studentinnen, mit dem Zaunpfahl zu winken.

»Winke, winke! Mit den Händen, mit den Augen, mit dem Mund!« Gut, mit den Augen, das geht ja noch, solange das Blinzeln nicht in ein kollektives nervöses Zucken übergeht. Aber mit dem Mund?! Sollte man etwa vulgär mit der Zunge winken? Oder in unberechtigter Vorfreude schmatzen, mit angefeuchteten Lippen? Mucker-Zeiten sind oft obszöner, als sie es wahrhaben möchten.

Winken! Vulgärere Ausdrücke waren nicht drin, damals.

29. KREPP UND CORD

Wenn ich in den inneren Spiegel blicke, auf mein festgefrorenes Spiegelbild als, sagen wir, 19jähriger, dann sind meine Haare kurzgeschnitten, gescheitelt, nach hinten gekämmt, die Ohren geben sie unbedingt frei – ich habe nie so viel abstehende Ohren gesehen wie in der damaligen Kurzhaarzeit; ein Jüngling mußte damals zu seinen Ohren stehen, bedingungslos. Natürlich war ich glattrasiert, und wenn ich ein weißes Nylonhemd anhatte, dann trug ich einen Schlips im Windsorknoten, der aus der Krawatte oben ein kleines, straffes Dreieck machte.

Da ich Student war, hatte ich selten einen Schlips an, statt dessen über dem Hemd einen »Nicki«. Als Strickjacke gab es den sogenannten Parallelo, er war durchgestrickt zu den Ärmeln, was reihige, parallele Muster ergab, und hatte einen Reißverschluß.

Noch schicker war eine Cordjacke, gelb oder braun oder braungelb oder gelbbraun, je gröber sie geriffelt war, um so schicker; zu der braunen Jacke paßte auch ein schwarzes Hemd, das offen war, darunter trug man, Marlon Brando zu Ehren, ein weißes Unterhemd mit halblangen Ärmeln, man hoffte, daß sich Bizeps und Brustmuskulatur darunter so spannten wie bei Kowalski in »Endstation Sehnsucht«.

Die Cordhose war bei Studenten die Vorläuferin der Jeans, auch sie brauchte nicht gebügelt zu werden. Den Cordanzug trugen Künstler: Maler, Architekten oder so. Max Frisch. Als Künstler konnte man sich zum Cordanzug offene Hemden leisten, darüber sogar einen Bart, in dem meist eine Pfeife steckte, die die Bartteile um den Mund nikotingelb verfärbte, in der Farbe der Cordanzüge etwa.

Der Nicki, den wir Studenten anhatten, war schwarz oder weiß, oder auch knallig bunt, rot, grün, weinrot, dunkelgrün, blau, gelb, was immer du wolltest. Der Nicki hatte einen runden Kragen, der nicht so samtig glänzte wie der Rest, man sah über diesen runden Kragen den Hemdkragen.

Studenten trugen gerne schwarze Hemden, es sah nach Boheme aus, nach Existenzialistenkellern in Paris, nach George Brassens, dem Chansonsänger, nach Yves Montand, nach Latin Lover. Der Latin Lover durfte gegebenenfalls einen Schnurrbart, einen Schnauzer tragen, aber für sexuelle Solidität sprach der nicht. Bärte hatten damals noch nichts von Scharpingscher Unbedarftheit, vom fusseligen Charme grüner Naturverbundenheit. Nein, Bärte waren zarte Signale des Aufmuckens. Bärte kitzelten, auch die Sexualität.

Die Welt der Angestellten war voller Anzüge in Grau und Hellgrau, in Blau und Hellblau, in Braun und Hellbraun. Die Anzüge glänzten, freiwillig. Die Hosen der alerten, netten Angestellten waren ein bißchen zu kurz, die Bügelfalten messerscharf wie der Messerschnitt. Stiegen die Männer aus den Autos aus, so zogen sie die Hosen mit zwei merkwürdigen Handgriffen in den Sitz hoch, es geschah irgendwie mit den Ellbogen, wobei sich das Kreuz straffte. So sieht man es heute noch. Seit mir diese Bewegung bewußt und widerlich geworden ist, die Männer zu Stenzen verwandelt, liebe ich Hosenträger.

In Süddeutschland und in Österreich trug man Loden: Es gab giftgrünen Jägerloden, auch als Umhänger ohne Ärmel, und es gab die Lodenmäntel, um die Damen seidene Tücher schlangen, es gab den Lodenanzug, die Lodenjacke, dazu die Haferlschuhe. In Deutschland hatte das einen Hauch von Urlaub, von Reichtum, von ländlichem Konservativismus. Man stand zur Tradition, wo es noch Tradition gab, und hatte eventuell ein Haus in den Alpen. Den Loden in Gelsenkirchen trug man wie ein Hausschild mit sich. Der Seidenschal der Damen wurde merkwürdigerweise außen um den Lodenmantel geschlungen. Gott weiß, warum! Bei den Männern gehörten Lodenhüte dazu, mit Kordelband. »Grüß dich, Sepp!« signalisierten die Hüte noch in Lübeck, »ja Grüß Gott, miteinand!«

Eine Zeitlang liefen die fünfziger Jahre weich auf Krepp. Das waren Sohlen wie Speckschwarten, die beim Gehen förmlich schmatzten. Sie hießen auch »Specksohlen«, dann waren sie kompakter, weniger porös, eben wirklich weißlich-speckig. Auf Krepp und Speck ging man weich, quietschend und schwitzend, aber man hatte ja geruchstötende Einlagen. Der Gang auf Krepp war unangenehm wabbelig-weich, mit der Zeit drückte sich der Krepp zur Seite, als ob man wirklich in weichen Speck getreten wäre. Die Ränder wurden schief, aus dem Stenz wurde ein Schluri. Kreppsohlenschuhe konnten abgetretener, ausgelatschter aussehen als alle anderen Schuhe: Die Schäbigkeit lauert nah bei modischer Eleganz.

Ich bin dem Krepp bei einem Zeitgenossen jener Jahre wiederbegegnet, bei Herbert Rosendorfer in seiner »Absterbenden Gemütlichkeit«: »Der letzte Schrei waren Kreppsohlen. Besserverdienende ... trugen Original-Krepp, das heißt, die Schuhe waren von vorneherein, als neue, gekaufte, mit Kreppsohlen versehen. Das war ein Gummimaterial eigenartiger Konsistenz: wie leicht durchscheinender, gelblicher Schafskäse, nur fester. Eine mittlere Materie zwischen Knöchelsülze und Radiergummi. Unten gerippt, seitlich gekörnt, zwei bis vier Zentimeter dick.«

Ob Speck, ob Knöchelsülze oder Schafskäse – so waren sie, die Sohlen, von denen Rosendorfer noch zu berichten weiß, daß ärmere Leute sie sich beim Schuster auf normale Schuhe kleben ließen: runter mit dem Leder, rauf mit dem Krepp. Rosendorfer will sich sogar an Kreppsohlen unter Stöckelschuhen erinnern. Dieser Gipfel der Abartigkeit ist mir nicht mehr im Gedächtnis. Statt dessen aber abgewetzte Elegants, die in ihren breitgetretenen Schuhen förmlich wateten, als wären sie in etwas getreten, und das Etwas wäre haften geblieben wie ein gigantisches Kaugummi.

30. TIGER UND FOHLEN

Es gibt nur wenige Fotos jener Jahre, sie sind schwarzweiß, quadratisch, klein, haben große, wildgezackte Ränder. In die ohnehin zu kleinen Gesichter fallen schwarze Schatten, löschen sie im Septemberlicht aus. Sie wirken verstellt, verdrossen, ja, bekümmert. Es gibt Blitzlichtaufnahmen: Dazu mußte man einen Besen ins Zimmer stellen, zu Weihnachten oder Silvester zum Beispiel, auf dem Besenstiel eine Blitzlichtpulverpfanne befestigen, das Pulver anzünden – und wumm! Ich glaube, das Ganze senkte sich dann als mehliger Staub in die Stube. Oder doch nicht? Vergangene Stimmungen haben ohnehin etwas Trauriges. Wie wenig lustig es damals war, und daß der Onkel im Jahr darauf gestorben ist. Und der Freund, daß er das Pech mit seiner Frau hatte! Und wie es den Krach gab, anschließend.

Ich hatte eine Box, ein simples Fotogerät, das entsprechend simple Bilder machte. Und ich hatte eine Freundin: Hanne. Sie hatte einen geradezu beißend blauen Mantel, mit blau-weiß-schwarz kariertem Futter, wenn sie Fahrrad fuhr, ein bordeauxrotes Damenfahrrad, das über dem Hinterrad ein Netz hatte, ein Netz aus bunten Fäden, damit sich ihr Rock nicht in den Speichen verfangen konnte. Sie hatte braune Haare, braune Augen und an einem der leicht vor- und leicht auseinanderstehenden weißen Schneidezähne (A2) ein winziges Goldeckchen. Ja, wirklich winzig, wirklich nur Eckchen, es war kaum zu sehen, es blitzte nur auf. Jackettkronen gab es noch nicht, jedenfalls nicht in Deutschland, Hannes Eltern hätten sie sich sonst leisten können, unbedingt, beide waren Ärzte, irgendwo in einem reichen Badeort. Blauer Mantel, weiße Strümpfe, bordeauxrotes Fahrrad, bunter Rock – die Farbenpracht fotografierte ich in Schwarzweiß unter den Platanen, am Neckar, bei den Schwänen (»Ihr holden Schwäne/und trunken von Küssen tunkt ihr das Haupt ins heilignüchterne Wasser«), im Hintergrund der Hölderlin-Turm.

Eine Woche später hatte ich die entwickelten Bilder, vielleicht zwölf, einige waren »gar nichts« geworden, einige verwackelt oder doppelt belichtet, klägliche Zeugnisse einer glühenden Liebe, Schwarzweiß-Reste eines farbigen Tages. Ich war, zumindest was das Fotografieren anlangte, ein Pfuscher. Wohlgemut, ich muß wahnsinnig gewesen sein, ging ich mit den Bildern zu ihr, ich hatte die Box dabei, neu geladen, die Sonne schien, es war Samstag, und ihre »Bude« war in einer schönen Villa. So habe ich sie gleich zur Begrüßung wieder fotografiert, im Sonnenlicht, an die Treppe gelehnt, wo der Efeu sich rankte. Wahrscheinlich wären es hinreißende Bilder geworden. Dann gingen wir auf ihr Zimmer, und ich zeigte ihr meine Bilder, von ihr, vom Neckar, von den Schwänen und Platanen. Sie schaute sich die Fotos an, auf denen sie ein verzerrtes, seltsam ausgemergeltes Gespenst ihrer selbst war, mit schiefen Zügen, in denen das Lächeln verrutscht war. Ihr Antlitz ist zerstört vom jähen Wechsel zwischen greller Helle und schwarzen Schatten. Sie schaute mich an, die Bilder, mich, riß dann die Box an sich, die ich auf den Tisch gelegt hatte, öffnete sie und zog wütend den belichteten Film aus der Kammer, einen Augenblick lang war sie in den noch nicht entwickelten Film gewickelt, als gehöre sie zu einer Laokoon-Gruppe von Agfa oder Kodak. Der Film war hin, die Augenblicke, wie sie mir auf der Treppe in der Sonne entgegengekommen war! Unwiederbringlich!

Aber eigentlich war es nicht das Ende unserer Liebe: Es war der Anfang vom Ende. Das Ende vom Ende kam eine Woche später. Ich hatte einen Freund, der in Anglistik promovierte, über den »Stream of consciousness« bei Henry James. Er hatte ein Jahr (als Fulbright-Stipendiat) in den USA studiert, und der Bewußtseinsstrom bei Henry James war das Tollste, was man aus Amerika mitbringen konnte. Er hatte eine Freundin, die auch Medizin studierte, Inge. Inge war eine angenehm mondäne Frau, keines dieser kleinen Mädchen, sie kam aus Hannover, hatte kurzes, welliges Haar, schminkte sich und lackierte sich die Fingernägel. In diskreten Fraben. Sie sprach auch noch Hochdeutsch. Ich war ein viel jüngeres Semester, von Hanne ganz zu schweigen.

Da kam zu Inge ihre jüngere Schwester auf Besuch, zu Christi Himmelfahrt, bei strahlendem Wetter. Inge stand mitten im Examen, paukte Tag und Nacht, ihr Freund, mein Freund, saß mit breiten Beinen und hochgeschobenen Knien (er war sehr groß) an der Schreibmaschine, paffte kleine, energische Tabakswolken aus einer kurzen Pfeife und hämmerte in Intervallen den Bewußtseinsstrom des Henry James in die flache Schreibmaschine: Er dissertierte.

Ich hatte nicht so viel zu tun, und so baten mich die beiden, vielleicht auch, weil sie mir eine kleine Freude machen wollten, mich um die Schwester zu kümmern.

Vielleicht könnte ich sie bei dem strahlenden Sommerwetter ins Schwimmbad führen. Hanne war bei ihren Eltern, ich sagte blind zu.

Dann kam die Schwester, die kleinere Schwester. Sie war einen Kopf größer als ihre größere Schwester und trug Schuhe mit so hohen Pfennigabsätzen (oder waren es Lackstiefel, rote oder weiße?), daß sie zwei Köpfe größer als Inge war. Sie führte einen weißlackierten oder rotlackierten Kosmetikkoffer mit sich. Sie hatte hellrot gefärbtes, toupiertes Haar, man hatte Angst, in solches Haar zu fassen, nicht nur wegen des Unmuts, den das bei der Trägerin hervorgerufen hätte, sondern auch, weil das Haar den Eindruck von Stahlwolle machte: Man fürchtete sich die Finger zu zerschneiden. (Vielleicht war man aber auch nur verklemmt.). Sie hatte lange, ochsenblutrote Fingernägel. Als wir ins Tübinger Freibad kamen, sah ich, daß sie auch ochsenblutrote Zehennägel hatte. Und einen Bikini! – noch dazu einen getigerten oder leopardisierten. Wo sie entlangging, mit trägen Schritten, starrte ihr ein Spalier von Blicken nach. Die verderbte Welt schien ins pietistische Tübingen eingebrochen.

Das Wasser war nichts für sie, dafür badete sie mit bleicher Haut in der Sonne, und ich zeigte ihr ein paar Kopfsprünge, Imponiergehabe. Wir unterhielten uns. Sie war eine unschuldige, unbedarfte Seele, ein kleines, artikulationsschwaches Mädchen, das aussah wie ein Vamp. Ich brachte sie zu ihrer Schwester, sie fuhr wieder in den Norden.

Als Hanne wiederkam, sagte sie mir, es sei aus. Eine ihrer Studienfreundinnen hatte mich mit dem Bikini-Tiger im Bad gesehen. Ob ich mich nicht schäme, mit einem solchen Mädchen herumzulaufen. Ich hatte Hanne in Gedanken, in Worten und in Taten »mein Reh« genannt oder »mein Rehlein«. Nicht sehr geistreich, aber ganz im Geiste der Zeit. Oder auch »mein Fohlen«. Weil sie ein wenig staksig ging und ein bißchen auch »über den Onkel«, wenn sie vom Fahrrad abstieg.

Sie nannte mich …, nein, wie sie mich genannt hat, das habe ich wirklich vergessen.

Ach, wir liebten damals die Rehe und Fohlen und nur ganz heimlich in den schwülen Träumen begehrten wir die Tiger, Leoparden und Panther im Bikini. Hanne wurde eine erfolgreiche Ärztin. Als ich sie Jahrzehnte später wiedersah, hatte sie schneeweiße Zähne, und nicht das kleinste Goldeckchen blitzte aus ihrem Mund.

31. FLUCHT

Die Nächte nach solchen Trennungen! Man liegt wach im Bett, draußen wird es langsam hell, die Gedanken kreisen, da springt man auf, will hinaus, will weg. Ich habe mich hastig angezogen, bin losmarschiert. Ich wollte weg, ganz weit weg, hinaus in die weite Welt. Nach Stuttgart! Mindestens! Ich stürzte durch das morgenfahle Tübingen, keine Seele auf der Straße, ich kam durch Bebenhausen, keinen Blick für das Kloster hatte ich, für die tauglänzenden Wiesen, die in beginnender Sonne aufblitzten. Ich lief, die Bundesstraße in den Schönbuch entlang, die Kühle des Waldes ließ mich Übermüdeten frösteln. Plötzlich hörte ich ein Auto. Wie ein akustischer Schwertstreich durchschnitt es die Stille, das Vogelgezwitscher. Ich hob den Arm, den Daumen, um mitgenommen zu werden. Das Auto fuhr vorbei. Meine Flucht war zu Ende. Ich kehrte zerschlagen in mein Zimmer zurück und verschlief den Vormittag. »Literatur des Sturms und Drangs«, Professor Kluckhohn. »Schick mir dafür den Doktor Faust, sobald dein Kopf ihn ausgebraust!«

Am Nachmittag ging ich um 14 Uhr ins Kino. Studenten zahlten da 50 Pfennig. Vielleicht sah ich an diesem Nachmittag »Sabrina« – denn das war 1954. Mit Humphrey

Bogart, William Holden und Audrey Hepburn. Audrey Hepburn, ein Reh? Ein Fohlen? Und die Männer reißende Löwen, die sich vor ihrer Unschuld in sanfte Lämmer verwandeln. Gütig-selbstlos geben sie Pfötchen und lassen sich den Kopf kraulen.

32. QUADRATUR DES KREISES

1946 drehte Rita Hayworth, das Sexsymbol ihrer Zeit, eine gefährliche Mischung aus Laszivität und Unschuld, Hingabe und Provokation – ein sado-masochistisches Verbundsystem also –, 1946 drehte Rita Hayworth »Gilda«, die Geschichte einer kriminellen Amour fou. In dem Film kommt ein Auftritt der Hayworth als Nachtclubsängerin vor (»Put the Blame on Mame, Boys!«), in der Rita einen erregenden Striptease tanzt: Sie zieht im schulterfreien Satinkleid, aus dem ihre Schultern alabastern hervorleuchten, unter dem Johlen der Männer lange schwarze Satinhandschuhe aus. Sichtbar wird das makellose Weiß ihrer Arme.

Es war dies in der überhitzten und überbordenden Zeit des Nachkriegs, als die Zensur alles wieder unter Kontrolle zu bekommen trachtete, der Strip der Strips – obwohl (oder besser: weil) nicht Beine und Oberschenkel von seidenen Strümpfen entblößt wurden, sondern nur, als Ersatzhandlung, Arme von langen, strumpfartigen Handschuhen. Es war eine »Ersatzhandlung«, eine »Andeutung«, die in diesen Zeiten mindestens so viel bewirkte, wie es ein direkter Striptease getan hätte.

Die Zeit vor den Fünfzigern war von sexueller Sprengkraft, Frauen, die die Ordnung bedrohten, indem sie Männer »verrückt« zu machen versprachen, hießen Sexbomben, ihre Brüste »Atombusen«, sie waren »pures Dynamit« und Begehren drückte sich in Haß aus – weil es nicht erlaubt war. In »Gilda« suhlen sich die beiden einander Verfallenen (Rita Hayworth und Glenn Ford) förmlich in Verbalorgien des Hasses: »Würde es dich interessieren, wie sehr ich dich hasse, Johnny? Mein Haß ist so stark, daß ich mich selbst zerstören könnte, nur um dich zu demütigen.«

Diese »krankhaften« Auswüchse der Leidenschaft konnte die Kuschelgesellschaft des folgenden Jahrzehnts natürlich nicht brauchen, dergleichen mußte ab in den Keller. Die zynisch andeutenden Zeichen der »Freiheit« hatten zu verschwinden. Ich erinnere mich, wie ich als Zwölf- oder Dreizehnjähriger 1946 oder 1947 mit meinem Vater im Kino saß, das war in Stolberg im Erzgebirge. Mein Vater war im Kino und auch sonst ein geduldiger Mann, eher höflich als zu unkontrollierten Emotionen neigend, eher sich in Verhältnisse duckend als gegen sie aufmuckend.

Wir saßen also im Kino und sahen eine Wochenschau der Defa. Diese Wochenschau hieß »Der Augenzeuge« und war damals noch nicht vollkommen von stalinistischer Anpassung und proletarischer Prüderie geprägt. Jedenfalls gab es am Schluß, nach viel Politik, alltäglichem Elend und Trümmeralltag mit bescheidenen Aufbaumeldungen, eine Unterhaltungsszene, den Bericht über eine Revue, wahrscheinlich im Friedrichstadtpalast. Man sah langbeinige Tänzerinnen, hörte Swing-Musik, die Kamera fuhr in Nahaufnahme auf die langen Oberschenkel einer Tänzerin, deren Rumpf ein seidenglitzerndes, weißes

Dreieck gegen ihre Beine bildete. Ein Tänzer, ebenfalls in kurzen Hosen, kam ihr näher, auch von ihm zeigte die Kamera nur die sich zur immer wilderen Musik bewegenden Schenkel, die sich rhythmisch aneinander und gegeneinander rieben. Und in die Musik sagte der »Wochenschau«-Sprecher: »Na, na ... die werden doch nicht (Pause) Verlobung ohne den ›Defa-Augenzeugen‹ feiern!« Das war alles. Mein Vater war während dieser Szene in heftige Erregung geraten. »Schweinerei«, rief er. »Das ist ja unerhört!« Daß man sich so etwas gefallen lassen müsse. Er stand auf, griff nach meiner Hand, wollte mit mir das Kino verlassen. Da war aber die Wochenschau mit dieser Szene auch schon vorüber, und so blieben wir im Kino, wo die Wut meines Vaters mählich abklang. Ich habe diese Nichtigkeit deshalb so lebendig im Gedächtnis behalten, weil ich meinen Vater so »aus dem Häuschen« sonst eigentlich nie erlebt habe.

Ach ja, als ich 1950 von einer Ferienreise in »den Westen« wieder in die DDR zurückkam, hatte ich an der Grenze mehrere Stunden Aufenthalt, bis endlich ein Zug Richtung Osten fuhr. Und in meiner Langeweile habe ich Brause getrunken, noch mehr Brause und irgendwann auf der Bahnhofstoilette ein Päckchen Präservative gezogen, weniger aus praktischer Notwendigkeit, mehr aus theoretischer Neugier. Einen habe ich herausgenommen, aufgerollt zu voller Länge, aha, so sieht das also aus, und mit Talkum ist das beschmiert wie die Hände, bevor man an die Reckstange geht. Dann habe ich die angebrochene Packung wieder in die Hosentasche gesteckt und vergessen. Und dann war ich endlich zu Hause. Meine Mutter hat all meine Sachen in die Wäsche packen wollen und dabei fand sie »Fromm's Act«. Ich war nicht dabei, aber sie ist zu meinem Vater gestürzt. Und kurz darauf hat der mich zur Seite genommen und mir einen kleinen, besorgten Vortrag gehalten, von dem ich nur noch weiß, daß er im Walter-Flex-Zitat vom »Rein bleiben und reif werden« als »schwerster«, aber »schönster Lebensaufgabe« gipfelte.

Das Präservativ, im Nachkriegsdeutschland eine erwünschte hygienische Vorbeugung gegen die Geschlechtskrankheiten (»Kennt ihr euch überhaupt?« warben Plakate 1947 an den Litfaßsäulen für Kondome), sollten erst im Aids-Zeitalter wieder öffentlich empfohlen und gepriesen werden. Allerdings, und das sei zur Ehre der fünfziger Jahre gesagt: Irgendwann hatte das Penicillin, 1928 entdeckt, seit 1940 gegen bakterielle Infektionen in den USA in Gebrauch und seit 1957 synthetisch herstellbar, den Schrecken der Geschlechtskrankheiten gebrochen. So könnte und müßte man Sir Alexander Fleming neben dem Erfinder der Antibabypille als einen weiteren Drachentöter der dumpfen Moral der Fünfziger nennen.

Moral und Zensur hängen eng zusammen, ja, sie sind Korrektive, die sich wechselseitig brauchen und bedingen. 1955 drehte Billy Wilder nach dem Broadway-Erfolg »Das verflixte siebte Jahr« den gleichnamigen Film, der seinen Weg in die Filmunsterblichkeit nahm, weil einer gewissen Marilyn Monroe der Luftzug aus einem U-Bahn-Schacht kurz den Rock hochzuwehen droht: Es ist dies eine ironische Attacke auf den moralischen Schleier jener Tage, der für einen Augenblick gelüftet wird. Nicht umsonst ist diese Szene zur Ikone der Filmgeschichte, zum Symbol der Epoche geworden: Hier wird kurz gegen den Stachel gelöckt.

Eigentlich ist der Film eines der Ventile, die moralisch strenge Zeiten brauchen – zur Erleichterung. »Scheidung auf italienisch« von 1961 von Pietro Germi gehört zu diesen Film-Ventilen und vor allem Otto Premingers »Die Jungfrau auf dem Dach« von 1952, ein Film, der nur in der deutschen Version das Wort »Jungfrau« im Titel führen durfte und in Amerika (»The Moon is Blue«) zum Skandal wurde, weil ein Mädchen in der Geschichte selbst entscheiden will, durch welchen von zwei Kandidaten sie die Jungfernschaft loswerden möchte – und das ohne Trauschein. Die Sexualhygiene erklärte ganze Zonen und Bereiche zu weißen, nicht zu benennenden Gebieten: Hier hatten Verschweigen und Unkenntnis zu herrschen; Terra incognita.

»Das verflixte siebte Jahr« handelt davon, wie ein Ehemann und Familienvater im New York der Hundstage arbeitend zurückbleiben muß, während Frau und Kinder Ferien am Strand machen. Zufällig trifft er im verwaisten Haus in der Augustgluthitze auf Marilyn, und da es heiß ist, wird vom Sachenablegen gesprochen, und damit ist man zwangsläufig mit Augen und Gedanken bei den körperlichen Attraktionen der Monroe. Der Luftzug kann kommen.

Doch an wirkliche Erleichterung ist nicht zu denken, passieren darf nichts, um Gottes Willen! Der durch die Hitze und die Monroe in Versuchung geführte Tom Ewell darf nur im Traum fremdgehen. Billy Wilder wollte der Zensur ein Schnippchen schlagen. Da er den Lauf der Welt und den Lauf der Dinge kannte, suchte er nach einem kleinen Zeichen, nach einem möglichen Wink für den Seitensprung. Und er verfiel auf den Gedanken einer zarten Anspielung, er ließ am Morgen die Haushälterin im Bett des Strohwitwers eine Haarnadel finden.

Die Zensur strich die Nadel rigoros.

Man kann daraus ersehen, daß Zeiten, die das waren, was die 68er später »repressiv« nennen sollten, daß solche Zeiten voll von geheimen Botschaften und Anspielungen sind. Daß sie also durch die Unterdrückung der Sexualität »oversexed« werden, »übersexualisiert«. Dabei erinnere ich mich an einen der damals beliebten Psychiater-Witze (Psychiater-Witze sind immer beliebt, weil sie die Verrücktheit der Normen treffen): Der Psychiater testet die Phantasie eines männlichen Patienten. Er malt ein Dreieck auf eine Tafel. »Woran denken Sie?« – »An Sex«, sagt der Patient. Der Arzt zeichnet ein Quadrat: »Und jetzt, woran denken sie jetzt?« – »An Sex!« Der Psychiater seufzt und malt einen Kreis. »Und hierbei?« – »An Sex«, sagt der Patient.

Die Pointe gibt es in zwei Versionen, beide zeittypisch. In der ersten sagt der Psychiater: »Hören Sie, da besteht doch überhaupt kein Zusammenhang.« Und der Patient erwidert: »Ich brauche keinen Zusammenhang. Ich denke immer an Sex.«

In der zweiten Version, und sie ist für die Auswege der unterdrückten Phantasie noch typischer, sagt der Arzt zornig: »Denken Sie eigentlich nur an Schweinereien?!« Und der Patient erwidert aufbrausend: »Sie sind es doch, der die Sauereien an die Tafel gemalt hat!«

33. EIN BLAUBLÜTIGES REH

Audrey Hepburn hatte im Film unzählige Gesichter – und doch nur eines: das mädchenhafte mit dem entwaffnenden Lächeln der kindlichen Unschuld, ein weicher Mund, ein tiefer, verträumter Blick aus großen, schrägen braunen Augen. Vor diesem Anblick wurden Wüstlinge zu Heiligen, Verführer zu treuen Anbetern und schutzbietenden Rittern. Mit ihrer mädchenhaften Unschuld verwandelte Audrey Hepburn alle Bedrohnisse der sexuellen Welt in romantische Märchen.

Ein kurzer Pony hing ihr meist ein bißchen in die Stirn, backfischhaft – wobei man wissen muß, daß der Backfisch kein Fisch ist, den sich der Genießer voll Vorfreude auf ein leckeres Mahl brät oder backt. Nein, der Backfisch ist zu zart, zu klein, zu fein, um schon konsumiert zu werden. Also löst ihn der erfahrene Fänger vom Angelhaken oder befreit ihn aus dem Netz und wirft ihn zurück (»back«) ins Wasser.

Die nach der Hepburn fischenden Männer sind von deren Unschuld so gerührt, daß sie sie schnell zurück ins Wasser werfen würden, so Audrey sie nur ließe. Es gab einen verqueren Bestseller jener Jahre, Claude Anets »Ariane«, eigentlich bereits 1920 erschienen. Da legt ein unschuldiges Mädchen, jung und jungfräulich, einen alternden Roué und Casanova aufs Kreuz, indem sie ihm nicht die Unschuld, sondern die leichtsinnige Verdorbenheit vorspielt. Billy Wilder, der die irritierenden Geheimnisse der Fünfziger wie kein Zweiter durchschaut und in seinen Filmen aufgespürt hat, machte daraus einen Kinofilm, natürlich mit der Hepburn. Und natürlich gibt der alternde Don Juan und aufgrund seiner Millionen zum Verführen berechtigte Mann (gespielt von Gary Cooper) am Schluß artig Pfötchen. Er ist so gerührt darüber, daß ein züchtiges Mädchen ihm aus Liebe Verworfenheit vorgaukelt, daß er sie in den abfahrenden Zug reißt und ihr ein »Willst du mich heiraten?« entgegenstammelt. Auch diesen Wüstling hat die unschuldige Liebe, wenn auch mit einem Trick, weg von der freien Wildbahn für den Familienzoo gezähmt. Liebe in den fünfziger Jahren ist weniger Leidenschaft als Zähmung und Abrichtung.

Natürlich glaubt Wilder keinen Augenblick daran und hat deshalb die beiden Gestalten Verführer und Jungfrau, die den Verführer verführt, ein wenig umgepolt. Der Weiberheld ist ein längst ermüdeter Routinier, dem die Anstrengung, seinem Ruf gerecht zu werden und der Untreue treu zu bleiben, ins Gesicht und in die ächzenden Glieder geschrieben ist. Nein, Spaß macht das nicht (mehr) – wie viel lieber säße er in Pantoffeln zu Hause und ließe sich von seiner Frau den Frühstücksquark bringen. Sie dagegen, sie lebt in ihrer Rolle auf: Ach, wie wenig unschuldig geht die Unschuld zu Werke und wie kommt sie dabei auf den Geschmack, auch wenn sie so tut, als täte sie es nur aus Liebe. Nie war Audrey Hepburn weiter von dem Bild gesicherter Unschuld entfernt, das sie doch hochzuhalten schien, indem sie es verleugnete.

Wie gesagt: eine komplizierte, eine verquere Geschichte – schon krank in ihrer ganzen unschuldigen Reinheit. Das war 1957.

Trotzdem – einen Körper hat Audrey Hepburn in diesem Film auch nicht. Eine Seele ja, eine Seele, die ihr ins Gesicht geschrieben ist. Aber einen Busen? Nein, ausgeschlossen. Hoch bis zum Hals ist sie immer geschlossen, bis zum schlanken Schwanenhals, und manchmal ist sie sogar Nonne, da besteht sie nur aus reinem, schönem Gesicht. Haare, das wäre schon zuviel des Unanständigen. Haare muß man kämmen, bürsten, schneiden, ondulieren, Haare sind widerborstig, können aufreizend sein. Die von Audrey Hepburn sind brav kurz, sie geben das Ohr frei, auch wenn das Ohr dabei vor lauter kurzen Haaren zu groß wirkt und fast ein bißchen abstehend.

Audrey Hepburn trägt oft einen breiten Taillengürtel und einen glockigen Rock, sie hat eine mädchenhafte Taille und flache Schuhe, obwohl sie, nein, sagen wir nicht klein, sagen wir: zierlich ist, schutzbedürftig zierlich – wie das kleine Mädchen im Märchenwald, das tapfer mit den Augen kullert. Kein Mensch, kein Mann schaut nach ihren Beinen, kein Seemann pfeift ihr nach. Die Instinkte, die sie weckt, sind Beschützerinstinkte. Obwohl ich es nicht weiß, kann ich sie mir beim besten Willen nicht im Spind von Landsern oder Lastwagenfahrern vorstellen. Nein, sie war keine Wichsvorlage, igitt, das ganz gewiß nicht.

Ach, die blütenzarte Haut! Kein Wunder, hat sie doch für »Crookes Lacto-Calmine« Werbung gemacht: »For a lovelier skin«, für eine lieblichere Haut. Lieblich, das ist das Wort! »Lacto-Calamine ist der sicherste und beste Schutz für ihre Haut gegen Sonne und Wind.« Versiegelt gegen die Stürme des Lebens, bei Tag und Nacht. »Benutzen Sie Lacto-Calamine bei Tag als Puder und bei Nacht als Creme!«

Normalerweise wird ein Aschenputtel durch den Film zur Prinzessin. Für Audrey Hepburn, geborene Edda Kathleen van Heemstra Hepburn-Ruston, die 1950 gerade 21 und also volljährig wurde, war das eher umgekehrt. Ihre Mutter war eine Baronin, deren Stammbaum im 12. Jahrhundert wurzelte, ihr Vater ein konservativer irischer Bankier, und so ist das Englisch, das sie spricht, von jener erlesenen Blasiertheit, die nur durch das jungmädchenhafte Zwitschern auch noch liebreizend wirkt.

Während der Dreharbeiten zu »Sabrina«, also 1954, ereignete sich eine Szene, wie geschaffen für die Bedürfnisse der harmlosen Regenbogenpresse. Das griechische Königspaar geruhte huldvoll, den Set zu besuchen. Und so wurden aus dem Fundus eilig thronähnliche Talmigoldstühle herbeigeschafft und rote Teppiche ausgerollt. Und Audrey Hepburn, die das konnte, wurde dazu ausersehen, vor den beiden Majestäten, Paul hieß er, Friederike Luise sie, einen vollendeten Hofknicks zu machen. Und natürlich machte sie das formvollendet. Sie war zweifellos das Aristokratischste, was Hollywood in den fünfziger Jahren zu bieten hatte. Trotz Grace Kelly, die mit viel Geld und viel Ruhm erst dahin heiraten mußte, wo Audrey schon war. Als sie den Knicks machte, rieben sich die Werbemenschen des Films die Hände: Eine harmlos-rührende Promotion-Geschichte war perfekt inszeniert. Nur ein Beleuchter oben auf der Brücke machte sich einen proletarischen Spaß: »Hey König!« und »Hey Queen!« rief er, »wo wart ihr gestern abend, als ich euch beim Pokern für einen Straight gebraucht hätte!«

Nein, Könige waren damals noch etwas, Könige und Maharadschas und die Begum und Faruk von Ägypten und der Schah, vor allem der Schah! Und Aga Khan.

In ihren beiden wichtigsten Filmen für diese Epoche, in »Ein Herz und eine Krone« von 1953 und in »Sabrina« von 1954, spielt Audrey Hepburn Romanzen der Standesunterschiede. In »Sabrina« ist sie eine Chauffeurstochter, die in die Geldaristokratie der amerikanischen Ostküste hineinheiratet, in »Roman Holiday« (der deutsche Titel »Ein Herz und eine Krone« gibt den Schmelz und Schmalz der Epoche treffender und triefender wieder) spielt sie eine Prinzessin, die sich eine Pause von ihrer Rolle leistet und dabei an einen Journalisten gerät.

Standesunterschiede – das war das Thema des Fin de siècle gewesen. Standesunterschiede? War das nicht, nach den Umwälzungen des Krieges, nach der brutalen Uniformität der »Volksgemeinschaft« Hitlers und der Notgemeinschaft der Nachkriegszeit der bare Anachronismus? Hatte der Tod im totalen Krieg nicht alle gleichgemacht, alle zu Opfern? Und hatten die Umwälzungen des Nachkriegs, die Völkerwanderungen, die Menschenverschiebungen, die Zertrümmerungen der bürgerlichen Städte, nicht alle Klassen- und Standesschranken aufgehoben? Gab es nicht verarmte Adelige, die alle damit prahlten und darüber jammerten, daß sie im Osten ein Gut, ein Schloß, einen Rennstall besessen hätten, und die jetzt, als Flüchtlinge, genauso arme Würstchen waren wie alle anderen? Und hatte nicht Hitler schon die Gesellschaft egalisiert, alle zu Schlachtvieh?

Und die Sieger? War es nicht der American way of life, der nur eine Legitimation kannte, nämlich die Kapitalisten-Tüchtigkeit?

Trotzdem oder gerade deshalb: Die fünfziger Jahre entfalteten eine geradezu rührende, ja, kitschige Liebe zu Standesschranken, ihre Menschen wollten Hofknickse machen vor durch die Geburt Höhergestellten. Und sie wollten dafür auch Opfer sehen: Ein Herz und eine Krone, Neigung und Pflicht, Adel verpflichtet, Noblesse oblige.

Es war die Sehnsucht nach einer naturgegebenen, gottgegebenen Ordnung, die Sehnsucht nach Schranken nach einer schrankenlosen Zeit, die Sehnsucht nach rüttelfesten Hierarchien nach Zeiten des Drunter und Drüber. Man wollte lieber Spalier bilden als keine Herrschaftsstrukturen, kein Unten und Oben zu haben. Man wollte die Oberen lieben und ihnen menschlich nahe sein, indem man in ihre Herzensgeheimnisse drang. Es war die Blütezeit der Regenbogenpresse, der Soraya-Zeitungen, der Hofberichte, der Schlüssellochgeschichten. Es war die Blütezeit des britischen Lebensgefühls, das alle haben wollten, obwohl England – nobel geht die Welt zugrunde – wirtschaftlich zusammenbrach und als Empire in Auflösung begriffen war. Man wollte sich an etwas halten – und man hielt sich an etwas, was in Wahrheit nicht mehr hielt. Auch dies war eine der Illusionen, um nicht zu sagen: Lügen der Epoche. »Ein Herz und eine Krone« wurde von William Wyler gedreht, dem delikaten Filmhandwerker von großer Könnerschaft, dem Regisseur, der seine Schauspieler zu genauer, präziser Charakterisierung zwang. In den feinen Nuancen entfalten seine Filme eine große Poesie. Wyler war als junger Europäer (er war elsässischer Jude) zu seinem Onkel Laemmle (dem Herrn der Universal-Studios) nach Hollywood gekommen. Jetzt kam Hollywood zurück nach Europa: »Ein Herz und eine Krone« ist einer der ersten, wenn nicht der erste Film, der nicht in

Studiokulissen, sondern auf den Straßen Roms gedreht wurde.

Amerika hatte Europa befreit, jetzt reiste Amerika nach Europa: mit American Express, mit dem Dollar in der Tasche, der selbst einen amerikanischen Mittelstandsbürger reich machte – 1 Dollar, das waren 4,25 Mark. Und im inflationären Frankreich, im wirtschaftlich chaotischen Italien sah das für Dollar-Besitzer noch besser aus. Den Amerikanern gehörte die Welt, den amerikanischen Touristen Europa. Sie liebten, sie bewunderten, sie fürcheteten, sie verachteten es. Sie beneideten es um das »Savoir vivre«, das »Dolce far niente«. Sie drehten Goethes Maxime »Amerika, du hast es besser!« um: Europa hatte es besser – es hatte den Eiffelturm, die Mona Lisa, den Louvre, die Sixtinische Kapelle, Michelangelo, die Uffizien, die Lagunen, den Canale Grande, Versailles, Montmartre, Sacre Coeur. Es war ein Kultur-, ein Zivilisationsschock. Als Billy Wilder die GIs in Paris nach 1945 beobachtet hatte, notierte er ihre Begegnung mit dem französischen Bidet: »Ein komisches Ding! Man pißt hinein, und schon pißt es zurück!« Es war eine Liebe mit Widerhaken. Jetzt kam man ins Ritz, ins »George V«, nach St. Germain de Prés, in die Via Veneto, an die Fontana di Trevi – »Three coins in a fountain« und »Paris in April« und »A foggy day in London Town«. Frank Sinatra hat den Pan-American-Geist der Epoche in seinem Album »Come fly with me« sonor und beswingt besungen.

Von diesem Geist zehren Filme wie das Gene-Kelly-Wunderwerk »Ein Amerikaner in Paris« mit der unvergeßlichen Musik George Gershwins, der den Jazz und Swing mit Offenbach und Paris versöhnt hat. Von diesem

Geist zehrt »Ein Herz und eine Krone«, denn neben seiner rührenden Liebe-und-Verzicht-Geschichte ist Wylers Film vor allem eine Sightseeing-Tour durch Rom.

Die Harmonie des »ewigen Rom«, einer Stadt aus Vespas und Spaghetti al »Alfredo« (die Nudeln, al dente, nur mit reichlich, überreichlich Butter und frisch darüber geriebenem Parmeggiano waren ein »In«-Rezept jener Tage), aus ehrwürdigen Ruinen und chromblitzenden Cafeterias, war mühsam genug aufrechtzuerhalten.Während das Team »Dolce far niente« drehte, erschütterten kommunistische und neofaschistische Streiks und Demonstranten die Stadt: Die Christdemokraten hatten gerade die Wahlen gewonnen, und die zerrissene italienische Gesellschaft reagierte mit Unruhen darauf.

Und in dieser krisengeschüttelten, ja gefährlichen Stadt nimmt eine Prinzessin ausgerechnet Urlaub von ihrer Rolle und ihren Pflichten. Sie büxt ins Inkognito aus – denkt sie jedenfalls. Denn der amerikanische Journalist, der sie auftut, weiß sehr schnell, mit wem er es zu tun hat, und verspricht sich eine lukrative Exklusivstory davon. So weit ist das dem Erfolgsschema der Erfolgskomödie Frank Capras »It happened one night« nachgebildet. Doch jetzt, in den fünfziger Jahren, geht es nicht um die Versöhnung und Vermählung von Arm und Reich. Die Liebe dient dazu, die Prinzessin für ihre Pflicht zu erziehen – statt Neigung Pflicht. Und der Reporter verzichtet nicht nur darauf, mit der Prinzessin zu schlafen, sondern auch auf seine exklusive Story. Die Liebe der Zeit schrieb sich Verzicht – das war edel, nobel, sentimental. Audrey Hepburn, die keine Wollust in Männern erregte, sondern alle edlen Instinkte erweckte.

Dabei waren das die Jahre, als die Paparazzi von den

Bäumen fielen, um alles Private ans Licht der Boulevard-Pressen-Öffentlichkeit zu zerren.

Und die Prinzessin, die weiß, was sich schickt, die nicht mit dem Journalisten schläft, obwohl er wie Gregory Peck aussieht (mit dem Audrey Hepburn, so das Gerücht, »was hatte« – wie egal einem das heute ist, ob »es stimmt« oder »nichts dran ist«!), sie kehrt zu ihrer staatsweiblichen Pflicht zurück, die man damals »im Repräsentieren« erblickte: Herrscher spielen, aber mit eigenem Willen. Keine Marionette, nur eine Marionette ihrer selbst.

In (der) Wirklichkeit sah es schon ein bißchen anders aus: Zwar ließen die Windsors noch nicht völlig enthemmt die Sau raus, aber Prinzessin Margaret, das erste schwarze Schaf im englischen Königshaus, hatte, als der Film Ende August 1953 in England und Amerika anlief, verkündet, sie werde (»shocking!«) den Gesellschaftsfotografen Anthony Armstrong heiraten – einen Mann mit keinem einzigen Tropfen blauen Bluts in den Adern!

Und wie schrieb das »Film-Echo« über »Roman Holiday« und die Prinzessin Audrey? »Jeder Hymnus auf die Darstellung muß bei Audrey Hepburn beginnen, die der Prinzessin die Anmut eines Rehs verleiht.«

Ein blaublütiges Reh, noch dazu.

34. SABRINA

In »Sabrina« wird Humphrey Bogart zum Süßholzraspler. Fast ächzend und in gemeiner Familienpflichterfüllung macht er sich zum Flirt mit Audrey Hepburn auf. Er hat seinen jüngeren Bruder, William Holden, einen routinierten Weiberhelden und Schürzenjäger (ja, so nannte man das), außer Gefecht gesetzt. William Holden liegt mit wundem Po im Bett (er hat sich in Champagnergläser gesetzt), und Humphrey Bogart vertritt ihn bei Audrey Hepburn, bei Sabrina. Er will das Mädchen in sich verliebt machen, ihr vorgaukeln, daß sie zusammen mit dem Schiff nach Europa fahren würden, um nach Paris, dem Traumziel aller Amerikaner, damals noch mehr als heute, zu gelangen. In Wahrheit will er Sabrina ausmanövrieren, indem er sie in letzter Minute versetzt und allein per Luxusliner über den Atlantik schickt.

Alles geschieht aus schnöder Familienunternehmenspolitik, denn die arme Chauffeurstochter wird William Holden gefährlich, der doch gerade die Tochter eines anderen Unternehmers heiraten soll – aus Fusionsgründen.

Humphrey Bogart war der Held der vierziger Jahre. Er war Rick in »Casablanca«, noch mitten im Krieg opferte der einsame Wolf seine große Liebe einem übergeordneten politischen Ziel – dem Krieg gegen Deutschland. Bogart war der Held der »Schwarzen Serie«, ihre perfekte Verkörperung. Er war der scheinbar zynische Detektiv, der in Wahrheit mit Ehre und Mut auf eine zynische Welt reagiert, eine Welt voller Gefahren und Einsamkeit, voller Gewalt und Leidenschaft, in der auch das Gesetz sich nicht vom Verbrechen unterscheidet – eine düstere Welt, die dem Geist der Vierziger entsprang und die im (falschen) Optimismus und ihrem Glauben an das Gute, der auch Gesundbeterei war, nichts mehr zu suchen hatte.

So ändert sich Humphrey Bogart in »Sabrina« vom harten Einzelgänger zum bekehrten Hagestolz auf späten Freiersfüßen. In den Fünfzigern durfte, sollte, konnte man nicht allein bleiben – schon gar nicht als potentieller Chef eines Familienunternehmens. Natürlich hat Bogart die Rolle mit einem gewissen Widerstand, ja, Widerwillen gespielt – so, als hätte er versucht, sich gegen die neue Zeit und das neue verweichlichte Männer-Image zu wehren. Statt sich durch den Großstadtdschungel zu kämpfen, einsam, die Zigarette im Mundwinkel, die Verachtung im harten Blick und den Revolver griffbereit, muß er hier als alternder Sohn und Erbe überlegen, wie das war in den Studententagen, als man noch mit Mädchen tanzte, flirtete und Boot fuhr. Also steigt er grimmig auf den Speicher, stöbert seine alten Bootsklamotten (lang, lang ist's her!) aus dem Staub hervor und zieht sie an. Und sie sind ihm zu eng, er ist der lustigen, unbeschwerten Jahre entwachsen. Auf dem Boot spielt er Sabrina von einem alten Grammophon eine alte Platte vor: »Ausgerechnet Bananen«.

Bevor der Griesgram von Sabrina »erlöst« wird – aus seiner verknöcherten Erstarrung –, sieht man ihn nur einmal auf einer Party scheinbar fröhlich und ausgelassen, eine geniale Szene einer optischen Täuschung. Wir sehen durch die Scheiben, wie Bogart heftig auf einer elastischen Platte herumspringt, scheinbar ausgelassen! Denn wir werden von der Kamera in den Raum geführt, und Humphrey Bogart tanzt und springt nicht aus Übermut und Laune. Nein, ganz Geschäftsmann, führt er seinen künftigen Partnern die wunderbare Elastizität dieses neuen Kunststoffprodukts vor. Männer wie Bogart in »Sabrina« feiern Feste überhaupt nur aus geschäftlichen Gründen, wo kämen sie sonst hin.

»Sabrina« ist die Geschichte einer Erlösung und einer Bekehrung. Der unschuldige Liebreiz, den Audrey Hepburn ausstrahlt, weckt nicht etwa wilde Begierde, verzehrende Leidenschaft. Er bringt einfach das Eis zum Schmelzen, in dem Bogart erstarrt war – zu früh schon dem nüchternen Alter hingegeben. Wie ein Zauberfinger im Märchen bringt Sabrina das Herz dieses Mannes wieder zum lebendigen Schlagen. Und es schlägt für sie.

Humphrey Bogart wird erlöst. William Holden wird bekehrt. Aus einem wilden Playboy wird ein verantwortlicher Unternehmer, der im Sinne der Familie heiratet und dem älteren Bruder einen »Honeymoon«, eine Hochzeitsreise, erlaubt und ermöglicht. Das alles schafft der Jungmädchenzauber. Frauen zähmen, erlösen, verwandeln Männer.

Kein Wunder, daß Bogart (»Ich schau' dir in die Augen, Kleines!«), der bisher Frauen kommandierte, ja im »Malteser Falken« dem Henker auslieferte, obwohl er sie liebte, kein Wunder, daß Bogart die neue Rolle nicht mochte. Er hat sich geärgert, daß er in »Sabrina« nur einmal schießen durfte, und das auch nur in alberner Weise auf eine Kunststoffplatte – um deren Resistenz zu demonstrieren. Und er hat sich geärgert, einen Mann zu spielen, der vor einer Frau letztlich dahinschmilzt und in die Knie geht, vor Audrey Hepburn, die in Wirklichkeit während der Dreharbeiten mit William Holden schlief und sich auf dem Set mit Billy Wilder verbündete, den Bogey haßte, weil er ihm das alles zumutete.

Was für ein wunderbarer Film, was für ein Schlüssel zu den fünfziger Jahren! Mit federleichter Ironie, mit scharfsichtiger, aber nie verletzender Komik zeigt er eine Zeit in dem Wunschbild einer Romanze, die Chauffeurstochter als Aschenputtel, die als wahre Prinzessin entdeckt wird. Ich sah den Film, als ich zufällig gerade unglücklich verliebt war. Ich sah ihn mehrere Male, und ich schämte mich, daß er mir gefiel, daß ich mich den Gefühlen, den märchenhaften Stimmungen (die doch nie, das ist das Kunststück dieses scheinbar leichten Wunderwerks, über die Brutalitäten und Albernheiten der Wirklichkeit hinweglügen) hingab. Heute schäme ich mich, daß ich mich damals geschämt habe. Vielleicht war ich der Zeit, in der ich lebte, nie näher, nie stärker eins mit ihr.

Sabrina fährt am Schluß nach Paris, auf Hochzeitsreise, darauf kann man wetten. Alle Amerikaner wollten damals nach Paris. Es war noch eine Sache von Luxus, besonders auf einem Luxusliner. Aber auch Fliegen bedeutete noch nicht das Gedränge eines lärmenden Massentourismus, sondern ein Privileg. Wir glaubten damals, wenn jemand Stewardeß wurde, dann wolle sie, so ein Hintergedanke, die Chance haben, daß sie irgendeinem der reichen und ledigen Passagiere so gut gefiel, daß er sich ... »Wie angelt man sich einen Millionär« heißt ein Film jener Jahre.

Alle Amerikaner wollten nach Paris. Die Schlager sangen von »April in Paris«, von »Ganz Paris träumt von der Liebe«, von »I love Paris in the springtime« mit dem Refrain »I love Paris every moment, every moment of the year«. Ein Film hatte die Sehnsucht im Titel: »Ein Amerikaner in Paris« von 1951. Der Film hatte die Gershwin-Musik »An American in Paris« zu einem rauschenden, quirligen, perlenden, leichten Tanz- und Musikfilm verarbeitet. Es war ein Mirakel an Zeitstimmung, die Feier des amerikanischen Jahrzehnts in Europa, die Liebesverbindung zwischen Amerika und Frankreich.

Ich habe den Film wohl ein dutzendmal gesehen, auch weil ich als Student damals eigentlich nur im Kino größere Reisen machen konnte, und Paris war eine größere Reise. Paris war Luxus, war Boheme, Lichterglanz, Existenzialismus, Paris war die Kunst zu leben, zu genießen. Ich erinnere mich an eine Studentin, die nach einem Gastsemester aus Paris zurückkam, mit einem Bubikopf, noch dazu künstlich erblondet, und wie wir sie bewundert haben, heimlich; sie hatte ihren Fuß in die große Welt gesetzt. Paris, das war der Westen schlechthin, Amerika, das war schon der Wilde Westen.

Die Hauptrolle, die weibliche Hauptrolle im »Amerikaner in Paris« spielt Leslie Caron, ein kleines, zierliches, mit großen Augen klimperndes Mädchen, das einen Haufen übergroßer Zähne im Mund hatte, so daß sich ihre Lippen kaum darüber schließen konnten. Sie hatte einen schwarzen Bubikopf, und ihr Charme bestand darin, daß sie drollig und rührend war, auch wieder ein kleines Mädchen in der großen weiten Welt. In der deutschsynchronisierten Fassung spricht sie Deutsch mit heftig übertriebenem französischen Akzent: »Jerrỳ, isch liebe disch ser, aber isch abe Unger!« Das galt damals als total unwiderstehlich, und wahrscheinlich ist es das ja auch. Die Wirklichkeit brachte schönere Verballhornungen zustande. So wie Deutsche, wenn sie Englisch sprechen, dazu neigen, auch das normale S als Tiäitsch auszusprechen, also überflüssigerweise zu lispeln, wo es gar nicht angebracht ist, so neigen Franzosen dazu, ihrem Deutsch zu viele Hs anzutun, ebenfalls aus angstvoller Überkompensation. Mit mir studierte damals eine Studentin aus Marseille, auch klein, auch drollig, mollig mit einem fransigen Bubikopf, und die sagte einmal, sie wolle mit mir in den »Hodenwald« fahren, auch warf sie schon mal einen Blick auf ihre »Harmbandhuhr«. Dabei war sie ein hochanständiges Mädchen. So waren sie, die komischen, ersten internationalen Annäherungen, als Deutschland begann, sich der Welt zu öffnen.

Als ich »Ein Amerikaner in Paris« ungefähr zum elften Mal gesehen hatte, begegnete ich am Abend im Internationalen Studentenclub, mit einer Colaflasche in der Hand, in der ein Strohhalm steckte, einer norwegischen Studentin, die auch eine Cola in der Hand hielt und von Zeit zu Zeit, mit übergroßen Zähnen ausgestattet, an einem Strohhalm saugte. Sie hatte einen schwarzen Bubikopf, obwohl sie Norwegerin war. Sie hat mir das später damit erklärt, daß sie aus einer Hafenstadt stamme und daß da im Laufe der Jahrhunderte viele französische Matrosen angedockt hätten. Beim ersten Anblick jedenfalls dachte ich, während mich ein freudiger Schmerz durchzuckte: Leslie Caron! Ich entschloß mich blitzschnell, aus dieser Norwegerin meine Leslie Caron zu machen. Während wir zu »Moonlight cocktail« von Glenn Miller tanzten, verwandelte ich sie in der Tübinger Mensa zur Französin und mich zum Amerikaner in Paris. Unsere engen, eher holprigen Tanzschritte (»Pardon!« sagte ich, wenn sie mir auf den Fuß trat) waren die Schlußapotheose des Films.

Schade, daß meine Leslie mir nicht wirklich gewogen war. Ein paar Tage später traf ich sie im Freibad, in einem zweiteiligen Badeanzug, und stellte in rascher Einschätzung, Blick runter!, Blick wieder rauf!, fest, daß sie das Oberteil eigentlich genauso wenig brauchte, wie ich es gebraucht hätte. Es war eine ätherische Zeit. Und doch fielen mir Zeilen aus einem Heine-Gedicht ein: »Du schaust mich an? Du fragst mich, was dir fehle?/ Ein Busen, Mädchen, und drinnen eine Seele.« Es war eine Zeit, die mehr Seele als Busen hatte. Die erfolgreichste deutsche Filmschauspielerin dieser Jahre war zweifellos Maria Schell. Sie drehte von 1950 bis 1960, recht genau in einem Jahrzehnt, ihre erfolgreichsten, wirkungsvollsten Filme. Ihr Lächeln unter Tränen überstrahlte die Zeit. 1950 begann sie mit der bitter-süßen (wenn »bitter-süß« nicht ein Adjektiv jener Jahre ist!) Liebesgeschichte »Es kommt ein Tag«. Ihr Partner in ihren erfolgreichsten Filmen war O.W. Fischer. Hätte es das Wort »Schnulze« nicht schon gegeben, man hätte es für Filme wie »Bis wir uns wiedersehen« (1952) oder »Der träumende Mund« (ebenfalls 1952) erfinden müssen. Es sind Fünfziger-Jahre-Filme, in denen die tränende Sentimentalität sich von jeglicher Realität, von jeglichem Interesse an der Wirklichkeit im freien Flug gelöst hat. Es waren Träume auf Teufel komm raus, wie billiger Fusel gegen die Wirklichkeit. Heute wirkt der freie Flug wie ein freier Fall, plumps! Aber – solche Filme brachten Maria Schell einen populären Spitznamen ein, sie hieß »das Seelchen«.

Natürlich gab es, wie das Gelsenkirchener Barock neben dem Braun-Design, im Film die Heroinen mit dem überquellenden, alle Bändigungs- und Halteversuche sprengenden Busen, für einen von ihnen hatte Howard Hughes, Millionär, Chef der RKO und Entdecker sowie Liebhaber der Jane Russell, sogar eigens einen Büstenhalter konstruiert, den Russell-Halter gewissermaßen. Dieser BH, zu Zwecken öffentlicher Erregung im Kino erbaut, geriet auch prompt mit der Zensur in Konflikt, die ihn jahrelang von der Leinwand verbannte.

Die beste Verkörperung (wobei Verkörperung noch untertrieben ist) des sexuellen Barock der Fünfziger war Jayne Mansfield, deren Kurven, aber vor allem deren Busen insinuierte, daß Männer immer nur an das Eine denken und zur Gedankenanregung vor allem einen kräftigen Wink mit sekundären Geschlechtsteilen brauchen: Jayne Mansfield wirkt heute wie eine in die Gigantomanie getriebene Monroe mit wasserstoffblondem, fast weißem Haar. »Blondinen bevorzugt« hieß ein Film von 1953, allerdings ohne die Mansfield und mit der Monroe, »Gentlemen prefer blondes«. Die Mansfield kurvte vor allem durch den Film »The girl can't help it« – das Mädchen kann nix dafür, dafür nämlich, daß sie die Männer scharfmacht. Das war 1957. Und schon ihr erster Film von 1955 trug den bezeichnenden Titel »The female jungle«, der weibliche Dschungel, und im Dschungel ist es bekanntlich feucht, heiß und gefährlich.

Eine solche formenreiche Blondine wie die Mansfield hatte einen Busen, der wegen seiner Übermächtigkeit bezeichnenderweise kriegerisch benannt und zur bedrohlichen Waffe in der Fünfziger-Jahre-Schrebergarten-Idylle erklärt wurde: Atombusen hieß er und regte alle Prostitutions-, zumindest Verfügbarkeitsphantasien an.

Oder man witzelte über die »blonde Gefahr«, das »blonde Gift«, man versuchte seine Erregung in Witzen zu tarnen. Zwar gab es damals die Blondinenwitze noch längst nicht, statt dessen die Macho-Erkenntnis: »Dumm fickt gut!«, und vom »blonden Dummchen« war gern die Rede. David Niven beispielsweise nannte seine Kollegin Mansfield »Miss United Daries herself«, also »Miss Vereinigte Molkereien persönlich«. Die große Kollegin Bette Davis, die mehr auf Schauspielkunst und ausdrucksvolle Augen gesetzt hatte, spottete: »Schauspielkunst ist in ihren Augen das Wissen, wie man einen Sweater füllt.« Die Mansfield wußte um ihre Wirkung auf das andere Geschlecht und definierte: »Männer sind komische Geschöpfe – sie haben zwei Beine und acht Hände.«

Marilyn Monroe, MM selbst, hatte in den fünfziger Jahren ihren wirklichen Aufstieg, indem sie beide Seiten der Blondine zeigte: die tödliche Bedrohung in »Niagara« von 1952 und das blonde Dummchen, dessen Verstand oder besser: Instinkt gerade mal dazu ausreicht, sich einen Kerl, der sie versorgt, zu angeln, in »Blondinen bevorzugt« und in »Wie angelt man sich einen Millionär«, beide von 1953. Die Monroe, die der Regisseur Otto Preminger in totaler Verkennung, ein »Vakuum mit Brustwarzen« genannt hatte, spielte in »How to marry a millionaire« ein blondes, kurzsichtiges Dummchen, fast ein blindes Huhn, das aus Eitelkeit keine Brillen trägt und daher schon mal ins falsche Flugzeug (zum richtigen Millionär) steigt. Statt mit ihren Augen ertastet sie sich ihren Weg mittels zweier Tastorgane, spottete ein Kritiker und meinte ihren Busen.

In »Niagara« ist sie die getriebene und treibende Femme fatale, die Tod und Verhängnis bedeutet – bezeichnenderweise wird sie mit einer unerträglich heiter-harmlosen Spießerwelt à la Rockwell kontrastiert und konfrontiert: mit einem heilen und unheilbar heiteren Amerika.

35. WEG VOM FENSTER

In den fünfziger Jahren arbeitete ich in den Semesterferien manchmal im Ruhrgebiet. Vor meinen Augen stehen die mit grauem Schiefer gepanzerten Häuser im Bergischen Land, die Eckkneipen, in denen es Bouletten oder panierte Schnitzel, oder Schweinekottelets mit scharfem Senf gab, oder die ersten »Bild«-Verkäufer, die auf der Straße die 10-Pfennig-»Bild«-Zeitung darboten.

Daneben die Bierreklamen: »Das Ruhr-Revier trinkt Stauder-Bier«, die Bilka-Kaufhäuser mit roter Schrift und billigem Ramsch. Die grünen Förderräder der Zechen, damals eher schwarz und grau, drehten sich noch, die Kokereien dampften, die Stahlwerke machten den Gewinn Deutschlands – es war Montanunionszeit. Die Bergleute auf der Straße erkannte man daran, daß sie meist hager waren, husteten und danach spuckten, dicken, zähen Schleim, und daß sie schwarze Ringe unter den Augen hatten, wie geschminkte Tänzer: Es war aber nur der ewige Ruß der Kohle. Sie sahen dadurch hohlwangig aus, wie dem Tode nahe.

Obwohl das Ruhrgebiet das war, was man heute ein Ballungszentrum nennt, eine einzige rußige, zerfasernde, sich in graue Tintenflecken auflösende Großstadt, wirkten die meisten Teile proletarisch-provinziell. Damals kam schon das Wort »Schlemmer« auf, und Frittenbuden oder Würstchenstände nannten sich »Schlemmereck«. Zwanzig Jahre später sollte das »Gourmet-Eck« heißen. Die Sprache schreckt vor keiner Idiotie zurück, wenn es um reißerische Benennungen geht.

Die langen Zeilen grauer, staubiger, baumloser Straßen stehen mir in ihrer ganzen gleichgültigen Tristesse vor Augen: ein-, zwei- oder dreistöckig die einförmigen Häuser, unten chemische Reinigungen, Drogerien, Lotto-Annahmen, an der Ecke die Kneipen »Zum deutschen Eck«, »Kornhaus«, »Das Faß«, »Zum Kurfürsten«.

Oben standen im Sommer die Fenster offen, alte Männer, alte Frauen lehnten starr und wie leblos heraus, immer allein. Sie hatten, auf die Entfernung, stechende Knopfaugen, bittere Gesichter, ausdruckslos bitter. Sie starrten unbeweglich, auf Kissen gestützt, auf die Straße, wo es eigentlich nichts zu sehen gab: vorbeifahrende Autos, einkaufende Mütter, die nach ihren Kindern riefen. Zwei, die stehen blieben, um ein paar Worte zu wechseln, aber das war selten.

Solche Szenen gab es gewiß auch in Frankfurt in Oberrath, in Hamburg-Altona, in Kassel oder München-Giesing und Berlin-Tempelhof. Mir aber kommt hartnäckig das Ruhrgebiet ins Erinnerungsbild, Opa und Oma, mit weit offenem O, zur Oma gehört kein Opa und zum Opa keine Oma. Sie starren auf die Straße, Vormittage lang, Nachmittage lang, fast unbeweglich, wie Eidechsen in der Sonne. Schauen Sie hinaus? Schauen sie in sich hinein, auf ein Leben, das eigentlich auch nicht stattgefunden hat? Jedenfalls sind sie am Fenster, noch nicht nach innen geschaltet, zum Fernsehen. Fernsehen war noch eine luxuriöse Rarität. Eines Tages sind sie weg. Tot? Gestorben? Ins Pflegeheim verbracht? In die Reha-Klinik? Sie sind »weg vom Fenster«. Ich weiß nicht einmal, ob die Redensart so entstanden ist, es wäre möglich. »Weg vom Fenster«, das ist ähnlich lakonisch wie »den Löffel abgeben«.

36. DIE CHINESISCHE SCHLITTENFAHRT

1933, im Jahr von Hitlers Machtantritt, wurde sie in Düsseldorf unehelich geboren; 1948, im Jahr der Währungsreform, greift die Polizei die 15jährige erstmals auf dem Frankfurter Bahnhofsstrich auf. Später arbeitet sie, nachdem sie eine Mannequinausbildung, was immer das auch war, absolviert hatte, als Buffetfräulein und Tischdame – alles Berufe, deren Übergänge zur Prostitution gleitend sind. Später hat sie ein rotgepolstertes, schwarzes Mercedes-Coupé 190 SL, das in Frankfurt straßenbekannt wird. Sie wohnt seit 1956 in der Stiftstraße 36, über einem Kinopalast. Später, als der Film »Das Mädchen Rosemarie« dieses Haus mit ihrer Edelabsteige ablichten will, protestiert der Hausbesitzer: Er möchte *so* nicht in Verruf kommen.

Am 1. November 1957 war die 24jährige Rosemarie Nitribitt ermordet in ihrer Wohnung aufgefunden worden: Man hatte sie mit einem Seidenstrumpf erdrosselt, ein Tod wie in einer der damals gängigen Edgar-Wallace-Verfilmungen, nur eben real. Sie hinterließ etwa 120 000 DM Vermögen (heute dürfte man, um die Kaufkraft zu vergleichen, getrost eine Null ranhängen), eine erkleckliche Summe für eine Stricherin, wenn auch der gehobenen, ja, gehobensten Sorte. Sie war das, was man ein »Callgirl«

nannte, auf telefonische Bestellungen arbeitend, unter dem Namen »Gräfin Mariza« (ganz ungarische Operette) oder »Rebecca« (ganz Daphne du Maurier oder Hitchcock, der den Stoff 1940 verfilmt hatte) ansprechbar. Sie soll auch Freier mit ihrem Luxusauto aufgerissen haben, indem sie ihnen, falls die Interessenten die entsprechenden »Schlitten« hatten, nachfuhr und sich ihnen provokativ in den Weg stellte, von Auto zu Auto.

Sie war ziemlich klein, stöckelte auf hohen Absätzen und war natürlich, was sonst?, platinblond. Ihr Tod wurde nie richtig aufgeklärt. Man verhaftete im Februar 1958 ihren Bekannten (und Zuhälter?), den Handelsvertreter Heinz Pohl, und mußte ihn schon ein Dreivierteljahr später aus der U-Haft entlassen. Im März 1960 wurde er erneut des Mordes angeklagt und Mitte Juli desselben Jahres in einem Indizienprozeß mangels Beweisen freigesprochen.

Ein unaufgeklärter Prostituiertenmord, eigentlich nichts Außergewöhnliches in einem Milieu, in dem die Freier von Stunde zu Stunde wechseln. Warum sich die Zeit so über die strangulierte Edelnutte erregte, ist schwer nachzuvollziehen und leicht zu erklären. Das Einfachste und Unwichtigste: ihr Name. Nitribitt hieß sie tatsächlich, und als sie als Tote Schlagzeilen machte, gab es den Nitrit-Skandal. Nitrit, das ist etwas, was man dem Fleisch zufügt, damit es nicht grau, schlaff, ungesund aussieht, sondern frisch, appetitlich und rosig. Nitrit wird also mit Würsten und Koteletts verzehrt – soweit ich weiß, bis heute. Damals aber übertrieben die Metzger und fügten, um ihre Waren attraktiver aussehen zu lassen, ein offenkundig gesundheitsschädliches Maß an Nitrit zu. Es war der erste Lebensmittelskandal der Bundesrepublik, dem zahllose folgen sollten – bis zum Rinderwahnsinn unserer Tage.

Nitribitt, Nitribitt, das klang wie eine Steigerung, wie ein Komparativ. In einer deutschen Zeitung war damals allen Ernstes folgende Steigerung nach dem Muster »gut, besser, am besten« zu lesen: »Nitrit(!), Nitribitt(!!), saubere Bombe (!!!)«. Dieser Schwachsinn ist heute nur noch schwer zu verstehen. Offensichtlich war mit der »sauberen Bombe« eine Assoziation an Nitribitt-Dynamit gemeint, an den Atombusen – und daß man damals über »saubere Atombomben« diskutierte, Bomben, deren radioaktiver Fallout gering gehalten werden sollte.

Es mag auch sein, daß es eine Rolle spielte, welches Auto die Nitribitt fuhr. Der Mercedes, das war das Vehikel des Wirtschaftswunders, Zeichen deutscher Wertarbeit, längst wieder offizielle Staatskarosse. Mercedes, das war »Dein guter Stern auf allen Straßen«, vom Mercedes ging der Ruf aus, man würde mit diesem Auto Verkehrsunfälle überleben, Mercedes, das war ein Auto, das auf schwer, aber redlich verdientes Geld hindeutete, auf Regierungsstander. Und jetzt, auf einmal, sollte eine Hure sich den Wagen verdient und ihn für ihren Job gefahren haben?

Der Mercedes, der 190 SL, das war sozusagen die Freizeit-, die Luxusversion dieses braven, edlen Zugpferdes des deutschen »Wiwu«, des Wirtschaftswunders. Der 190 SL, in Schwarz noch dazu, das war der Traum jener Jahre, das Sinnbild von Luxus und Pferdekräften, von Erfolg, Solidität und Eleganz.

Im Auto erlebte man damals den Hauch von Freiheit und Mobilität, freie Fahrt für freie Freier. Es gab im damaligen Frankfurt übrigens eine Dame der wirklichen Gesellschaft, die ebenfalls über einen Mercedes 190 SL verfügte – nur daß sie damit keineswegs männliche Kundschaft anbaggerte. Und die soll sich bei der Polizei darüber beschwert haben, daß die Nitribitt ein ähnliches Auto fuhr. Unerhört! Jetzt können sich auch Huren schon das leisten, was eigentlich nur den Erfolgreichen des Wirtschaftswunders zusteht.

Das Ganze spielte sich so ab: Bevor die Nitribitt ihren 190 SL in Schwarz fuhr, hatte sie den gleichen Wagen in Grau. Und eben einen solchen Wagen, in gleicher Ausstattung und Farbe, besaß eine wirkliche Dame der Frankfurter Gesellschaft, die noch dazu zum diplomatischen Corps gehörte. Sie wurde von heißblütigen Freiern angehupt, wohl auch belästigt, die im Inneren ihres Wagens die Nitribitt vermuteten. Es ist heute schwer zu glauben, aber dennoch wahr: Auf die Beschwerde der Dame hin mußte das Auto der Nitribitt farblich umgespritzt werden! Man kann sich heute kaum vorstellen, wie ein solcher Wunsch damals durchzusetzen war. Durch eine polizeiliche Auflage? Durch einen Wink von Mercedes, eventuell mit einem Scheck? Man kann nur vermuten, daß es in dieser Zeit Kanäle einer moralischen Restriktion gab, mittels derer einem unanständigen Menschen verboten wurde, ein Auto gleichen Modells und gleicher Farbe zu fahren, wie es ein anständiger Mensch benutzte. Anständiger und unanständiger Mensch sollten nicht verwechselbar sein. Irgendwie wirkt das so, als hätte es den Mercedes damals nicht nur gegen Geld gegeben, das kann ja jeder haben!, sondern gegen polizeiliches Führungszeugnis.

Natürlich stimmt das in Wahrheit nicht, natürlich wußte man, daß gegen Geld alles zu haben war – und vielleicht war das der eigentliche Kern des Skandals. Jeder wußte, daß in der »sozialen Marktwirtschaft«, im »christlich-demokratischen« oder »christlich-sozialen« Gefüge eigentlich nur eines zählte: das Geld. Und als ruchbar wurde, was ohnehin jeder wußte, nämlich daß mit Geld alles zu kaufen war, da reagierte man mit Empörung. Mit falscher Empörung?

Der Tod der Nitribitt, die Ermordung einer Prostituierten weckte natürlich jene »Recht-ist-es-ihr-geschehen«-Gefühle, vor allem von Männern, die ihre Kunden waren oder hätten sein können. Der Nitribitt-Skandal, die Empörung über ihr Sterben (und vor allem über ihr Leben) war ein Fest, war eine Orgie der Doppelmoral.

Die Notizbücher der Nitribitt galten als der Grund, der Schlüssel des Verbrechens. Befanden sich darin die Namen von »Wirtschaftskapitänen«, wie die Manager und Unternehmer hießen, die den deutschen Dampfer wieder flottgemacht, auf Kurs des Wirtschaftswunders gebracht hatten? Oder waren es gar die Politiker der Christlich-Demokratischen Union, war es das Adenauer-Establishment, das sich der horizontalen Dienste jener kleinen, platinblonden Hure gegen viel Geld bedient hatte? Und das jetzt, im Prozeß, den Handelsvertreter Heinz Pohlmann (vielleicht der Lude des Mädchens Rosemarie?) als Strohmann benutzte.

So verschwommen und gleichzeitig mit vagen Andeutungen fuchtelnd beschworen damals Zeitungen das Geschäft der Hintermänner im Dunkeln des Mordes an der Nitribitt: »Heinz Pohlmann sitzt und schweigt.« Säße er nicht schweigend, so hätte er über die Klinge springen müssen. So jedoch sorgte er dafür, daß die »wahren Drahtzieher«, die »eigentlichen Hintermänner«, die »echten Kunden« der Nitribitt, die sich bei ihr nicht nur sexuell erregt, gegebenenfalls sogar gegen Entgelt befriedigt hatten, bei ihr auch gequatscht hatten, in sentimentalen Stunden alle ihre Geheimnisse ausgeplaudert hatten, Geschichten darüber, wo der Bartel den Most holt. Sogar Tonbänder (das war damals ein neuer Kick!) soll sie besessen haben. Hat sie sie mitlaufen lassen, während die Bosse des Wirtschaftswunders bei ihr vor Hingabe stöhnten, als die Bonner Schaltstellenbeamten sich bei ihr vergaßen und den kleinen Jungen spielten, der Mutti alles gesteht?

Sittlichkeitsskandale – und der Mord an einer Prostituierten, der nicht aufgeklärt wird, ist ein Sittlichkeitsskandal – werfen ein verzerrtes, dennoch grelles Licht auf den Zustand einer Gesellschaft. Etwas war faul im Staate Bundesrepublik. War das wirklich die »Hör-zu«-Idylle mit der Familie auf der hellen Terrasse, Vater sprengt den Rasen, Mutter schaukelt das Baby, und die Sommersprossen auf der Nase des »Juniors« (so hieß er inzwischen nach amerikanischem Vorbild) zeigten, wie alles sauber, putzig, harmlos war? Oder war das Hogarth? – ein satirisches Sittengemälde von Schmerbauchbesitzern, die in Absteigen und Hinterstuben mit triefenden Augen in üppige Ausschnitte blickten und mit dick vorgeschobenen Lippen Sekt aus hochhackigen Schuhen schlürften? Statt C&A Sodom und Gomorrha? Hogarth, der Satiriker der englischen Restauration, der einen Stoff in der neudeutschen Restauration gefunden hätte? Wir wollen nicht übertreiben. Dazu war unsere Zeit zu flach. Trotz oder wegen der Nitribitt? Irgendwie witterte man ja hinter einer Hure, die einen Mercedes fuhr, ein weißes Hündchen und ein immenses Bankkonto hatte, eine Frau, die irgendwelche Tricks kannte, über irgendwelche Geheimnisse verfügte, einen Voodoo-Zauber der Sexualität. Anders ließen sich ihre Erfolge, anders ließ sich ihr tödlich-tragisches Schicksal doch gar nicht erklären? Oder?

Es gibt wenige Bilder von »der Nitribitt«, wie sie genannt wurde (übrigens nannte man in den Folgejahren ein Callgirl eine Nitribitt, so wie man einen Klebstoff »Uhu« und ein Klebeband »Tesa« nannte). Auf einem ist sie mit ihrem kleinen Hündchen zu sehen. So ein Hündchen, weiß, artig, geschoren, gehörte damals offenbar zur Berufsausstattung der Prostituierten, jedenfalls in ihrer gehobenen Laufbahn. Das war der erste Skandal um den Mord an der Nitribitt, daß nämlich diejenigen, die sich der Prostitution der fünfziger Jahre bedienten, auf einmal mit ihr konfrontiert wurden und »Das ist nicht wahr!« schrien. »Das darf doch nicht wahr sein!«, sagen wir heute. Die Nitribitt, das durfte doch nicht wahr sein.

»Keineswegs besonders attraktiv«, befand Erich Kuby, »Stern«-Reporter, die Nitribitt in einem Artikel, nachdem sie umgebracht worden war. »Keineswegs besonders attraktiv«, das heißt, sie muß was anderes gekonnt haben, nur nach ihrem Aussehen kann man sie nicht einschätzen. Gab es da verbotene Liebesspiele? Die »chinesische Schlittenfahrt«, die Johannes Mario Simmel, einer der Erfolgsautoren der Zeit, als geheimnisvolle Sexualpraktik in einem seiner Romane beschrieben hat. »Chinesische Schlittenfahrt«, daß ich nicht lache! Natürlich hat Simmel diese geheimnisvolle Sexnummer nur als Leerstelle erfunden, damit sie jeder Leser mit seiner schmuddligen Fantasie ausfüllen konnte.

Kubys »keineswegs besonders attraktiv« bedeutet dasselbe. Wenn jemand nicht gut aussieht, jedenfalls nicht besonders, und verdient »damit« besonders viel Geld, fährt einen schicken Mercedes, hat ein stattliches Konto und wird gar mit einem Seidenstrumpf stranguliert – dann, ja dann muß er über sexuelle Geheimnisse verfügen, über die »chinesische Schlittenfahrt« zumindest.

Kuby, der »Enthüller«, der das Drehbuch zu einem Film über die Nittribit, einen der kritischen Erfolgsfilme der Fünfziger, schrieb (und zwar 1958), war selbst ein Geschöpf der Zeit, die er mit seinem Film zu geißeln suchte. Daß der Film »Das Mädchen Rosemarie« nach dem Vornamen der Ermordeten und nicht »Nitribitt« nach ihrem Nachnamen hieß, hängt mit dem Nitrit-Skandal in Deutschlands damaligen Schlächtereien zusammen, an Nitrit wollte man nicht erinnern. Wie die FSK, die Freiwillige Selbstkontrolle, also die deutsche Zensur, mit dem Film verfuhr, das macht deutlich, wie eng es damals in Deutschlands »junger Demokratie« zuging. Allerdings muß man zur Ehre der Epoche sagen: Es war die überstimmte Minderheit (drei Voten) der FSK, die sich damals bis auf die Knochen blamierte. Der Skandal um den Film, das ist heute eines der besten Barometer für das Klima jener Jahre.

Was beanstandete die FSK an dem Film? Es liest sich heute so kurios wie ein Bericht von einem anderen Stern. Da wird beanstandet, daß der »Konzern von Industriekapitänen« durch die »kabarettistische Spielform« an den »Pranger gestellt« würde: »Durch diese Zusammenwirkung von realistischen Daten und kabarettistischen Übertreibungen entsteht in der Wirkung auf das Publikum leicht der Eindruck, als seien die tatsächlich gezeigten Mißstände in hohem Maße symptomatisch und allgemein gültig für diese Gesellschaftsklasse.« Will sagen, man darf Unternehmer, die doch immerhin das Wirtschaftswunder in Schwung gebracht haben, nicht als unsympathische Geilhuber darstellen, die in ihrer Freizeit, nach der Aufsichtsratssitzung sich beim Hotelportier hinter vorgehaltener Hand und mit dem diskreten Zuschieben eines 20-

Mark-Scheins nach bestimmten Adressen erkundigen. Der deutschen Zensur erschienen Konzernherren sakrosankt, man sollte sie möglichst nicht verunglimpfen dürfen.

So fordert die Zensur, wo bleibt das Positive?, daß man auch erfreuliche Unternehmer, liebenswürdig sympathische deutsche Millionäre hätte zeigen müssen: Der schlechte Eindruck von den reichen und mächtigen Bossen »wird dadurch verdichtet, daß der gezeigte Konzern in seinen Mitgliedern sich ohne Ausnahme von der unerfreulichsten Seite zeigt, ohne daß im Film angedeutet wird, daß es auch durchaus andere und positiv zu wertende Persönlichkeiten gerade in den Kreisen der Unternehmer gibt«. Ein Satz, im dem die Habtachtstellung der Kultur vor dem großen Geld manifestiert, wie sie als Haltung in der Adenauer-Ära als Benimm- und Gesellschaftsregel anempfohlen wurde, sich wie in einem heiligen Gebot (»Du sollst deine Unternehmer ehren und lieben, auf daß es dir wohl ergehe im Wirtschaftswunderland!«). War es Gotteslästerung, Blasphemie, in der restaurativen Republik zu zeigen, daß schwitzige ältere Herren mit dicken Zigarren und dicken Brieftaschen durchaus Regungen verspürten, die sie mit Geld diskret zu befriedigen suchten?

Die FSK, die sich »freiwillige Selbstkontrolle« nannte – man küßte die Peitsche, mit der man sich schlagen mußte –, hatte auch »sittliche« Einwände gegen »Das Mädchen Rosemarie«, und die lesen sich so: »In diesem Film wird gezeigt, wie das Mädchen Rosemarie ihren sogenannten Aufstieg bewerkstelligt. Die Einladung zum Mitfahren im Mercedes ist gewissermaßen der Absprung aus dem Arme-Leute-Milieu, und wir verfolgen nun, wie Erpressung und skrupellose Ausnutzung der sittlichen Fehler anderer Menschen dem Mädchen Rosemarie zu ihrem wirtschaftlichen Erfolg verhelfen. Zwar endet sie dadurch, daß sie im Film in eine Spionage-Affäre verwickelt wird, tragisch, aber der Filmausgang zeigt, daß ihre Nachfolgerin schon bereits wieder auftritt. Diese Anleitung zur gewerbsmäßigen Unzucht in einer besonders eindringlichen Weise kann für viele labile Charaktere außerordentlich anreizend sein und den Gedanken durch die verallgemeinernde Wirkung dieses Filmes verstärken, als sei im Zeichen des Wirtschaftswunders die Form derartiger Aufstiege ebenso leicht wie erstrebenswert.«

Ach, die Stehkragen-Sprache der Kulturbeamten jener Jahre! Dadurch, daß der Film darstellt, daß für jede strangulierte Nutte, so der Lauf der Welt, wahrscheinlich eine neue einspringt – obwohl Ermordetwerden nicht so besonders »erstrebenswert« erscheint –, sei er für »labile Charaktere« »anreizend«. Film, wäre es nach der FSK gegangen, das hätte Konfirmandenunterricht sein sollen. Manchmal denkt man, es seien Jahrhunderte zwischen 1958 und 1996 vergangen – eine lange Zeit, wie die, ich übertreibe nur ein bißchen, zwischen Mittelalter und aufgeklärter Neuzeit.

Vielleicht sollte man noch erwähnen, daß die Bundesregierung offiziell protestierte, daß ein solcher Film als deutscher Beitrag bei den Filmfestspielen in Venedig laufen sollte, wo er doch zeigte, daß, schrecklich!, schrecklich!, in Deutschland gesellschaftlich hochgeachtete Männer existierten, die sich Sex für Geld kauften. Und vielleicht auch, daß die Zensur in Raserei geriet, weil Kuby in einer Szene des Films, nur so und ohne Zusammenhang, eine Kompanie Bundeswehrsoldaten durch die Stadt marschieren läßt – Soldaten in einem Film, dessen Heldin eine Hetäre ist, unglaublich! Aber ich sollte vielleicht auch nicht verschweigen, daß dieser ganze Lärm um einen Film ausbrach, der polemisch bieder und kabarettistisch flach ist. Aber hat sich der ganze Skandal nicht daran entzündet, daß in Frankfurt eine Prostituierte mit gehobener Kundschaft ermordet worden war? In verdrucksten Zeiten reicht ein Geringes. Oder: kleine Ursachen, große Wirkungen.

37. SCHWUL

Anfang der sechziger Jahre wurde ich vom Stuttgarter »Generalintendanten der Württembergischen Staatstheater«, Professor Walter Erich Schäfer, als »Chefdramaturg« engagiert. Chefdramaturg und nicht nur Dramaturg war ich deshalb, weil ich offiziell für alle drei Sparten des Theaters, also für das Ballett, die Oper und das Schauspiel »zuständig« war. Hätte ich mich wirklich in die Oper »zuständig« eingemischt, hätte mich Schäfer, dessen Lieblings- und Renommierobjekt die Oper war, wahrscheinlich im Keller des Theaterarchivs festschmieden lassen. Hätte ich mich ins Ballett eingemischt – und nicht nur brav für Oper und Ballett Programmhefte konzipiert –, hätte John Cranko, der damals dabei war, aus dem Stuttgarter Ballett das »Stuttgarter Ballettwunder« und damit das führende Tanztheater der westlichen Welt zu machen, mich zur Strafe tanzen lassen, aber ohne Publikum und als abschreckende Demonstration für seine Compagnie. Beide, Schäfer wie Cranko, mochten und schätzten auch in Opern- und Ballettfragen mein Urteil, glaube ich. Mich hatte Schäfer wegen des Schauspiels geholt, ich sollte dem Schauspieldirektor, dem er künstlerisch nicht traute, auf die Finger schauen, und vor allem auf die Sprache achten!

Mit mir unterhielt sich der Professor mit Vorliebe über die Sprache, »dichterische Sprache«, die er liebte und schätzte und rezitierte.

Eines Tages saß ich mit Professor Schäfer in einer Ballettprobe. Schäfer war als Opernintendant ein Mann des Klanges und als Dramatiker ein Mann der Sprache (er hatte einige sprachlich schöne, aber schwer spielbare Stücke geschrieben – worauf er, da jeder Schwabe, der schreibt, sich auch als Kollege Hölderlins empfindet, stolz war). Eines Tages saßen Schäfer und ich in einer Ballettprobe von Cranko. Schäfer war fast blind, er hatte Brillengläser, dick wie der Boden eines Bierglases. Wir schauten ins Helle, zur Bühne. Dort probte Cranko in einem weiträumigen Bühnenbild. Auf einmal griff Schäfer nach meinem Arm: »Sehet Sie den Baum da im Vordergrund! Der Baum stört!«

Ich blickte angestrengt auf die Bühne. Da war weit und breit kein Baum! Sollte ich das dem fast blinden, aber sonst so gescheiten alten Herrn neben mir sagen? Sollte ich ihn kränken? Ich schwieg. »Des isch doch dumm mit dem Baum!« sagte Schäfer und zupfte mich wieder am Ärmel. »Seiet Sie so gut, Doktor Karasek, und gehet Sie nauf auf die Bühne und saget dem Cranko, des dr Baum stört!« Ich stand auf und ging auf die Bühne. Ich schüttelte Cranko, der ein ungeheuer dynamischer, ansteckend phantasiereicher Mensch war und der vom vielen Trinken, er war Ire, ein hochrotes Clownsgesicht hatte, ich schüttelte Cranko die Hand. »Wie geht's? Gut? Und dir?« Wir plauderten über das Wetter und darüber, wie ich mich auf sein neues Projekt freute, und wie er sich freue, daß ich mich freuen würde … Und dann ging ich wieder herunter, nachdem ich auch oben keinen Baum gesehen hatte. Ich setzte mich neben meinen Generalintendanten, und der fragte mich:

»Und?« Ich sagte tapfer: »Der Baum kommt weg!«, und Schäfer war es zufrieden. Am nächsten Vormittag saßen wir wieder in der Probe, und mein Generalintendant blickte auf die gleiche Kulisse auf der gleich hell erleuchteten Bühne. »Isch das net viel besser?« fragte er mich stolz. Und ich antwortete: »Viel besser!« Wenn ich heute nach Stuttgart komme, in den Schloßgarten vor dem Kleinen Haus, dem Schauspielhaus und dem Großen Haus, dem alten Opernhaus, kreuzen sich da zwei Wege, die durch Straßenschilder gekennzeichnet sind: Der »Walter-Erich-Schäfer-Weg« begegnet hier dem »John-Cranko-Weg«. Nach wem Straßen benannt sind, in Deutschland und in anderen zivilisierten, demokratischen Ländern, der ist tot. Das ist heute anders als damals mit der »Dr.-Josef-Goebbels-Straße«, in der ich meine Kindheit verbracht habe, oder mit der »Stalin-Allee« im damaligen Ostberlin. Cranko starb, weil ihm im Flugzeug ein Bissen im Hals steckenblieb, ein idiotischer Tod. Walter Erich Schäfer starb am Alter. Aber ich erzähle die Geschichte nicht, weil beide tot sind, denn sie ist trotzdem wahr. Und eigentlich wollte ich sie gar nicht erzählen, sondern ganz eine andere. Also: Anfang der sechziger Jahre wurde ich vom Stuttgarter »Generalintendanten der Württembergischen Staatstheater«, Professor Dr. Walter Erich Schäfer, als »Chefdramaturg« ... Ich zog in das Kleine Haus, bekam ein Büro – sogar eine »Engagier-Couch« war drinnen, auf der ich aber nur manchmal, an Tagen nach ermüdenden Premierenfeiern, Mittagschlaf machte. »Ich lese jetzt ein Stück, Frau Pfeifer«, sagte ich zu meiner Sekretärin, »und möchte nicht gestört werden!« Dann schlief ich den gesunden Nachmittagsschlaf der Jugend.

Frau Pfeifer war eine schmale, kleine Frau, etwa Mitte

fünfzig, und hatte vor mir schon einige »Chefdramaturgen« betreut und sie am Telefon verleugnet. Sie war eine sachliche, freundliche Frau, die einem eine große Herzlichkeit entgegenbrachte, sobald man Hilfe brauchte. Das graue Haar hatte sie straff zurückgekämmt, hinten in einem Knoten zusammengebunden – einen solchen Knoten nannten pietistische Kritiker der pietistischen Schwaben spöttisch »Glaubensfrucht«. Sie war trotzdem eine innerhalb der Verhältnisse der fünfziger Jahre tolerante, großzügige Frau. Das Theater in Schwaben war bodenständig und liberal, beides in »vernünftigen« Maßen. »Vernünftig« ist ein Kennwort der fünfziger Jahre in Württemberg. Je nach Benutzer war es ein enges oder ein weites Wort. Bei Frau Pfeifer und Walter Erich Schäfer war es ein weites Wort.

Eines Tages erzählte mir Schäfer, mit welchen Problemen er sich rumzuschlagen hätte. Er saß hinter seinem Schreibtisch, auf dem sich eine (ungelesene) Lawine von Stücken, Manuskripten, Briefen türmte, ständig bereit, wie es sich für eine Lawine gehört, abzurutschen. Und war er guter Laune und zufrieden, dann warf er einem über den Schreibtisch hinweg (»Wellet Sie ein Hoppjes?«) ein holländisches Karamelbonbon zu, das man apportierend zu fangen trachtete, denn er sah ja schlecht. Ich fing also ein Bonbon. »Stellet Sie sich vor«, erzählte Schäfer, »geschtern kommt eine Sängerin zu mir! Und schnaubt vor Wut! Sie sitzt auf der Toilette, und Sie wisset ja, die Toiletten haben unten Zwischenräume. Und da entdeckt sie, daß da jemand einen Spiegel reingeschoben hat, mit dem er sie von draußen sehen kann, so eine Fernrohrkonstruktion. »Und«, fährt der General fort, »ich gehe der Sache nach. Und wir entdecken einen jungen Bühnenarbeiter.

Ich bitte den in mein Büro, und er kommt und gesteht und erzählt mir, fascht unter Tränen, daß seine Frau schwanger sei, im siebten Monat. Und daher spiele sich dahoim nix mehr ab. Und so habe er ...« Der Intendant macht eine Pause, um dann fortzufahren: »I hab ihm gesagt, er soll des künftig bleibelasse. Und er hat's mir versprochen!«

Ich fand es schön, wie souverän mein Chef auf eine solche Situation reagiert hatte, bemerkte aber auch, daß er mir das erzählte, um all seine Sarastro-Weisheit vor mir auszubreiten. »In diesen heiligen Hallen kennt man die Rache nicht!« Den Tamino in Stuttgart sang damals übrigens, unter meiner »Chefdramaturg«-Ägide, Fritz Wunderlich, ein Mozart-Tenor, wie ihn unsere Zeit kein zweites Mal erlebt hat. Er stürzte 1966 von einer Treppe und war tot. Aber auch davon wollte ich nicht erzählen. Übrigens hatte ich auch mit Wunderlich nur via Programmheft zu tun, aber ich erhielt die Gelegenheit, an all den Abenden, an denen er den Tamino oder den Belmondo (in der »Entführung«) sang, in der Oper zu sitzen. Manchmal kann man schon Glück haben, auch im Beruf! Aber weder von ihm noch von dem spiegelbesessenen Klokünstler mit der schwangeren Frau im siebten Monat wollte ich erzählen ...

Also, noch mal von vorn: Anfang der sechziger Jahre wurde ich vom Stuttgarter »Generalintendanten der Württembergischen Staatstheater«, Professor Walter Erich Schäfer, als »Chefdramaturg« engagiert. Meine Sekretärin, Mitte fünfzig, hieß Frau Pfeifer. Eines Mittags war Frau Pfeifer in der Kantine, und so erreichte mich in meinem Büro ein Anruf direkt, und irgend jemand nannte mich bei einem falschen Vornamen, es klang ein bißchen drohend, und er meinte, warum ich mich denn so lange nicht gemeldet habe. Und er würde schon Wege finden, mich dazu zu bringen ... An diesem Punkt habe ich aufgelegt. Ich habe Frau Pfeifer, als sie aus der Kantine zurückkam, von dem merkwürdigen Anruf erzählt, und sie hat mir gesagt, so etwas passiere öfter. Es hänge mit meinem Vorvorgänger zusammen, dem armen Dr. G.R. Ob ich mich an ihn erinnere?

Und ob ich mich an ihn erinnerte! Er war Chefdramaturg, als ich Kritiker bei dem theaterversessenen Feuilletonchef Siegfried Melchinger war, der aus der »Stuttgarter Zeitung« damals ein Zentralorgan des deutschen Theaters machte; er hat, übrigens, auch zusammen mit Henning Rischbieter die Theaterzeitschrift »Theater heute« ins Leben gerufen.

Dr. G.R. war ein großer, ein wenig lärmender Mensch, mit ausgreifenden, rheinischen Bewegungen, rauh und servil in einem, mit einer zu dröhnenden Lache und einer Freundin oder Ehefrau, die ihn zu Partys, Empfängen, Presseempfängen begleitete, bewundernd zu dem großen, lauten, gleichwohl unsicheren Mann aufblickte und doch ab und zu zusammenzuckte, wenn er mit peinlichen und plumpen Schmeicheleien über die Stränge schlug oder als einziger seine eigenen Witze belachte.

Der arme Mann, sagte Frau Pfeifer über den inzwischen Verstorbenen, als ich ihr von dem Anruf erzählte. Obwohl er mein Vorvorgänger gewesen und schon tot sei, kämen ab und zu immer noch merkwürdige Anrufe. Er sei ja erpreßt worden, weil er »so« gewesen sei, »Sie wisset schon! Eben andersrum«. Ganz furchtbar sei das gewesen, zur Tarnung habe er diese Frau gehabt. Und manchmal sei er, des Nachts, mit einem falschen Schnurrbart, mit hochgeschlagenem Mantelkragen unruhig durch die Halle des

Hauptbahnhofs geschlichen. An Tagen danach seien dann die Anrufe gekommen, und dann sei er immer so unruhig geworden. Wahrscheinlich sei er auch erpreßt worden, denn der arme Dr. R. habe nie Geld gehabt. Ich warf geschmacklos ein, daß ich auch nie Geld hätte, obwohl ich nicht erpreßt würde.

Trotzdem, Schwulsein war keine leichte Verfehlung in der Adenauer-Ära. Eines Tages erzählte mir mein Intendant, wie im Verwaltungsrat der Württembergischen Staatstheater, die zur Hälfte von der Stadt Stuttgart, zur Hälfte vom Land Baden-Württemberg getragen, subventioniert und also auch kontrolliert wurden, ernsthaft die Frage aufgeworfen wurde, ob denn »so einer« wie John Cranko überhaupt und »mit seiner Veranlagung« Ballettdirektor sein könne. Da sei er aber, so Schäfer, aus der Haut gefahren und habe den Herren (ja, es saßen damals nur Herren in den meisten Gremien) erklärt, daß sie dann wahrscheinlich auch Bedenken gegen Tschaikowski gehabt hätten, der sei nämlich auch »so« gewesen wie Cranko. Mit Tschaikowski mußte man damals noch kommen, mindestens.

Dabei war die Theaterwelt noch die toleranteste, das waren da eben Künstler, und bei denen war sowieso alles anders. Neben meinem Büro hatte der große alte Schauspieler Günther Lüders noch seine Garderobe, weil er vorher Schauspielhausdirektor gewesen war. Jeden Abend, an dem er auf der Bühne stand, hörte ich ihn laut gurgeln: Er machte sich die Stimme, indem er Rs über das Zäpfchen jagte, geläufig. Er war ein höflicher, eckig-verklemmter Mann, wirkte sehr hanseatisch im tiefen Südwesten, steif, ein Mann, der jedesmal, wenn man ihn ansprach, mit dem Oberkörper etwas schräg nach hinten zurückzuckte und in dieser abwehrenden Schräge stehen blieb. Im übrigen fehlte ihm auffällig ein Finger, was man nur bemerkte, wenn man ihn privat sah, und was man, stand er auf der Bühne, sofort vergaß. Er wurde als »einsamer Mann« beschrieben und umschrieben. Als Schauspieler brauchte er zur Tarnung nicht zu heiraten, und als er Schauspielhausdirektor war, hatte sich seine »Neigung«, mit der er mit beherrschter und äußerster Diskretion umging, nicht bis in den Aufsichtsrat herumgesprochen. Er kam aus dem Gründgens-Umkreis, und Gustaf Gründgens als Intendant des Düsseldorfer und dann Hamburger Schauspielhauses war in der Bundesrepublik einer der wenigen Großen, von denen offen, aber hinter vorgehaltener Hand (anders ging das damals nicht) gesagt wurde, daß er »andersrum« sei. Das tolerierte man. Das hatten ja sogar schon die Nazis toleriert, wäre ja noch schöner!

Die Opernkantine teilten sich die Sängerinnen und Sänger mit den Tänzerinnen und Tänzern. Opernleute sind oft joviale Spießer, immer zu einem lauten Lachen aufgelegt. Besonders in Opernchören sammelt und versammelt sich eine rührende Kulturbeflissenheit, wie sie Schauspielern fehlt, die als Getriebene und Besessene, so sie keine »Darstellungsbeamten« des Subventionstheaters waren, mit ihrem Gewerbe und dem Lauf der Welt entweder pathetisch oder zynisch umgehen. In der Opernkantine hängten die Sänger immer wieder ein damals gebräuchliches Werbeplakat auf. Es war eine Ofen-Reklame der Heizkörperfirma Dänzer und sie lautete: »Ein Dänzer wärmt den ganzen Raum«. Das D hatte man durchgestrichen und durch ein T ersetzt. So trieben die Gesangskünstler ihren feinen Spott mit den »warmen Brüdern« vom Ballett.

Und es war Franz Josef Strauß, der Verteidigungsminister, der sich ungeniert breitbeinig und sozusagen mit selbstgefällig vor der Brust verschränkten Armen brüstete: »Lieber ein kalter Krieger als ein warmer Bruder.« Wahrscheinlich hat er, als er das sagte, zufrieden über seine kriegerische Manneskraft gegrient. Und ebenso wahrscheinlich ist ihm dieses Grinsen schief und schmal mißraten, weil die unbewußte Unsicherheit sich in leichten Verzerrungen bemerkbar macht. Wir Älteren erinnern uns noch an diese Mischung aus Unsicherheit und Selbstbewußtsein im Straußschen Mienenspiel.

»Dreh dich noch einmal um, eh wir auseinandergehen«, sang damals Gerhard Wendland, und man spottete, dies sei, ha, ha, ha, das Lied der Schwulen, da müßte man sich doch umdrehen, um sich zu lieben. 1957 drehte Veit Harlan, ja, ausgerechnet Veit Harlan, der »Jud Süß«-Regisseur, den Film »Anders als du und ich«, der den Untertitel »Das dritte Geschlecht« trug. Eigentlich zeigt schon der Titel »Anders als du und ich«, wo es in dem Film langgeht. Wenn man anders ist, als ich es bin und anders, als du es bist, gehört man überhaupt nicht dazu, weder spricht man jemanden an, noch wird man angesprochen. Menschen wie du und ich sind eben nicht anders – und erst recht nicht andersrum. Hätte es den heutigen Betroffenheitsjargon schon gegeben, man hätte den Titel als typische »Ausgrenzung« von Menschen, die anders sind – Juden, Schwule, Ausländer, Neger –, bezeichnet.

In Veit Harlans üblem Film ist der böse homosexuelle Verführer, der sich an einen heranwachsenden Jüngling ranmacht, natürlich Künstler und fabriziert natürlich so unnatürliche Sachen wie abstrakte Bilder (anstatt anständige und konkrete antisemitische oder antihomosexuelle Filme zu drehen). Die Mutter rettet ihren Sohn, indem sie dessen Verhältnis zu einem knospenden Mädchen so rigoros fördert, daß sie dabei gegen den damals bestehenden Kuppeleiparagraphen verstößt, Mutterliebe kennt eben keine Grenzen. Immer wenn der schwule Verführer mit energischem Gesicht auftritt, die Blicke fanatisch auf das junge männliche Fleisch gerichtet, ertönt die »unnatürliche« Musik einer elekronischen Orgel, die schwule Welt ist eine Welt, der jedes Bodenständige fehlt: Veit Harlan hatte nicht umgelernt. Und daß er das überhaupt nicht nötig hatte, daß er diesen Film so drehte und drehen konnte, ohne daß er damit eine große öffentliche Empörung entfachte, die ihn weggespült hätte, das ist einer der großen Skandale der Zeit. Der Skandal war, daß der Film keinen Skandal verursachte. Nur ein paar Studenten stellten sich protestierend vor Kinos, in denen der Streifen lief. Und sie protestierten auch nicht gegen die Haltung des Films, sondern nur dagegen, daß es Veit Harlan war, der einen Film drehte.

38. DER VIKAR

Kurz vor Beginn der fünfziger Jahre erlebte ich einen religiösen Schub: Ich kehrte zum Katholizismus und in den Schoß der Kirche zurück, ging nach jahrelanger Abstinenz Sonntag für Sonntag zur Messe, beichtete, nahm kniend die Oblate und versuchte sogar, abends vor dem Einschlafen zu beten, statt meine heftigen Träume abzureagieren. Das war in der Diaspora, denn Bernburg war protestantisch, und es war in der DDR. Mein ganzes Wissen bezog ich aus »Meyers Großem Konversationslexikon« von 1905 (jedenfalls ist der erste Band von 1905). Diese 20 Bände mit drei ergänzenden Supplementbänden waren meine Lieblingswissensquelle in der dumpfen, dürftigen Zeit, und als ich die DDR verließ, war einer meiner großen Schmerzen, daß ich diese 23 Bände nicht mitnehmen konnte.

Dem »Meyers« entnahm ich zu meiner Beruhigung – es war ein relativ liberales Lexikon – nur noch eine abgeschwächte Version der Drohung, daß Onanie Rückenmarkschwindsucht hervorrufe. Dagegen las ich zur Stimulierung den »Pfaffenspiegel«, ein Buch, das während Bismarcks Kirchenkampf gegen die katholische Kirche verfaßt worden war und in detailfrohen Geschichten vor allem die sexuellen Auswüchse des Priesterzölibats ausmalte und anprangerte, wobei es meiner jugendlich leicht zu erhitzenden Phantasie mehr ums Ausmalen als ums Anprangern ging. Und so erregten mich die Mönche und Beichtväter sehr, die sich über schöne Ehefrauen sexuell hermachten. Mönch, das wollte ich werden! Nicht Lokomotivführer, nicht Journalist, Mönch, der schönen Ehefrauen die Beichte abnimmt, die Absolution erteilt.

Aber es war weder der liberale »Meyer« noch der antiklerikale »Pfaffenspiegel«, die mich zur katholischen Kirche zurücktrieben. Es lag vielmehr daran, daß zwei meiner Schulfreunde mich mitschleppten. Sie kamen, Flüchtlingskinder wie ich, im Unterschied zu mir aus fromm katholischen Elternhäusern (um es so altmodisch lammfromm zu sagen). Und daß sie eifrig in die Kirche gingen und in der katholischen Jugend aktiv waren, hing auch damit zusammen, daß sie sich auf diese Weise einigermaßen gegen das kommunistische Regime abkapseln konnten – vor allem gegen die FDJ. Aus diesem Impuls ging ich zur Kirche und lernte Vikar Schmitz kennen. Vikar Schmitz war Kölner, er hatte rötliches Haar, das anfing zu ergrauen, er hatte große Füße in großen schwarzen Schuhen, sein Gesicht war fleischig, mit dicker Nase, fleischig wirkenden Ohren und dicken sinnlichen Lippen, durch die er den Zigarettenrauch wie ein im Wasser atmender Karpfen ausstieß.

Vikar Schmitz hatte mich und einen anderen Freund dazu ausersehen, uns an Abenden bei sich zu Hause privat zu bekehren und im Glauben zu bestärken. Wir gingen arglos hin, zu zweit oder allein. Und, um es vorweg zu sagen, unsere Arglosigkeit wurde auch nicht bestraft. Nur mein Vater, ein nüchterner, antiklerikal erzogener Mann, machte eine Andeutung. Wir besuchten den Vikar ja auch nicht so sehr der religiösen Erbauung wegen, obwohl er mit einer seltsamen Inbrunst von den Wonnen des Glaubens schwärmen konnte. Er bekam dabei ein Gesicht, das mit leicht nach oben gedrehten Augen verschwamm, wie ich es später bei Menschen beobachten durfte, die einem Orgasmus entgegenstrebten und zuarbeiteten.

Nein, wenn wir kamen, zündete der Vikar die Kerzlein an, kochte echten Tee oder echten Kaffee, schenkte uns schon mal einen echten Weinbrand ein. Und während wir uns unterhielten, gab es westliches Bahlsen-Gebäck und echte Schokolade und westliche Zigaretten! Vikar Schmitz stammte, wie gesagt, aus Köln. So konnte er auserwählte Schäflein in der östlichen Diaspora missionieren und mit westlichem Konsum belohnen und verwöhnen. Wir ließen es uns gefallen, hatten auch Spaß an den lustigen Gesprächen, denn der Priester war eine jener sprichwörtlichen rheinischen Frohnaturen, der auch gerne Witze erzählte, manche sogar über die Kirche, mein Gott, warum denn auch nicht!

Der Höhepunkt unserer Beziehung zu dem Pater war unser Tanzstundenabschlußball. Wir hatten während des gesamten Tanzkurses Mädchen als Damen zugewiesen bekommen, die uns – wir waren wohl die schäbigst angezogenen Tänzer – nicht leiden konnten und die wir daher auch nicht leiden konnten. Wir tanzten wie die Klötze zusammen. Als der Ball nahte, für den wir auch nichts Richtiges anzuziehen hatten, wuchsen Scham und Unlust, und am Abend vorher, bei Kerzenschein und Vikar Schmitz, erwogen wir die Möglichkeit, einfach nicht hinzugehen, unsere bösen Damen einfach zu versetzen. Auch aus Rache.

Wie hell begeistert war Vikar Schmitz, als er das hörte. Das sei eine wundervolle Idee! Statt zum Ball zu gehen, könnten wir uns bei ihm treffen, er würde zur Feier des Tages einen Likör aufmachen, Eierlikör. Und so begingen wir das Ende der Tanzstunde mit Dönches und Plätzchen, vor allem aber, und das war die Hauptattraktion, die der Vikar uns zu bieten hatte, mit westlichen Zigaretten.

Am nächsten Tag besuchte mich der Vikar. Es war das erste Mal. Er klingelte unten, ich mußte die zwei Stockwerke hinunterlaufen, nachdem ich ihn aus dem Fenster gesehen hatte, und ihm die Tür aufschließen. Wir gingen die Treppe hinauf, ich vor ihm, und plötzlich griff er mir von hinten kurz in den Schritt. Als ich mich überrascht aus seinem Griff umdrehte, sah ich, daß er die Lippen zu einem energisch-lustvollen, offenen Viereck verzogen hatte.

Es war das vorletzte Mal, daß ich ihn sah. Das letzte Mal war eine Zwiesprache neben der Kirche, wo er mir, den Tränen ziemlich nahe und hastig rauchend, erzählte, er sei »deswegen« aus Köln in die DDR »strafversetzt« worden. Und wenn nochmals etwas ruchbar würde, wäre es um ihn geschehen. »Vor allem hier, in der DDR!« Ich solle ihn doch bitte nicht verraten.

Daran hatte ich ohnehin nicht eine Minute gedacht – schon allein wegen der DDR und trotz des »Pfaffenspiegels«. Während der Kerzenabende mit Kekseknabbern und Rauchringe-aus-Karpfenmäulern-Blasen hatte meine ahnungslose Mutter nicht gegen den Kuppeleiparagraphen verstoßen und mir, wie in Veit Harlans haßerfülltem Film, eine schöne Maid ins Bett treiben müssen – was auch gar nicht so leicht gewesen wäre in den Jahren, da man zur Nacht betete: »Prüde bin ich, geh' zu Ruh, schließe meine Augen zu!«

39. BILLARD

Billard ist eine der unglücklichen Lieben meines Lebens. Ich habe das Spiel immer geliebt, immer bewundert und nie beherrscht. Es läßt sich für mich kaum etwas Schöneres denken als die straff mit grünem Tuch bespannte Tafel des Billardtisches, dessen Rechteck, meist doppelt so lang wie breit, auf schwarzen, schweren Füßen ruht. Eingefaßt von der Bande, einem elastischen Rand, an dem die Billardkugeln sich abstoßen, nach strengen geometrischen Gesetzen, ist der Billardtisch von einem kegelförmigen Licht überstrahlt, das das Billardgrün aus dem dunklen Raum heraushebt. Billard ist ein Spiel für die Nacht, für deren Verdorbenheit. Billard ist ein Glücksspiel. Mozart zum Beispiel soll all sein Geld beim Billard verspielt haben.

Das straff gespannte, grüne Filztuch kann man mit dem Queue leicht verletzen, beschädigen. In billigen Billardkneipen wird der Filz dann mit Pflaster geklebt – wie ein aufgestoßener, aufgescheuerter, wunder Fuß. In besseren Billardsalons läßt man Pfuscher nicht an den grünen Tisch – daher meine unglückliche Liebe.

Was ich am Billard geliebt und bewundert habe, ist das Spiel »über die Bande«, das »Spiel mit Effet« (und »Contreeffet«).

Die fünfziger Jahre waren so eng, daß ich Menschen beneidet habe, die ein Zimmer hatten, einen Raum, in dem sich nichts anderes befand als ein Billardtisch. Es war der sichtbare Überfluß und Luxus. Plötzlich stand er da, sein im Oberlicht aufstrahlendes Grün erzeugte eine fast religiöse Stille: der Billardtisch, ein Tabernakel des Überflusses. Endlich gab es wieder Menschen, die Raum hatten, die Platz verschwenden konnten. Nicht als spießige Kellerbar, sondern als großes Feld des grünen Tisches, dessen giftigsaftiger Bezug an Roulette, an Glücksspiel, an hohläugiges Unglück erinnerte. Ich sehe Spieler, Billardspieler, die ihre Zigarette aus dem Mund nehmen, in einen Aschenbecher legen, wo sich ihr Rauch erst blau, dann grau weiterkräuselt; sie nehmen sich einen Queue aus dem Ständer, jene 1,30 Meter bis 1,45 Meter lange, sich nach oben leicht verjüngenden Stöcke, meist aus Eschenholz oder Weißbuchenholz, die als Spitze oft einen Elfenbeinaufsatz, Virole genannt, haben, über das ein Lederplättchen gespannt ist. Prüfend nehmen die Spieler ihren Queue aus der Halterung, greifen sich ein quadratisches Stück meist blauer Kreide und tauchen die lederüberzogene Queue-Spitze in das kreidige Quadrat, das sie über den Queue-Kopf reiben – wen das an sexuelle Spiele mit dem männlichen Glied erinnert, der ist symbolisch nicht ganz falsch beraten.

Und dann die konzentrierten Blicke über den Tisch, der im künstlichen Licht aufstrahlt: die gebeugten Oberkörper, die die Billardkugeln betrachten, ihre Bahnen errechnen, mit dem Stock Maß nehmen, als wäre es ein geometrisches Experiment – dann wieder einen Zug aus der Zigarette, die im Aschenbecher rauchige Spiralen in das Licht gekreiselt hatte. Ein Zug, ausgestoßener Rauch – der Lichtkegel verfärbt sich wolkig.

Billard ist ein romanisches, Billard ist ein amerikanisches Spiel. In Amerika wird Pool-Billard gespielt, mit den sechs Löchern und den numerierten Kugeln mit den bunten Bauchbinden, die man einlochen, »einpoolen« muß. In romanischen Ländern spielt man »Karambolage«, mit drei Kugeln, eine davon weiß. Das ist das Billard, das ich liebe. Nicht das Pool-Billard, obwohl mir dessen Reiz aus Hollywood-Filmen der fünfziger Jahre bewußt ist: Kaschemmen, in denen Frank Sinatra im weißen Hemd, den Schlips lässig gelockert, im Morgengrauen mit irgendwelchen schwitzigen, fragwürdigen Mafiosi in einem rauchigen Billard-Hinterzimmer steht, übernächtigt und mit schwarzen Bartstoppeln im käsigen, leicht von einem Schweißfilm überzogenen Gesicht.

Nein, ich denke an Spanier, Franzosen, Italiener. Zum Beispiel in Madrid, im Sommer unter kühlenden Kastanien. Für mich ist Billard ein romanisches Spiel wie Skat ein deutsches. Wie sie sich schlank und nachdenklich an ihre Queues lehnen, das Glas absetzen, den Kopf schräg halten, um sich dann zum Stoß über den grünen Tisch zu beugen – es ist eine Form romanischer Geselligkeit. Im Horizont verschwindet rosa der Abend, das Kegellicht macht aus den Bäumen eine grüne Kuppel, die die grünen Tische überwölbt.

Ich liebe das Geräusch über alles, wenn die Bälle sich berühren, »touchieren«, jenen seltsam knöchernen, gedämpften Knall, der den Erfolg anzeigt.

Es gleicht dem »Plopp« der Tennisbälle, an deren Klang man (auch) hört, wie gut der Schläger den Ball getroffen hat. Versuche ich, mich an Geräusche des Luxus zu erinnern, als aus den Trümmern der Wohlstand kroch, dann denke ich an das »Plopp, Plopp« von Tennisbällen. Und wenn ich aus dem Fenster blickte, sah ich irgendwo im verschwimmenden Maigrün das Rot der Tennisplätze, durch Gitterdrähte gegen die Sonne abgeschirmt, sah das Weiß der Röcke und Hosen von Tennisspielern, Reflexe in der Sonne und das »Plopp, Plopp« der Bälle, leichte Zurufe, leichtes Lachen – die Zeit begann, sich aus ihren Nöten, ihrer Enge zu lösen. Und mich überfiel eine Sehnsucht, wie Fliederduft oder Jasmingeruch: Ich wollte zu dieser Nutzlosigkeit, zu diesem Überfluß gehören.

Es gibt daneben das Geräusch von Schwimmbädern. Das Aufspritzen des Wassers nach Sprüngen, das Gewoge menschlicher Stimmen, durch das Gelächter fährt, vermischt mit dem plätschernden Geräusch – Sommer, der sich in Lichtreflexen auf blauen Schwimmbadwellen bricht, dazu der Geruch von Sonnenöl und Kokosmilch – die Freizeit, die uns erstmals wie ohne Beschwernisse überschwemmte.

1955 erschien Vladimir Nabokovs Roman »Lolita«, der Roman einer wahnwitzigen Liebe eines Professors zu einem »Nymphchen«, eine helleuchtende Fackel in der dumpfen Dunkelheit der fünfziger Jahre. Nabokov beschreibt das abstruse Glück und Unglück einer wahnsinnigen Liebe, ein ewiges Thema. Und er beschreibt es auf Amerikas Landstraßen und Highways, in Motels und Absteigen (»Motel Insomnia Lodge«) am Rande der Autobahnen, den Fluchtburgen einer mobilen Gesellschaft der fünfziger Jahre, ein Thema der Zeit.

Einmal, unterwegs, »on the road«, auf der Flucht, auf der Humbert Humbert seine Lolita verfolgt, spielen die beiden Tennis:

»Bevor sie sich zum Aufschlag reckte, wartete sie ein paar Takte hinter der Kreidelinie, entspannte sich, ließ oft den Ball ein- oder zweimal aufspringen oder glättete den Boden ein wenig mit ihrem weißen Schühchen, immer locker, nie genau den Stand des Spiels verfolgend, immer gutgelaunt, wie es in dem dunklen Leben, das sie zu Hause führte, so selten war. Ihr Tennis war die Höchstleistung, zu der es ein junges Geschöpf in der Kunst der Vortäuschung bringen konnte, obgleich es für sie vermutlich die schiere Geometrie elementarer Wirklichkeit war.«

»Die ungemeine Klarheit all ihrer Bewegungen fand eine vernehmbare Entsprechung in dem reinen Klang jedes ihrer Schläge. Sobald der Ball in ihren Herrschaftsbereich drang, wurde er irgendwie weißer, sein Anprall irgendwie reicher, und das Präzisionsinstrument, mit dem sie ihn traktierte, schien im Augenblick des haftenden Kontaktes etwas ungewöhnlich Zupackendes und Absichtsvolles zu haben ... Als ich ihr das erste Mal zusah, überrieselte mich bei der Verarbeitung von soviel Schönheit geradezu ein schmerzhaftes Beben. Meine Lolita hatte eine berückende Art, zu Beginn ihres weiträumigen und federnden Aufschlages das gebeugte linke Knie zu heben, wenn sie ein lebendiges, ausbalanciertes Netz zwischen vier Punkten ausspannte und einen Moment lang in den Strahlen der Sonne hing – zwischen der Fußspitze, der noch fast haarlosen Achselhöhle, dem gebräunten Arm und dem weit nach hinten ausholenden Schläger –, während sie mit glitzernden Zähnen zu der kleinen Kugel emporlächelte, die hoch im Zenit des mächtigen und anmutigen Kosmos schwebte, welche sie eigens zu dem Zweck erschaffen hatte, mit dem reinen, hallenden Knall ihrer goldenen Peitsche auf ihn einzuschlagen.«

»Ihrem Aufschlag waren Schönheit, Direktheit, Jugend,

eine klassische Reinheit der Schlägerbewegung eigen – und doch war er trotz seines flinken Tempos ziemlich leicht zurückzuspielen, denn ihre langen, eleganten Bälle waren ohne Drall und Wucht.«

»Sie schlug hart und flach mit ihrem mühelos durchgezogenen Schwung, returnierte mir die Bälle knapp über das Netz tief in meine Platzhälfte – alles so rhythmisch geordnet und übersichtlich, daß es meine Fußarbeit praktisch auf einen schwingenden Spaziergang reduzierte – geübte Spieler werden verstehen, was ich meine. Mein ziemlich stark geschnittener Aufschlag, den mir mein Vater beigebracht hatte – er seinerseits verdankte ihn Decugis oder Borman, alten Freunden und großen Meistern –, hätte meine Lo in ernstliche Schwierigkeiten gebracht, hätte ich wirklich versucht, ihr Schwierigkeiten zu machen. Aber wer wollte ein liebendes Mädchen mit solch strahlenden Augen ärgern? Habe ich je erwähnt, daß ihr nackter Arm die 8 der Pockenimpfung aufwies? Daß ich sie hoffnungslos liebte? Daß sie erst vierzehn war?«

Tennis, ein weißer Sport, ein Luxussport, bei dem sich aus dem Weiß das Braun des Körpers gegen das Rot des Platzes schälte, die verschämte Lüsternheit jener Jahre. Billard, das Spiel über die Bande, pure Geometrie der Karambolagen – das satte, knappe Geräusch der schweren Kugeln, die aus Elfenbein zu sein schienen, obwohl sie längst nicht mehr aus Elfenbein waren.

Karambolagen, Spiele »über die Bande«: Ende der fünfziger Jahre war ich auf einem Dramaturgentreffen, von dem ich nicht mehr weiß, ob es in Kassel oder in Darmstadt oder sonstwo stattgefunden hat. Es gab einen offiziellen Teil mit Vorträgen, Referaten, Diskussionen – etwa unter dem Motto »Ist das Theater noch ein Fest?« Oder so ähnlich. Oder auch ganz anders.

Der inoffizielle Teil, die Abende danach, fanden in irgendwelchen flachen Neubauwohnungen oder flachen Dramaturgenbüros statt. Salzstangen, Erdnüsse, Wein, Musik, Gespräche, Jazz, Gerry Mulligan, Vivaldi, »Die Vier Jahreszeiten«. Es gab viele junge, fast frisch verheiratete Paare, Dramaturgin und Dramaturg. Und je länger man mit ihnen sprach, um so deutlicher wurde, wieviele von ihnen nur »über die Bande« verheiratet waren. Sie, um ihm für sein Schwulsein ein Alibi zu liefern, er, um ihr – ja, warum sie ihn geheiratet hatte, das weiß ich nicht mehr. Vielleicht wollte sie einfach ihre Ruhe haben.

Er kam nicht zu solchen Treffen mit billigem Weißwein und Gläsern voll Salzstangen, wo man die Kippfenster öffnen mußte, um den beißenden Qualm der Zigaretten auszuhalten. Er spielte ein paar Klassen höher, er war einer der Aufsteiger, Erfolgstypen des Jahrzehnts. Er war einer der Totengräber der fünfziger Jahre, der mit Skandalen Furore machte – ein Manager und Künstler, der andere Künstler beflügelte, anregte, zusammenbrachte, motivierte. »Mach, mach!« schien er dauernd zu sagen. Und während sie es »machten«, hielt er schützend seine Hand über sie.

Er liebte Brecht und haßte die Muffigkeit der fünfziger Jahre. Er hatte ein schnittiges Profil, und er war laut und bestimmt, um deutlich zu sein. Nach seinen Behauptungen wischte er mit der Hand durch die Luft. Entschieden. Er duldete keinen Widerspruch. Er wußte, daß er sich gegen die fünfziger Jahre durchsetzen würde, gegen ihren Muff, gegen ihre Engstirnigkeit. Wäre doch gelacht!

Einmal fuhr ich mit ihm zusammen nach Saarbrücken,

zum Saarländischen Rundfunk, zu einer jener Rundfunkdiskussionen jener Jahre über das Theater und seine gesellschaftliche Rolle. Er nahm mich in seinem VW-Käfer-Cabriolet mit, und er sprach während der Fahrt mit einer derartigen Leidenschaft vom Theater, daß er die Hände immer wieder vom Steuer nahm – beide, gestikulierend, beschwörend.

Aber jenseits aller Begeisterung fuhr er mit jener Rücksichtslosigkeit, die mir klarmachte: Dieser Mann wird Karriere machen, noch mehr Karriere machen. Er hängte sich mit seinem Käfer an die Stoßstangen der vor ihm in Kolonne dahinrollenden Autos, rückte ihnen so nahe auf den Pelz, bis sie erschrocken auswichen. Mir ist das nicht nur aufgrund der Angst in Erinnerung, die ich dabei ausstand, sondern auch, weil seine brutale Fahrweise im seltsamen Widerspruch zu den humanen Phrasen stand, die er begeistert über das Theater absonderte – und an die er glaubte.

Er führte eine Musterehe, die seiner Karriere höchst dienlich war, seine wunderschöne Frau mit den kräftigen, weiß blitzenden Zähnen und dem braunen, seidig glänzenden Haar minderte die Unwiderstehlichkeit ihrer hochgewachsenen Schönheit durch ihren bajuwarischen Dialekt. Sie hatten drei süße, ja, hinreißende Kinder, die sie stolz vorführte: Wir haben neben unserer Arbeit in der Avantgarde ein seliges Familienleben. Manchmal munkelte man von seltsamen Trennungen der beiden. Aber ehe man sich noch Gedanken machte, waren sie wieder demonstrativ zusammen. Sie saß mit einem nackten Rücken vor mir im Theater, der so schön war, daß ich zusammenzuckte, mein Gott! Und die beiden zusammen! So viele Kosenamen, ein derartiges Repertoire an Zärtlichkeiten, die so albern waren, daß man sich beim Zuhören, einbezogen in ihre Intimität, schämte, ihnen so nahe zu sein. Und gleichzeitig dachte, Himmel nochmal, müssen die verliebt sein! »Honigbärchen, Lämmchen, süßes Tigerchen, mein Tapsi-Hapsi!« Es war das reinste Süßholz. Ein wunderschönes Paar, stolz, hochgewachsen, berstend vor Zärtlichkeit und Zuneigung.

Nur ein paar Monate später, nach einer Premiere, saß ich mit ihr an einem Tisch, und wir sprachen über die Welt, das Leben und das Glück. Da hatte sie ihr »süßes Tigerchen« schon endgültig verlassen. Von den Nächten in der zweistöckigen Villa erzählte sie. »Es war schrecklich«, sagte sie. »Ich lag wach, oben, während er unten einem Schauspieler seine Liebe gestand.«

In den fünfziger Jahren mußte vieles über Bande gespielt werden, Karambolage. Ich kannte einen jungen Redakteur, der schwärmte, obwohl er sonst einen guten Geschmack hatte und amerikanischen Jazz liebte, für Caterina Valente – bloß um in Wahrheit in Gedanken auch deren musikalisch schwächlichem Bruder Silvio Francesco nahe zu kommen, dessen weiches Gesicht (im Unterschied zu den entschlossenen Zügen seiner Schwester), dessen Gitarrenakkorde und schlanken Tanzdrehungen starke homosexuelle Signale waren.

1959 erschien Heinrich Bölls Roman »Billard um Halbzehn«, die Geschichte dreier Generationen einer rheinischen Architektenfamilie, die die Abtei St. Anton erbaut und, nachdem sie gegen Kriegsende zerstört wird, wiedererbaut. Böll galt als das kritische Gewissen der Adenauer-Ära, die »Gruppe 47«, der er angehörte, als geistige Opposition gegen die Restauration. Mit den antagonistischen

Formeln »Sakrament des Büffels« und »Sakrament des Lammes« setzte sich der gläubige Katholik und überzeugte Pazifist mit der etablierten Kirche auseinander, die schon wieder dabei war, die Waffen zu segnen. Ein Buch gegen die Kalten Krieger und lauen Brüder.

40. HINTER DEN SIEBEN BERGEN

Es gibt ein Foto von mir und Konrad Adenauer. Ein privater Schnappschuß. Mit mir und Adenauer sind ein Dutzend amerikanischer Studenten, die den steinalten Kanzler der blutjungen Republik umringen, auf dem Bild. Adenauer steht groß, alle überragend am Gartentor seines Hauses in Rhöndorf, auf seinem verwitterten Indianerkopf trägt er einen steifen Hut. Er ist, was man nicht sieht, auf dem Weg zur Arbeit, ins Büro; es ist also früher Morgen.

Wir, die amerikanischen Studenten und ich, haben ihm nicht etwa aufgelauert, auf dem Weg zu seinem Auto, wo der Chauffeur auf ihn wartete. Das wäre selbst in jenen unbekümmerten Jahren wohl nicht möglich gewesen. Wir sind brav über das Protokoll gegangen, haben uns angemeldet: Da sei eine Gruppe amerikanischer Fulbright-Stipendiaten, die würden eine Woche lang in Bad Godesberg auf ihr Studium an verschiedenen deutschen Universitäten vorbereitet. Ich war der Tutor, den der Akademische Austauschdienst für die Tübinger Gruppe nach Godesberg geschickt hatte, ich sollte die Studenten dann auch nach Tübingen begleiten.

Die Tübinger Gruppe hatte eines Abends den Einfall, ob wir nicht den deutschen Kanzler sehen könnten. Wir telefonierten, und siehe da, für Amerikaner war damals nichts unmöglich, wir durften den Alten am Morgen kurz begrüßen, er richtete ein paar leutselige und aufmunternde Worte an die Stipendiaten. Wir sind vorher nicht etwa durchsucht worden, man hat uns nicht durchgecheckt, wir mußten keine Personalien angeben, glaube ich. So war das in den idyllischen Jahren der Republik, es war alles ein bißchen hausbacken harmlos. Adenauer, der geschickte Taktiker und wohl auch Macchiavellist, war ein Rosenzüchter und Familienvater, besser sollte man von einem Familiengroßvater sprechen, denn die Deutschen hatten sich – waren sie von ihren Vätern enttäuscht? – einen Großvater zum Übervater gewählt, und irgendwie wirkte es, als regierte er das hektische Wirtschaftswunderland wie eine große Familie, vom Garten aus.

Amerikaner hatten sozusagen ein Passepartout beim Kanzler, den Kurt Schumacher, der wortgewaltige, mit schneidender Stimme redende Oppositionsführer, einmal den »Kanzler der Alliierten«, genannt hatte. Die thronten sichtbar über Bonn, auf dem Petersberg als hohe Kommissare.

1959 erschien Wolfgang Koeppens Roman »Das Treibhaus«, ein getreuer Spiegel jener Jahre; festgehalten wird der junge Staat im Geschick des oppositionellen Abgeordneten Keetenheuve, der, aus der Emigration zurückgekehrt, mit Enttäuschung erlebt, wie Deutschland um die Chance gebracht wurde, nach 1945 den Staat zu revolutionieren: »Die Revolution war tot ... Sie hatte ihre Zeit gehabt. Ihre Möglichkeiten waren nicht genutzt worden.« In einem Treibhausklima der Intrigen, der korrupten Geschäftemacherei und des finsteren Agierens der Geheimdienste wird die Wiederaufrüstung betrieben. Keetenheuve, in der Emigration gebrochen, scheitert an dieser politischen Welt, die alles, nur keine wirkliche Umkehr zu einem anderen, einem neuen Deutschland zuwege brachte, ja auch überhaupt nur im Sinne gehabt hätte. Oder wie man es damals volkstümlich in bezug auf Adenauer sagte: »Es bleibt alles beim Alten.«

Koeppen zeichnet sehr präzise die verborgenen, dennoch kaum verhüllten Machtstrukturen zwischen Amerikanern und Deutschen. Er zeigt das Deutschland der frühen Fünfziger als das Land der D-Zug-Verbindungen, die den Rhein entlangratterten. Keetenheuve scheitert auch privat, seine Frau, die Koeppen ob ihrer lesbischen Neigungen, schröcklich, schröcklich!, eine »Trybade« nennt, verfällt dem Suff, Keetenheuve springt zum Schluß von einer Rheinbrücke in den Tod.

Wenn ich heute wieder in Koeppens Roman blättere, lese, wie er das Rattern der Züge im Wagnerschen Rhythmus der Rheintöchter beschreibt, dann erinnere ich mich, wie der Fluß damals die Lebensader der Republik zu sein schien: Auf dem Wasser schipperten unzählige Schleppkähne, daneben dröhnten die Lastwagen, darüber rollten die Züge, hier, fast an der westlichen Grenze pulsierte das Leben der Bundesrepublik, hier rauchten die Schornsteine, und doch sah die Hauptstadt wie ein Kurort aus, im Siebengebirge, hinter den sieben Bergen bei den sieben Zwergen. Getarnt als Gartenidylle, ja, als Gartenzwergidylle, schickte sich Deutschland an, den Sprung zur wirtschaftlichen Weltmacht zu tun. Adenauer, in grüner Gärtnerschürze, am Rosenbeet oder Rosenspalier, die Schere in der Hand, war ihr Patriarch. Man tut der Zeit recht, wenn man sie Adenauer-Zeit nennt, obwohl von dem gleichzeitig verknöcherten und verschmitzten alten Mann keinerlei geistige Impulse, geschweige denn solche der Erneuerung ausgingen.

Daß alles beim Alten blieb, das war die unüberhörbar verschwiegene Botschaft. Der Rest war christlich-abendländische Phraseologie.

Ein paar Jahre später kam die Redensart auf, Deutschland sei ein wirtschaftlicher Riese und ein politischer Zwerg. Mit einem äußerst praktischen Zwergenhirn, könnte man ergänzen. Bedenkt man, daß zwei unerschütterliche Tatsachen vorgegeben waren, dann hat Adenauer pragmatisch das Richtige gemacht. Deutschlands Herz schlug am Rhein, also war die Freundschaft zu Frankreich absolut lebensnotwendig. Berlin lag mitten im kommunistischen Machtbereich, also konnten wir nur mit den und durch die Amerikaner überleben.

Diese beiden Ziele, die Freundschaft mit Frankreich und die Bündnispartnerschaft mit den USA, hat Adenauer mit strikter Gradlinigkeit erfolgreich angestrebt.

41. KUPPELEI

In Godesberg habe ich Suzanne kennengelernt, die gut 15 Jahre älter war als ich. Sie trug eine starke Brille, hatte einen schlanken Körper und sich mich in den Kopf gesetzt. Zunächst wohl nur für den Abend des Godesberger Abschlußfestes, von wo aus die junge Wissenschaftlerin von der Stanford University erst einmal den üblichen amerikanischen Europatrip machen wollte, Rom, Athen, Paris ... Aber sie disponierte um, fuhr nach Süddeutschland. Einmal ließ sie mich, ich reiste per Anhalter, nach Wiesbaden kommen, wo ich in der verstaubten Pracht eines damals noch Amerikanern vorbehaltenen Fin-de-siècle-Hotels als ihr Gast absteigen durfte, einmal nach Heidelberg. Heidelberg und Wiesbaden waren Zentren amerikanischer Deutschlandliebe – und voll von Jeeps und GIs.

Suzanne war eine kalifornische Sonnenanbeterin, die sich wohl damals schon nur von Grapefruits, Salaten und Hüttenkäse ernährte. Sie war eben Kalifornierin, und der Sex und die freie Liebe kamen damals aus Schweden, die Gesundheit und das dicke Obst kamen aus Kalifornien, das damals noch unvorstellbar weit weg war – und drei Zivilisationsstufen über Deutschland. Mindestens.

»Ich bin sehr stolz auf meine straffe Brust«, sagte sie, als wir uns etwas näher kannten. Und ich, der ich solche körperbewußten Sätze aus deutschem Munde nicht kannte, versicherte ihr, daß sie allen Grund hätte, stolz zu sein. Erschauernd stellte ich fest, daß ihre Achselhöhlen ausrasiert waren. Ich fühlte mich geschmeichelt, als wäre es für mich geschehen. Dann fuhr sie nach Rom, Athen, Madrid, Paris und schrieb mir Briefe und Postkarten. Ich sah zum ersten Mal bewußt, daß Amerikaner eine andere Schrift schreiben, weicher, eleganter schien mir das Schriftbild, das durch ihre persönlichen Eigenarten als nationales Muster hindurchschimmerte. Die Sieben sah aus wie eine Eins, und die Eins wie ein I. Und wieder schmeichelte es mir, daß eine fremde Sprache Zärtlichkeiten bereithielt, Sehnsüchte, die nur auf mich gemünzt waren. Ich war, wie die meisten Deutschen damals, noch wenig weltgewandt und welterfahren, das Fremde überfiel uns wie ein großartiges Abenteuer.

Als Adenauer mit seinem Staatssekretär Walter Hallstein, (ja, dem Erfinder der Hallstein-Doktrin von 1955, nach der niemand die DDR anerkennen durfte, der von der Bundesrepublik anerkannt werden wollte, damals geriet die DDR in Anführungszeichen, wurde die sogenannte), als Adenauer also mit Hallstein zum ersten Mal in Washington war, kamen dem Staatssekretär die Schuhe abhanden. Er hatte sie, nach deutscher Gewohnheit, über Nacht zum Putzen vor die Hotelzimmertür gestellt, das amerikanische Personal dachte, er wolle sie wegwerfen. Und weg waren sie. Die deutschen Zeitungen überkugelten sich über diese drollige Weltunerfahrenheit, die fehlende Weltläufigkeit: Als hätten die Journalisten schon ewig und drei Tage gewußt, daß man seine Schuhe im

Amiland nicht vor die Tür stellt. Passierte die Geschichte wirklich Hallstein und nicht vielmehr dem Außenminister von Brentano (von diesem Junggesellen munkelte man, er sei ... na eben andersrum, vielleicht). Egal, es waren jedenfalls weggeworfene Schuhe.

Mit Suzannes Post kam ein Hauch Globetrotterei in meine abgeschrägte Studentenmansarde in einem Neubau am Rande der verschlafenen Universitätsstadt. Dann kam sie selber, machte auf ihrer Rückreise einen Umweg über Tübingen.

Ich wohnte bei einem Beamtenehepaar, er grauhaarig, schwer, ein Mann der gehobenen mittleren Laufbahn in irgendeiner Behörde, sie blond, hastig, nervös verhuscht, er Schwabe, sie »Flüchtling«, deutlich jünger als er. Einmal war ich, um die Weihnachtszeit auf ein Glas süßen Wein und Gutsle (Plätzchen) am Abend geladen. Vom Wein etwas beschwingt erzählte der bedächtige Mann dann einen Witz. Die Frauen hätten sich beim lieben Gott beschwert: es sei ungerecht, daß sie bei der Geburt die Schmerzen hätten und nicht die Väter. Gut, sagte der liebe Gott, er werde das ändern, künftig sollten nicht die Mütter, sondern die Väter unter den Wehen leiden. Bei einem Tübinger Ehepaar ist es kurz darauf so weit. Aber als das Kind auf die Welt will, leidet weder die Mutter noch der Vater. Nur der Student in seiner Bude krümmt sich vor Schmerzen. Seine Frau und ich sahen etwas betreten drein. Die beiden hatten übrigens eine sechsjährige Tochter.

Suzanne also kam, stieg im Bahnhofshotel ab. Stunden später waren wir in meiner Mansarde, in die wir uns im Schutz der Dunkelheit geschlichen hatten. Wir saßen oder lagen auf dem Bett, der einzigen Sitzgelegenheit für zwei in dem engen Raum mit Waschschüsselgestell, einem Späneofen, einem Dachlukenfenster und einer Schreibplatte davor. Wenn man sich auf dem Bett wälzte, konnte man den Blick nach oben in die Schräge oder zur Seite auf einen hellen Schrank richten. Aber noch ehe wir uns wälzten, klopfte meine Wirtin an die Tür, ihr Mann habe sie geschickt, sie könne das nicht dulden, Damenbesuche, noch dazu am späten Abend, seien nicht gestattet. Sie blickte mich nur verzeihungsheischend an. Ich richtete mich erschrocken auf, wir zogen an, was wir schon ausgezogen hatten, es war noch nicht viel, und verließen meine Mansarde, denn ich wollte, angesichts des Zimmermangels und der günstigen Miete (30 Mark) nicht gekündigt werden.

Wir gingen ins Bahnhofshotel, stahlen uns auf ihr Zimmer. Ich erinnere mich an einen düsteren Flur, Hotels waren damals düster, mit verschlissenen roten Läufern und einem Bad und einer Toilette pro Stockwerk. Kaum lagen wir wieder auf dem Bett, das Ausziehen war schon weiter gediehen als auf meiner Bude, da klopfte der Portier an die Tür, ich müsse das Zimmer verlassen, Herrenbesuche bei Damen seien nicht erlaubt. Entnervt stand ich erneut auf, Suzanne, aus der weiten Welt in die muffige Enge einer deutschen Kleinstadt geraten, blinzelte mich mit ihren kurzsichtigen Augen verwundert an; sie war nicht erschrocken, dazu fehlte ihr die deutsche Untertanenerfahrung. Wie ich da saß, zum zweiten Mal von einer durch die geschlossenen Türen drohenden Obrigkeit gedemütigt, hörte ich mich plötzlich zu Suzanne sagen, daß ich sie eigentlich gar nicht nicht liebe und überhaupt. Das alles in holprigem Englisch. Suzanne, die meinetwegen einen Umweg gereist war und nun in einem nur matt erleuchteten Zimmer auf einem klobigen Bett mit dicken Federbetten saß, brach in Tränen aus. Mir war auf dem Rückmarsch in der langen Herrenberger Straße unendlich elend zumute. Suzanne habe ich nie wieder gesehen.

In den fünfziger Jahren sollte man es sich generell durch die Rippen schwitzen. Das hing mit dem Kuppeleiparagraphen des Strafgesetzbuches zusammen, das damals gegen viele Formen der »Unzucht« mit Gefängnis drohte – und Unzucht war alles, was nicht Zucht war, und Zucht war Zucht und Ordnung und Kinderzucht in einem: die heilige Familie. Wegen Kuppelei konnte belangt werden, wer ein Zimmer einem unverheirateten Paar zwecks Ausübung des Geschlechtsverkehrs zur Verfügung stellte – eigentlich, um daraus einen finanziellen Vorteil zu ziehen. Uneigentlich aber auch Vermieter an Studenten oder gar Eltern, die es ihrem Sohn oder ihrer Tochter erlaubten, mit dessen Verlobter oder deren Verlobtem unter einem Dach zu schlafen. Wirtsleute vermieteten deshalb weniger gern an Studentinnen, wegen der drohenden »Herrenbesuche«. Aber auch, so hörte man es ständig, weil die Mädchen immer ihre Nylonsachen im Bad wuschen, das Badezimmer also voller Strümpfe und Dessous hing. Könnte das die Männer der Wirtinnen auf dumme Gedanken bringen?

1957 promovierte ich zum Doktor phil. und bewarb mich anschließend brieflich bei rund 60 Zeitungen und bekam 61 Absagen. Nur aus München, von der »Süddeutschen Zeitung«, erhielt ich die Mitteilung, ich könne mich für die Journalistenschule der »AZ« und der »SZ«, ich könne mich für das »Werner-Friedmann-Institut« bewerben. Dort würden nach einer schriftlichen und mündlichen Zulassungsprüfung ausgewählte Kandidaten ein Jahr lang zu Journalisten ausgebildet.

1957 war das Jahr des Sputnik. Durch den sowjetischen Satelliten, der eine Hündin namens Laika als erstes Lebewesen ins Weltall trug und die Erde umkreisen ließ, war »der Westen« in eine tiefe Selbstverständniskrise gestürzt worden, das Selbstbewußtsein von der technisch-wissenschaftlichen Überlegenheit (und damit auch von der militärischen) war mit einem Schlage dahin. Es sollte sich erst mit der amerikanischen Mondlandung 1969 wiederherstellen.

Für meine Bewerbung für das Werner-Friedmann-Institut mußte ich neben einer Reportage auch einen Leitartikel verfassen. Die Reportage schrieb ich über die Nachtschicht in einem Würzburger Polizeirevier und weiß seither, wieviel randalierende Besoffene eine Nacht produzieren kann, den Leitartikel schrieb ich über den Sputnik. Ich wurde angenommen und nach München geladen.

Ein Jahr lang durfte ich also in München das Werner-Friedmann-Institut besuchen. Daß es bald nicht mehr Werner-Friedmann-Institut heißen sollte und konnte, sondern Münchner Journalistenschule, hängt auch mit dem Kuppeleiparagraphen jener Jahre zusammen.

Werner Friedmann war damals der Chefredakteur der »Süddeutschen Zeitung«, deren liberal-urbane Haltung er durchaus mit ihrer Münchner Bodenständigkeit zu verbinden wußte. Von den großen deutschen Zeitungen war sie, neben der »Frankfurter Rundschau«, gewiß diejenige, die den konservativ-dumpfen Geist der Adenauer-Ära am deutlichsten kritisierte. Sie war eine der Zeitungen, die in der jungen Demokratie als »vierte Macht« dafür sorgte, daß das christlich-patriarchalische Regime wenigstens kritisch anzweifelbar blieb.

Friedmann, von dem es hieß, er habe in jungen Jahren aufgedeckt, daß Hitler eigentlich Schicklgruber hätte heißen müssen, daß man also während der Nazijahre »Heil Schicklgruber!« als »deutschen Gruß« hätte benutzen sollen, war aus der Emigration mit den liberalen Erfahrungen westlicher Demokratien zurückgekehrt. Daß er »gestürzt« wurde, hängt sicher damit zusammen, daß ihn das konservative Establishment (das sich zu »etablieren« und stabilisieren anschickte, um erst 1968 ernsthaft erschüttert zu werden) loswerden wollte.

Er stolperte, wie konnte es in der Zeit anders sein, über eine Frage der Moral, über die Grenze, die man zwischen Zucht und Unzucht gezogen und mit alten Paragraphen untermauert hatte und die er, in den Augen und zur Freude seiner Feinde, überschritten hatte.

Es waren die beiden Verfehlungen Anstiftung zur Kuppelei und Unzucht mit Abhängigen, die ihn fallen ließen.

Was seine Gegner mit Genuß ausspioniert hatten, war folgendes: Friedmann hatte mit einer jungen Angestellten seines Verlages angebandelt und wollte mit ihr einen Abend verbringen. Warum der Millionär Friedmann dabei ähnlich handelte wie ich armer Student in meiner Tübinger Mansarde, ist mir ein Rätsel. War es Sparsamkeit, die den Chefredakteur daran hinderte, sich zwei weit getrennte Zimmer in einem Münchner Hotel zu bestellen (eins zusammen war, wegen Kuppelei, für unverheiratete Paare nicht möglich)? Statt dessen wandte sich Friedmann an seinen Freund, den Münchner Journalisten Siegfried Sommer, den damals zu Recht renommierten Münchner Lokalkolumnisten, der die Eigenarten der Münchner Lebensweise in ziselierte, freche, sprachlich pointenreich geschliffene Glossen brachte. Niemand konnte das deftig Münchnerische so leichtfüßig betrachten wie Siegi Sommer als »Blasius, der Spaziergänger« in einer wöchentlichen Kolumne, niemand Bigotterie und Moralapostelei so schön verspotten.

Friedmann also fragte Sommer, ob er ihm für ein Rendezvous mit dem Lehrmädchen (das für damalige Verhältnisse noch »minderjährig«, weil unter 21 war) seine Wohnung leihen könne, für ein paar schöne Stunden. Wollte Friedemann Blasius spielen? Ich weiß nicht mehr, ob Friedmann seinen Angestellten (der natürlich schon allein auf Grund seiner Popularität und seines Renommees unabhängig war) bat, in der Zeit als Blasius spazierenzugehen oder ob er ihm zwei Mark fürs Kino und eine Mark für ein Eis am Stiel in die Hand drückte.

Im Ernst, er lieh sich also Sommers Wohnung, was Anstiftung zur Kuppelei war, und in der Wohnung kam es zu unzüchtigen Handlungen zwischen dem Mädchen und ihrem Chefredakteur, Handlungen übrigens, deren Harmlosigkeit einen heute nachträglich erröten läßt (»Mein Gott, das kann doch nicht alles gewesen sein!«). Jedenfalls erfüllten sie den Tatbestand der Unzucht mit Abhängigen. Die Geschichte wurde mit Genuß ans Licht der Öffentlichkeit gezerrt (natürlich von der katholischen bayerischen Presse) und mit Lärm an die größtmögliche Glocke gehängt. Friedmann verlor natürlich sofort seinen Chefredaktionsposten, das Werner-Friedmann-Institut seinen Namen.

Ich las in jenen Jahren begeistert Karl Kraus, vor allem die Sammelbände »Sittlichkeit und Kriminalität«, »Die chinesische Mauer« und »Untergang der Welt durch schwarze Magie«, in denen der Satiriker die Doppelmoral, die Pressemoral und den Zusammenhang zwischen Sittlichkeitsskandalen und ihrer Veröffentlichung aufdeckte, anprangerte und vor seine Sprachrichterschranken stellte. »Der Skandal fängt an, wenn ihm die Polizei ein Ende macht.« Der Satz, auf das Wiener Fin de siècle gemünzt, hatte in den Zeiten der fünfziger Jahre nichts von seiner Richtigkeit eingebüßt. Vielleicht nur, daß die Anlässe kleinlicher, kleinkarierter waren – eben aus den geräumigen, großzügigen, hohen Jugendstilwohnungen mit ihren schweren Samtvorhängen in die piefigen Neubauwohnungen mit ihren lackierten Jalousetten und ihren Tür- und Fensterspionen verlegt – aus einer Donaumonarchie in eine Adenauer-Republik, von Wien nach Bottrop. Und moralisch war auch München ein bißchen Bottrop.

42. DIE SÜNDERIN

1950 gab es im deutschen Kino eine Reihe von Filmen, die sich schon in ihren Titeln der Sünde verschrieben hatten. »Sünde« hieß die »Unzucht« in der (Kino-)Kunst, wo gezeigt wurde, daß sie Spaß macht, aber meist ins Verhängnis führt: »Das kommt davon!« Die Filme, alberne Plotten und Schrott, hießen beispielsweise »Auf der Alm, da gibt's koa Sünd'«, »Die Nacht ohne Sünde« oder »Der alte Sünder«.

1951 sorgte der Film des Wiener Alt-Routiniers Willi Forst »Die Sünderin« für den größten deutschen Filmskandal der Nachkriegsjahre. Hildegard Knef spielte darin ein durch die Naziherrschaft verstörtes Mädchen, das auf die schiefe Bahn gerät: Sie wird Prostituierte. (Mein Gott, haben sich damals die Männer ihre Puff-Besuche dämonisiert!) Erst durch die wahre Liebe zu einem todkranken Maler verzichtet sie auf die Ware Liebe und lernt, wieder an Gefühle zu glauben.

Der Skandal, den der Film auslöste, obwohl sein sentimentaler Flachsinn keinen Skandal verdient hatte, beruhte auf zwei Fakten: Einmal war die Knef als Modell für Sekundenbruchteile nackt zu sehen, im Hintergrund, während der Künstler sie mit dem Pinsel im Vordergrund auf die Leinwand zu bannen sucht. Übel nahm man auch, daß das arme nackte Mädchen am Schluß Selbstmord begeht. Wo bleibt das Positive? Die leicht zu neurotisierenden Kirchenvertreter protestierten mit heftigem Glockengeläut gegen den Film und machten ihm damit natürlich Reklame. Jeder wollte rein, um sich hinterher entrüsten zu können. Vor den Filmtheatern kam es zu tätlichen Auseinandersetzungen, an der Kasse und für die Publicity lohnte sich der von den Kirchen beklagte »drohende Sittenverfall«. Die Knef, bis dato ein Trümmerkind mit großen unschuldigen Augen, war zum Vamp arriviert. Ein kurzer Blick auf einen eher verschwommen nackten Körper, der vage kurz ins Bild rückt, versetzte eine neurotische Gesellschaft in Raserei.

In den folgenden Jahren waren im deutschen Film nur noch die Bäume und Berge, die Seen und die Heide nackt. 1952 drehte man die »Försterchristl«, 1953 »Moselfahrt aus Liebeskummer« und »Wenn der weiße Flieder wieder blüht«. 1954 das »Ännchen von Tharau« und »Auf der Reeperbahn nachts um halb eins« (die Sünde war hier auf das züchtige Normalmaß der Zeit zurückgestutzt und beschnitten), 1955 »Die Deutschmeister«, »Drei Mädels vom Rhein« und, vor allem, »Ich denke oft an Piroschka«. 1956 war das Jahr der »Verlobung am Wolfgangsee« oder des Bekenntnisses »Wie schön, daß es dich gibt!«, mit emphatischem Ausrufezeichen. Es gab auch Lichtblicke, zum Beispiel Kurt Hofmanns »Wirtshaus im Spessart« von 1957.

1958 ging es neckisch zu, zum Beispiel »Wenn die Conny mit dem Peter«. 1959 »Alle lieben Peter« und »Tausend Sterne leuchten«. Die ewigen Teenager und Lausbuben Conny Froboess und Peter Kraus waren 1960 in »Conny und Peter machen Musik« zu sehen. Und dann brach hemmungslos der Heimatfilm aus: »Schön ist die Liebe am Königssee« (1960), »Im schwarzen Rössl« (1961), »Wenn die Musik spielt am Wörthersee« (1962), »Im singenden Rössl am Königssee« (1963) und so weiter und so fort, so sangen ewig die Wälder, jodelten die Berge, plätscherten die Seen.

43. Das Wunder von Bern

Wenn ich an die Fußballweltmeisterschaft von 1954 denke (ich glaube, damals nannte man sie noch nicht abgekürzt und vertraut »die WM«), dann fällt mir eine verräucherte Kneipe an einer Ausfallstraße ein, eine Gegend, in der ich sonst nie war. Auf den Tischen standen Gläser mit Soleiern, die Männer, die alle ausgerichtet auf einen Punkt saßen, hatten Bierkrüge oder Mostgläser vor sich, Most ist der schwäbische Apfelwein. Sie saßen auf einen Punkt fixiert, weil an einer Stelle der Kneipe ein grau, in unscharfen Bildern zuckendes Fernsehgerät stand.

Ich denke, es waren wohl die ersten Fernsehbilder, die ich gesehen habe, damals, als Deutschland, als »wir« Fußballweltmeister in Bern wurden. Als Fußballweltmeister, als »Fußballnation«, die wir von da an waren, nannten wir uns nie, fast nie Bundesrepublik, sondern immer, fast immer Deutschland. Im Fußball, durch den Fußball waren wir, seit Bern, eine ungeteilte Nation; die »Zone«, die »Soffjetzone«, die DDR, die sogenannte, den Staat in Anführungszeichen, den gab es, wo König Fußball regierte, nicht. All diese Vereine, die »Lokomotive« oder »Dynamo« oder »Wismuth« hießen, existierten im Bewußtsein der Nation nicht. Und auch für die Bewohner der DDR gab es lange

Jahre nach Bern nur eine Nationalmannschaft, die westdeutsche, die schlicht und einfach die »deutsche« genannt wurde, nachdem »wir« Weltmeister geworden waren.

Ich weiß nicht mehr, ob sich die Männer in der Kneipe am Ende des Spiels, das erst sechs Minuten vor Schluß durch das Tor von Helmut Rahn zum 3:2 entschieden wurde, selig und grölend in den Armen lagen, den Bierkrug beim Umklammern in den Rücken des Umarmten gedrückt. Aber es muß so gewesen sein, denn damals lag sich halb oder ganz Deutschland, jedenfalls das männliche Deutschland in den Armen und sang: »So ein Tag, so wunderschön wie heute, so ein Tag, der sollte nie vergehn!« Sang man das damals schon? Man muß es einfach gesungen haben, denn nirgends und niemals hat dieses Lied kollektiver Seligkeit besser gepaßt, als an diesem 4. Juli 1954, einem heißen Tag, an dem ich aus dem gleißenden Sonnenlicht der baumlosen Ausfallstraße, es war die Bundesstraße zwischen Tübingen und Reutlingen, in das Dunkel der Kneipe tappte, ein Dunkel, das im ersten Moment schwindlig machte, bis man sich daran gewöhnt hatte und in ihm das flimmernde, von Stricken und Schlieren durchzogene Grau des Bildschirms ausmachte.

Aber vielleicht war es in Wahrheit nur »der Radio« (das Radio ist im Schwäbischen männlich), den oder das ich hörte, und der Fernseher hat sich mir nur nachträglich trügerisch in die Erinnerung geschlichen, obwohl ich die schemenhaften, wie vage Schatten über den Bildschirm hastenden Fußballer sehe, Max Morlock oder Fritz Walter oder seinen Bruder Ottmar Walter oder Helmut Rahn. Wenn es das Radio war, dann muß ich mich nicht mühsam erinnern. Denn die Reportage von Herbert Zimmermann ist inzwischen längst ein »Klassiker«, nicht weniger bekannt, als es früher in bildungsbeflissenen Zeiten das »Lied von der Glocke« oder die Ballade vom »Taucher« war, eine Reportage, die zum geflügelten Wort geworden ist – zumindest der fünffache Torschrei, als im Berner Wankdorfstadion das 3:2 fiel, und es nur noch sechs Minuten bis zum Schluß waren.

»Tor! Tor! Tor! Tor! Tor!« schrie Zimmermann, bis ihm buchstäblich die Stimme überschnappte. Und als kurz darauf Toni Turek einen gefährlichen Torschuß, ich glaube von Puskas, parierte, da wurde es dem Reporter im Namen der Nation religiös, numinos zumute: »Toni, du bist ein Fußballgott!« jauchzte er, und dann blickte er zur Uhr und betete beschwörend: »Geh doch schneller! Geh doch schneller!« Und es begab sich, daß die Uhr schneller ging, und Deutschland ward Fußballweltmeister.

Es war der Sieg eines Außenseiters, aber wir Deutsche waren damals allesamt Außenseiter und saßen, neun Jahre nach Kriegsende, noch am Katzentisch der Nationen. Es war der Sieg eines Underdogs, und auch als Nation, auch in unserem Selbstverständnis waren wir Underdogs, geprügelt und gekränkt, mit vor Selbstmitleid triefenden Augen.

So tough und hart wir auch taten, während wir die Ärmel aufkrempelten, am Abend und in der Dämmerung überzog uns eine aufschluchzende Sentimentalität: »Keiner liebt uns!« Doch plötzlich nach Bern, nach der 90. Minute waren wir wieder wer. Uns konnte keiner. Zwar hatten wir den Krieg verloren, aber jetzt hatten wir gewonnen, wir waren Weltmeister.

Ich weiß nicht, seit wann es in Deutschland die Redensart »wie die Weltmeister« gibt, man ißt »wie ein Weltmeister«, die schwitzen »wie die Weltmeister«, der säuft »wie ein Weltmeister«, aber eine Berechtigung für diese Formel höchster, auch spöttischer Anerkennung gibt es seit 1954, als die deutschen Fußballspieler rackerten »wie die Weltmeister«. »An Gott kommt keiner vorbei!« lautete damals ein religiöser Slogan. »Außer Rahn!« ergänzten die Fußballfans und meinten den Torschützen des alles entscheidenden dritten Tors.

Es gibt nur ein Sportereignis, das sich ähnlich tief und geschichtsprägend in das Bewußtsein der Nation eingeprägt hat – und das war der Wimbledonsieg von Boris (»Bobele«) Becker 1985. Und vorher der Weltmeisterschaftsgewinn von Max Schmeling.

Es muß viel zusammenkommen, damit aus einem Sportereignis ein Geschichtsereignis wird, ein Augenblick, an den man sich sofort erinnert – wie für die damalige Epoche, einschneidend, der Tod von John F. Kennedy am 22. November 1963. Ich weiß noch ganz genau, wo ich mich aufhielt, als die Nachricht von seiner Ermordung durchgegeben wurde. Ich saß mit dem Regisseur Peter Palitzsch und dem Autor Martin Walser im Stuttgarter Landtagsrestaurant, es war ein kalter Abend, wir besprachen gerade die Proben zu der Uraufführung von »Überlebensgroß Herr Krott«. Es waren die Endproben, in wenigen Tagen sollte Premiere sein. Auf einmal wurde ein Lautsprecher eingeschaltet. Das hatte es im Restaurant noch nie gegeben. Die Stimme sagte, daß ein Attentat auf den Präsidenten der Vereinigten Staaten verübt worden sei und daß der Präsident seinen Verletzungen erlegen sei. Es vergingen einige Schrecksekunden, bis die Nachricht das Bewußtsein erreichte. Kurz darauf sahen wir, wie die gegenüberliegende Oper ihre Besucher vorzeitig ausschüttete, die Vorstellung war abrupt abgebrochen worden. Wir sahen uns an, auf einmal fiel uns ein, »um Gottes Willen!«, in dem Stück, das eine Gesellschaftssatire ist, knallt der Großbourgeois Krott aus Versehen mit seiner Jagdflinte eine Wäscherin ab. Ein Stück, in dem jemand mutwillig erschossen wird, worüber auch noch gelacht werden soll? Ausgeschlossen, so etwas unmittelbar nach Kennedys Ermordung zu spielen. Wir haben dann die Premiere pietätvoll um 14 Tage verschoben.

Und auch an die Fußballweltmeisterschaft erinnere ich mich ähnlich intensiv, obwohl ich mir nicht sicher bin, ob ich sie jetzt wirklich im Fernsehen gesehen habe. Ich weiß, wie ich aus dem grellen Licht in den Dämmer der Kneipe trat, ich erinnere mich der zugezogenen Vorhänge. Ich bin allein in die Kneipe gegangen, und ich habe die Kneipe allein verlassen, aber als ich ging, war ich nicht mehr allein, ich war Weltmeister, wir waren Weltmeister. Die Fußballweltmeisterschaft hat den Deutschen ein Wir-Gefühl beschert, über das man sich ungekränkt freuen durfte. Es war Balsam auf die Wunden der Nachkriegsjahre.

Es war das Wunder von Bern. Damals gab es viele Wunder, es gab Vittorio de Sicas wunderbaren Film »Das Wunder von Mailand«. In Deutschland gab es das Wirtschaftswunder und die Wunderkinder, die Protagonisten des Wirtschaftswunders, später, in jenen wunderlichen Jahren, gab es das Fräuleinwunder. Es gibt Leute, die mit einigen guten Gründen behaupten, das Wunder von Bern habe das Wirtschaftswunder erst richtig in Gang gesetzt, nichts ist erfolgreicher als der Erfolg, nichts siegreicher als der Sieg.

Noch dazu, da der Sieg ein typisch deutscher Sieg war,

ein »Arbeitssieg«. Denn darüber besteht kein Zweifel: Ungarn hatte die elegante, die technisch brillantere, die bessere Mannschaft; die Ungarn waren Ballzauberer, die Deutschen waren Arbeitstiere. Sie waren ein von einem Patriarchen geführter Kameradschaftsbund, zwischem dem Trainer Sepp Herberger und dem Kaiserslauterer Spielführer Fritz Walter bestand ein Vater-Sohn-Verhältnis, es herrschte die Ordnung und Zucht einer deutschen Familie.

Die Ungarn waren Solisten, Artisten, Ballrastellis, sie spielten schön, leicht, flüssig. Im Vorrundenspiel schlugen sie die Deutschen mit 8:3. Nachträglich hat man behauptet, Herberger habe das als »taktische« Niederlage bewußt herbeigeführt und nur ein Reserveteam gegen die Ungarn aufgeboten. Das Endspiel wäre aber fast auch von Anfang an für die Ungarn gelaufen. Sie führten bereits 2:0 und waren, obwohl der deutsche Siegestreffer knapp vor Schluß fiel, noch drauf und dran, den Ausgleich zu schießen. Auch die Dramatik dieses Fußballsieges, die Tatsache, daß der eigentlich Schwächere gewann – und zwar durch Energie, Eifer und Fleiß –, haben dieses Ereignis so tief ins nationale Selbstverständnis eingeritzt.

Einer der Lieblingssätze des deutschen Nationalstolzes ist der Satz mit dem Neid, der so geht: »Die Welt beneidet uns um …« Die oft beschworene deutsche Tüchtigkeit hält sich viel darauf zugute, daß sie, statt Liebe zu ernten, Neid erweckt. Wollen wir nicht geliebt, wollen wir nur beneidet werden?

Jedenfalls lese ich in einem Artikel von 1974, also zwanzig Jahre nach Bern, von dem Journalisten Wolfgang Rothenburger in einer Fußballsondernummer einer großen Illustrierten: »Die Welt beneidete uns plötzlich um

Spieler wie Fritz Walter, für mich immer noch eine der allergrößten Persönlichkeiten, die der Weltfußball hervorgebracht hat. Die Welt beneidete uns um einen dynamischen Motor wie Morlock. Um eine Flügelzange wie Rahn-Schäfer. Um zwei Abwehrspieler, die eigentlich zwar auf gleichem Posten spielten, sich aber nicht im Wege standen: der Superstopper Liebrich.«

»Man beneidete uns um die emsige Biene (ja, so steht es da!) Eckel ebenso wie um den antrittsschnellen Kohlmeyer, um den zähen Karl Mai, der die Skalps der berühmtesten Gegenspieler sammelte.« »Hier war Ottmar Walter, mit dem sich sein Bruder Fritz wie im Schlaf verstand. Hier war Toni Turek, dessen stoische Ruhe die Gegner aus dem Gleichgewicht brachte.«

Soweit das Nibelungenlied des deutschen Fußballs, mit Fritz Walter in Bern statt Dietrich von Bern. Und weil es eine deutsche Heldensage ist, in der die Ungarn die Hunnen ideal verkörpern, darf auch die deutsche Moral nicht fehlen:

»Das Geld regierte damals noch nicht die Welt, die Welt des Fußballs gar nicht. Ob sie besser war? Vielleicht ein wenig ehrlicher, vielleicht ein wenig menschlicher.«

Das ist 1974 geschrieben, ein Satz, der nicht, wie später Günter Netzer, aus der Tiefe des Raums kommt, sondern aus der Tiefe der fünfziger Jahre. Damals gab es zwar schon die harte D-Mark, aber sie regierte noch nicht die Welt.

Nach Bern hatten die Deutschen den Weltmeistertitel abonnieren wollen, er schien ein nationaler Anspruch – und wehe den Bundestrainern, die diesem Anspruch nicht gerecht wurden! Die kalte Dusche auf das Wunder von Bern folgte vier Jahre später, bei der Weltmeisterschaft in Schweden.

In Schweden wurden die deutschen Weltmeister nicht noch einmal Weltmeister: Am 24. Juni 1958 wurden sie im Göteborger Ullevi-Stadion von den Schweden geschlagen – 3:1. Die 50 000 schwedischen Zuschauer besaßen auch noch die Frechheit, ihre Mannschaft durch anfeuernde »Heja! Heja!«-Rufe zum Siegen anzustacheln. Perfides Schweden! Eben noch hatte uns alle Welt um unsere Fußballer beneidet, jetzt brachte es dieselben durch Neid und Mißgunst um den Titel.

Das nahmen die Deutschen übel. Noch in derselben Nacht wurde in Aachen vom Hotel »Quellenhof«, dem Quartier der schwedischen Teilnehmer am Internationalen Reitturnier, eine schwedische Flagge heruntergerissen. Die Reifen dreier parkender Autos, die durch ihr »S« als schwedische Fahrzeuge auszumachen waren, wurden zerstochen und zerschnitten. Das wurde in den folgenden Monaten ein allseits beliebter Volkssport: Schweden, die auf ihrer Autoreise durch Deutschland in Deutschland nächtigten, fanden am nächsten Morgen ihre Reifen platt und zerstochen.

Daß Sport eine völkerverbindende Sache ist, ließ sich auch an den Speisekarten deutscher Restaurants ablesen. Um ihre patriotischen Gäste nicht zu verärgern, strichen viele Gastwirte kurzerhand die bis dato allseits beliebte Schwedenplatte von der Speisekarte. Was hatten die Ungarn für ihr Gulasch Glück, als sie vier Jahre zuvor artig verloren! Die »Schwedenplatte« hat sich smørrebrød, smørrebrød, von diesem Boykott nie wieder erholt. Jedenfalls nicht auf deutschen Speisekarten.

Und in der »Saar-Zeitung« in Saarlouis war der folgende Stimmungsbericht zu lesen:

»Der instinktsichere ›kleine Mann‹ hat aus den fanatischen Heja-Rufen der aufgepeitschten schwedischen Zuschauerplebs den Grundton abgrundtiefer Gehässigkeit herausgehört, wenn nicht den Grundton eines Hasses, der sich nicht nur gegen die deutschen Fußballspieler richtet, sondern gegen die Deutschen schlechthin. Das offizielle Schweden hat hämisch genießend zugelassen, daß rund 40 000 Repräsentanten dieses mittelmäßigen Volkes, das sich nie über nationale und völkische Durchschnittsleistungen erhoben hat, den Haß über uns auskübelte, der nur aus Minderwertigkeitskomplexen kommen kann. Es ist der Haß eines Volkes, dem man das Schnapstrinken verbieten muß, weil es sonst zu einem Volk von maßlosen Säufern würde.«

So schrieb man in dem Jahrzehnt, als Geld noch nicht die Welt regierte, Dr. Josef Goebbels aber weit über das Grab hinaus noch völkischen Stil und völkische Gesinnung spüren ließ. Gewiß ist der Artikel aus Saarlouis ein extremes Beispiel, aber der deutsche Duktus war damals in aller Unschuld so.

In aller Unschuld? Ich habe in meinen Anfängerjahren als Journalist erlebt und gehört, wie Feuilletonredakteure, die ehemals Kultur-Schriftleiter waren, vor ihren liberalen, von den Amerikanern wegen ihrer antifaschistischen Vergangenheit berufenen Verleger und Chefredakteure rückgratlos einknickten und oft Angstschweißausbrüche bekamen: Sie hatten eine »Leiche im Keller«. Das war meist eine hymnische Besprechung des Films »Jud Süß« von Veit Harlan, von der sie verzweifelt hofften, daß sie nie ans Tageslicht der neuen Zeit kommen werde.

44. Das Wort zum Sonntag

Wir lebten damals im christlichen Abendland. Das war besonders an Sonntagen zu bemerken, wenn man das Radio anmachte, das es damals nur als öffentlich-rechtlichen Rundfunk gab – die christlichen Religionen verhängten über Sonn- und Feiertage einen seriösen Ausnahmezustand. Am Sonntag vormittag drang kein weltlicher Ton aus den Lautsprechern, statt dessen kirchliche Chöre, Orgelwerk, Bach im protestantischen Norden, Mozart und Bruckner im katholischen Süden; es war, als hätte ein Bannstrahl alles Seichte (es sei denn, es galt als Volksliedgut) aus dem Tag des Herrn vertrieben. Nicht daß ich den deutschen Schlager geliebt hätte, das weiß Gott nicht, aber in der Karwoche, besonders am Karfreitag, wo die deutschen Lande auch akustisch wie mit einem schwarzen, zumindest mit einem dunkellilafarbenen Schleier verhängt schienen, begann er mir fast zu fehlen. Und etwas Frank Sinatra oder Ella Fitzgerald und Louis Armstrong, das hätte in der vorgeschriebenen christlichen Passionstristesse schon gutgetan. Ach, was war Gott an seinen hohen Festtagen feierlich traurig gestimmt – obwohl doch immer viel von der »Heiterkeit« geplaudert und gepredigt wurde, die der rechte Glauben über seine Anhänger, sprich:

Schäflein verbreite. So war es nicht, Gott trug Schwarz. Und daß er es trug, dafür sorgten in den paritätisch besetzten Aufsichtsgremien und Kontrollinstanzen der Rundfunkanstalten die Kirchenvertreter.

In der Bundesrepublik herrschte also christliches Abendland – das Abendland, der Okzident, der Westen schlechthin, der durch einen Eisernen Vorhang vom roten, vom barbarischen Osten getrennt war. Fast schien es, als sei das Römische Reich noch einmal geteilt worden: in Osteuropa und in Westeuropa, wobei Mitteleuropa entweder Westeuropa oder Osteuropa zugeschlagen wurde, und das betraf vor allem und in erster Linie Deutschland. Natürlich war man, durch die Teilung, päpstlicher als der Papst und bolschewistischer als das rote Rom, als Moskau. Die Deutschen frömmelten auf beiden Seiten am heftigsten. Man braucht sich nur daran zu erinnern, wie sich Polen, die doch auch in einer Volksdemokratie, also in einem sozialistischen Staat zu leben hatten, über die linien- und lammfromme Servilität der DDRler lustig machten.

Und im Westen? Ich will es wieder mit einem für die fünfziger Jahre typischen Witz erläutern, der das damalige frömmelnde Klima der Adenauer-Republik verspottet. Da ist der greise Kanzler zur Privataudienz beim Papst und irgendwann öffnet sich bei dem Vier-Augen-Gespräch (in Witzen braucht man keine Simultandolmetscher) die Tür, und draußen hört man, wie der Papst gerade zu Adenauer sagt: »Aber, Herr Bundeskanzler, ich bin doch schon katholisch ...« Päpstlicher als der Papst zu sein, das ist schon eine deutsche Tugend. Oder soll man von einer Untugend sprechen? Wir geteilten Deutschen galten jedenfalls bald als Musterschüler der im jeweiligen Staat herrschenden Weltanschauung. Wenn man sieht, daß uns das im Ergebnis in der Bundesrepublik eine relativ stabile Demokratie und einen inzwischen fest im Bewußtsein verankerten Rechtsstaat erbracht hat, sollte man darüber nicht nur schelten.

Und das Christentum? An der Praxis einer mobilen Industriegesellschaft, an den Versuchungen einer enthemmten Konsumgesellschaft ist es aufgeplatzt wie brüchiger Lack. In den sechziger Jahren war der christliche Lack ab. So sehr in den Fünfzigern von den Kanzeln (und auch die öffentlich-rechtlichen Rundfunkanstalten waren Kanzeln) gegen den schnöden Mammon, die schnelle Mark, den blinden Kauf gewettert wurde – dem Konsum hat es keinen Abbruch getan. Wie die Sünde liebt es der Konsum, lieben es Völlerei und Schlemmerei, wenn gegen sie gewettert wird. Ach, wie begannen die deutschen Reichen den Salzburger »Jedermann« auf den Festspielen zu lieben. Am Abend zuvor hatten sie, beispielsweise im »Goldenen Hirsch«, Flußkrebse oder Tafelspitz mit Apfelkren verschlungen und mit grünem Veltliner oder einem Blauburgunder nachgespült, und jetzt wurde ihnen dafür auf dem Domplatz, vor imposant-barocker Kulisse, gründlich die Leviten gelesen, welch ein Genuß, welch eine Reue als Genuß – die Ergänzung der Werbung »Genuß ohne Reue«. Zwar hatte sich die Dekade heimlich und stillschweigend dem »Genuß ohne Reue« verschrieben: Genieße, konsumiere, verspachtle jetzt, bezahle später. Aber lehrte nicht der so populäre »Jedermann« (er wurde vor fast jeder deutschen Schloßruine, auf nahezu jeder Kirchenfreitreppe, etwa in Schwäbisch-Hall, gespielt), daß man so oder so bezahlen müsse, mit dem Leben. Und eigentlich, wenn man alle Bigotterie aus dem »Jedermann« abzieht, gilt jene zynische Einsicht, wie sie

Voltaire auf seinem Totenbett geäußert haben soll, als er gefragt wurde, was er denn von Gottes Gericht erwarte. Gott werde ihm verzeihen. Und warum? Weil Verzeihen sein Beruf sei. Auch dem Jedermann wird ja verziehen, und besser hätte er auch nicht ohne Buhlschaft, ohne Freß- und Saufgelage und ohne Hartherzigkeit gegenüber Armen in den Himmel kommen können. »Wir kommen alle, alle in den Himmel«, schunkelte man im Karneval.

1949 konzipierte Max Frisch sein (damals) populärstes Stück im »Tagebuch«, 1958 kam es, nachdem es vorher ein äußerst erfolgreiches Hörspiel gewesen war, auf die Bühnen. Und von da an war die höhnische »Jedermann«-Parodie, die sich über die leeren und kulinarischen Bußübungen der neudeutschen Biedermänner hermachte, überall zu sehen und zu hören. Die Neureichen konnten sich da im Spiegel betrachten – wenn sie wollten. Und sie wollten! Aber Frisch wußte Bescheid und nannte daher sein Stück ein »Lehrstück ohne Lehre«.

Die Kirchen waren politisch in der Christlich-Sozialen Union und in der Christlich-Demokratischen Union vereint – Ämter wurden nacch dem Zuschlagprinzip vergeben: War die Nummer eins katholisch, so galt das ungeschriebene Gesetz, daß die Nummer zwei protestantisch zu sein hatte. Die Nummer drei war dann nicht etwa mosaisch, weil es nach Hitler Juden in Deutschland nicht mehr gab. Und auch nicht atheistisch, weil es das offiziell auch nicht gab. So war die Nummer drei wieder katholisch und die Nummer vier wieder evangelisch und so weiter und so fort in alle Ewigkeit, Amen.

So entstand eine repräsentative Gesellschaft, in der die Repräsentanten, Vertreter, Kontrolleure allesamt den Eindruck eines hundert Prozent christlichen Staatsvolkes wiedergaben. Natürlich war dieser Eindruck falsch, aber die Repräsentanten machten ihn richtig, sie korrigierten ihn durch ihre offiziellen Verlautbarungen, durch ihre Kontrolleingriffe, durch ihre Zensurmaßnahmen, durch ihre offiziell christliche Empörung. In der Filmwirtschaft führt ein solches System den Titel »Freiwillige Selbstkontrolle«, und dieses Wort ist mindestens so sehr Ausdruck von »double speech« wie etwa der östliche Begriff von der »Volksdemokratie« oder der »Deutschen Demokratischen Republik«.

Offiziell lagen sich die beiden großen christlichen Kirchen unioniert und verbrüdert und verschwestert in den Armen, und natürlich ist es das Verdienst der Adenauer-Restauration, daß beide Christentümer sich nicht mehr als zwei feindliche Geschwister gegenüberstanden – es gab ja schließlich einen gemeinsamen Feind, den Kommunismus. Und vielleicht, vermute ich, klappte die offizielle »christliche Union« deshalb so gut, weil die Kirche als Instrument (nützlich für Ordnung und Moral) und weniger als Lebensgrund (also innerlich gelebt undd geglaubt) erfahren wurde. Da war es keine Existenzfrage mehr, ob man das Abendmahl so oder so einnahm und ob Maria leiblich in den Himmel aufgenommen worden war oder nicht.

Trotzdem war das Gewicht der Bundesrepublik, dank Bayern, dank des Rheinlandes, dank Adenauer, stärker katholisch, die Waage zwischen Protestantismus und Katholizismus war nicht wirklich im Gleichgewicht austariert. Dafür entstand im protestantischen Norden (und Südwesten) eine tolerantere, liberalere Atmosphäre, weniger staatsfromm und staatskirchenhaft, eben »protestantisch«. Mokant betrachtete man den Süden als dörflich, zurückgeblieben, ja »balkanesisch« – bis man übersehen hatte, daß der Süden und Westen industriell längst vorausgeeilt waren. Die Katholiken wiederum, vor allem in Bayern und im Rheinland, hielten sich viel auf ihre Lebensfreude, auf ihre Bierbäuche und barocken, fleischlichen Lüste zugute. Wirklich grün waren sie den »Nordlichtern« nie.

Ich mag das vielleicht etwas zu sehr aus meiner Perspektive sehen, aber der Kampf zwischen dem »Spiegel« und Franz Josef Strauß – der den Aufbruch in den fünfziger Jahren markierte und ihr Ende, wie sich zeigen sollte, signalisierte – ist auch Ausdruck dieses Gegensatzes. Es ist der Gegensatz, der sich in Franz Josef Strauß und Rudolf Augstein (der Hannoveraner, aber, ich weiß, ich weiß, durch Zufall auch katholisch war) personifiziert hatte, für den es damals in Deutschland einen bezeichnenden Witz gab.

Da fragt die Lehrerin in der Schule ihre 18jährigen Mädchen, was sie denn später, im Berufsleben, werden wollten. Ärztin antwortet die eine, Lehrerin die andere, denn wir lebten ja in einem emanzipatorischen Land, schon weil der Krieg so viele Männer weggeschossen hatte. Dennoch wollen manche Mädchen, von der Lehrerin befragt, nur Mutter und Hausfrau werden, schließlich war das das Ideal der CDU und der Kirche, der katholischen zumindest. Nur eine Schülerin fällt völlig aus dem Rahmen. Sie sagt, sie wolle Dirne werden, Prostituierte. Die Lehrerin (im Witz darf man sie sich, dem Vorurteil entsprechend, altjüngferlich, blaustrümpfig vorstellen) ist konsterniert, sie weiß nicht weiter und stürzt aus der Klasse. Sie eilt zum Direktor, sie stottert vor Erregung: »Herr Direktor, in meiner Klasse ist etwas Entsetzliches passiert, ich habe meine Mädchen gefragt, was sie, sie we…, we…., werden wollen und da ist, ist, ist eine Schülerin, die die möchte Pro.. Pro…« Der Schulleiter setzt sich hin, das Blut weicht ihm aus dem Gesicht, während er sagt: »Sprechen Sie es ruhig aus, Fräulein Hinterhuber!«

Darauf die Lehrerin: »Die möchte Pro… Pro… Prostituierte werden.« – »Ja, Gott sei Dank«, sagt der Schulleiter erleichtert, »und i hab scho befürchtet, Protestantin!«

Die Kirchen gaben durch die christlichen Parteien, die regierten, den offiziellen Ton an. Sie predigten zu den Wahlen, sie lieferten das Wort zum Sonntag, und als der öffentlich-rechtliche Rundfunk mit dem öffentlich-rechtlichen Fernsehen begann, da war das »Wort zum Sonntag« von allem Anfang an da. Übrigens ist die Gründung des ZDF, des Zweiten Deutschen Fernsehens, sicher als Ausdruck eines Adenauerschen Unbehagens zu sehen. Anders als in der Republik, hatte im ARD-Verbund der protestantische, ja, der liberale Norden ein Übergewicht, was auch daran lag, daß sich die Fernsehjournalisten zum großen Teil aus den liberalen Zeitungsredaktionen rekrutierten.

Das Wort zum Sonntag: In den Rundfunk- und Fernsehpredigten wollte die Kirche zeigen, daß sie, bei all ihrer ewigen Tradition (sub specie aeternitate) ganz im Hier und Heute stünde, die Hand am Puls der Zeit habe und dem modernen Leben durchaus offen, zugeneigt oder wenigstens aufgeschlossen gegenüberstehe. Es gab die fußballspielenden Pfarrer, die Arbeiterpriester, die Priester, die Rock'n' Roll-Schuppen oder -Paläste segneten, die ins Kino gingen, Jazz-Musik machten. Ihre Soutanen sollten frisch gelüftet wirken. Vor allem aber wollten sie dem

Volk aufs Maul schauen und dem zu Missionierenden in seiner Sprache kommen, sie wollten sprechen, wie ihm der Schnabel gewachsen ist.

Das ergab die komischsten und entsetzlichsten Verrenkungen. Hatte Brecht bezüglich des von SED-Funktionären gesprochenen Papierdeutsch über das »Kaderwelsch« gespottet, so war das priesterliche Kauderwelsch eher ein Paterwelsch: Es hörte sich an wie ein Bischof, der Rock'n' Roll tanzt, ausschaut, gräßlich und von komisch-gravitätischer Verlogenheit. Da hieß es dann: »Gott ist keine Tankstelle, an der man eben mal kurz tanken kann, um dann weiter auf der Autobahn des weltlichen Lebens weiterzurasen.« »Gott ist immer auf Sendung, 24 Stunden sind seine Wellenlängen zu empfangen, wenn man die richtige Antenne hat.« »Die Kirche ist keine Radiotruhe und die Sonntagspredigt mehr als ein Zehn-Platten-Spieler.« »Der Mercedes unserer Seele hat mehr als nur vier Gänge und einen Rückwärtsgang.« »Auch unsere Seele braucht von Zeit zu Zeit eine Waschanlage, damit unser Herz nicht im Kühlfach unseres Eisschranks erfriert.« »Gott hat immer Vorfahrt und steht nie im Halteverbot.« »Wir können unsere Sünden nicht mit einem Staubsauger fortsaugen.« Und so weiter und so fort.

Der sprachmächtigste, hemmungsloseste Prediger dieser Jahre war in Deutschland Pater Leppich, Sohn eines Zuchthausaufsehers und Jesuit, der 1948, nachdem er vorher in Kriegsgefangenenlagern vor deutschen Kriegsgefangenen gepredigt hatte, im Circus Bügler seine erste große Ansprache vor 5000 Menschen, meist Arbeitern, hielt. »Christus oder Chaos« hieß die stramme Predigt, die ihm das Attribut »Hammer Gottes« einbrachte. Die Bibel, so der hemdsärmelige, von Skrupeln durch seinen rechten

Glauben freie Pater sei »kein Berieselungsbuch für blutarme Typen«. Noch bei seinen Landsern hatte er wohl gelernt, daß laue Christen »christliche Etappenspießer« seien. Ein glühender Marxist, so der scharfe Antikommunist, stehe ihm näher als ein »verfetteter Paradechrist«, denn »ein glühender Kommunist ist doch auch ein Idealist«. Nicht, daß er das wirklich so meinte, nein, er wollte nur die matten Kirchgänger zu fanatischen religiösen Streitern gegen die Roten aufstacheln.

45. »Don Camillo und Peppone«

Das amerikanische Gegenstück zu Pater Leppich, dem »Hammer Gottes«, war der Massenprediger Billy Graham, das »Maschinengewehr Gottes«. Jesus selbst war da viel milder als der Hammer. Damals, von 1952 an, konnte man ihn sprechen hören: im Kino, auf der Leinwand, italienisch – ich allerdings nur seine deutsche Synchronstimme. Jesus sprach in mildem, leicht olivenöligen Ton.

Als französisch-italienische Gemeinschaftsproduktion (das war damals in der Filmbranche eine erfolgreiche, viele gute Filme gegen Hollywood finanzierende Kooperation, die dem europäischen Kino eine Blütezeit bescherte) kam 1952 »Don Camillo und Peppone« in die Lichtspieltheater, ein Film nach dem Schelmenroman von Giovanni Guareschi, der eine volkstümliche Satire auf die »italienischen Verhältnisse« war. Italienische Verhältnisse, das bedeutete das Nebeneinander einer sehr beliebten katholischen Kirche, die den Menschen noch in Fleisch und Blut übergegangen war, und einer oft kommunistischen Administration, allerdings nur auf lokaler, bestenfalls regionaler Ebene, denn auf nationaler Ebene wäre das dem amerikanisch-europäischen antisowjetischen Bündnis abträglich, ja gefährlich gewesen.

So aber, als ländliche und provinzielle Koexistenz funktionierte das Nebeneinander von Schwarzen und Roten, noch dazu, da die Roten sich auch in der Kirche bekreuzigten und die Schwarzen sehr wohl auch linke, kommunistische Positionen angesichts der bedrängenden Soziallage Italiens einnahmen. Das Land war nicht, wie Deutschland, geteilt in Ost und West, im Widerstand gegen die deutschen Besetzer hatten katholische und kommunistische Partisanen gemeinsam gekämpft.

So sind die Glaubenskämpfe um die Seelen und Stimmen eines Dorfes zwischen dem listigen Dorfgeistlichen Don Camillo und dem kommunistischen Bürgermeister Peppone vorwiegend lustige Scharmützel in einer ländlichen Idylle. Der Film war enorm populär, auch in Deutschland. Er war so beliebt und erfolgreich, daß Fortsetzungen gedreht werden konnten; »Don Camillo und Peppone« wurden gewissermaßen serialisiert. Auf den ersten Film von 1952 folgte 1953 »Don Camillos Rückkehr«, 1955 »Die große Schlacht des Don Camillo«, 1961 »Hochwürden Don Camillo« und 1965 schließlich »Genosse Don Camillo«. Es war die erfolgreichste Filmreihe der fünfziger und sechziger Jahre überhaupt.

Das lag sicher auch (und in erster Linie) an der Besetzung: Fernandel, der große Volkskomiker mit den schlaksigen Gliedern, den baumelnden Armen und zwei linken Füßen in übergroßen Schuhen, den Glubschaugen, dem Pferdegebiß und den großen Nasenlöchern, spielte den hinterlistigen Pfarrer, Gino Cervi, ein Mann, der wie das perfekte Ebenbild eines kommunistischen Funktionärs aussah, in der Mitte zwischen Stalin und einem italienischen Kleinbürger, den Bürgermeister, der seinen Sohn zwar taufen lassen will – aber auf den Vornamen Lenin.

Don Camillo, der aufbrausend ist und im Dienste der Kirche auch ganz schön gemein sein kann, wird vom Gekreuzigten höchstpersönlich zur Ordnung und Sanftheit gerufen: Der Jesus, der mit gütigem Mahnen vom Kreuz herab spricht, ist die heitere Toleranz in Person; er kann es sein, weil er weiß, daß er der Stärkere ist, weil er nicht nur Gott hinter sich hat, sondern, mindestens zu einem Drittel, Gott selbst ist.

Diese christliche Gelassenheit aus der Position der Stärke imponierte den Zeitgenossen ungemein – auch und gerade in Deutschland, wo es weder den naturnahen Katholizismus mit seinem magisch realistischen Glauben noch das putzige Nebeneinander von Kommunisten und Klerikern gab.

Ach, ich erinnere mich an den nagenden Katholizismus (oder gar Protestantismus) der Wochenendakademien und Seminare, wo bei dünnen Süppchen in hitzigen Diskussionen um christliche Toleranz gerungen wurde – es war gräßlich. So gräßlich wie die meisten neuerbauten deutschen Kirchen, die aus jener nackten Betonseelenlosigkeit bestanden, die in ihrer Kargheit fast weihrauchabweisend zu sein schien. In den kahlen Kirchen mit den modernen Buntglasfenstern (abstrakt, abstrakt) standen seltsam verzerrte sakrale Messinggerätschaften herum. Die Räume spiegelten keinen Glauben, der aus dem Volk kam, sondern einen streng rasierten, der aus den Seminaren theologischer Fakultäten und ihren modernen Anfechtungen herrührte.

Die typische Kirche jener Zeit ist die von Le Corbusier in Ronchamp, in ihrem monumentalen Brutalismus ein Zeugnis einer rigorosen Moderne, die den Menschen, im Gegensatz zur herrschenden Biedermeier-Idylle, alle

Gartenzwerggemütlichkeit, auch die religiöse, austreiben wollte. Der unbehauste Mensch, ein existenzialistisches Schlüsselwort jener Jahre, war das Ziel, Verlust der Mitte, ein anderes Schlagwort, war die beklagte Voraussetzung.

Ich erinnere mich an die sinistren, wie grob geschnitzt wirkenden religiösen Gemälde Georges Rouaults, die ausgemergelten Christusgestalten, die düsteren Gesichter, die schreckliche Passion, die düster erlitten wird – nein, das war kein italienisch-frohes Christentum, das den asketischen theologischen Geschmack bestimmte, das war mit seinen harten, glasfensterartigen Konturen, die wie Schnitte durch die Figuren gingen, fast schon protestantisch. Ein seltsam unfroher Kontrast zu dem seichten Jahrzehnt.

Der eigentliche Tempel der Epoche aber war das Rockefeller Center in New York, eine Hochburg des unschlagbaren Kapitalismus, leer, hoch, bombastisch, funktional. Und die Lomonossow-Universität in Moskau – Stalins gigantische Zuckerbäckerei.

In Deutschland gab es davon putzige Ableger: Das Berliner Europa Center mit der Eisbahn in der Mitte als kleines Rockefeller Center, die Stalin-Allee in Ostberlin als Prachtstraße im Stile Moskauer Stukkatur.

46. Der Stein des Sisyphos und das Schwert des Damokles

In Henri Georges Clouzots Meisterwerk von 1953, »Lohn der Angst« (»Le salaire de la peur«), fahren vier Männer, Desperados, die es aus der europäischen Zivilisation in ein gottverlassenes zentralamerikanisches Kaff verschlagen hat, jeweils zu zweit zwei schlechtgefederte Lastwagen mit hochexplosivem, stoßempfindlichem Nitroglyzerin über holprige, primitive Landstraßen. Es handelt sich um ein Himmelfahrtskommando, die vier Männer riskieren jede Stunde auf der nervenaufreibenden, gefährlichen Fahrt ihr Leben. Eine Erdölgesellschaft hat sie angeheuert, man braucht den Sprengstoff, weil in der unwegsamen Gegend eine Ölquelle in Brand geraten ist und das Feuer mit Sprengstoff ausgeblasen, gelöscht werden soll. Der Job ist hoch bezahlt, und die Vier riskieren ihr Leben, weil das ihre einzige, verzweifelte Chance ist, der Wildnis und Ödnis hier zu entkommen – nach Paris.

Der Film erzählt, wie die vier Männer angeheuert werden: Jo, ein alter Mann im weißen Anzug, der in dem tristen Nest die Fassade vom tollen Kerl schwadronierend aufrecht erhält, gespielt von Charles Vanel. Mario, Filou und Latin Lover, die erste Paraderolle des jungen Yves Montand, der seine Freundschaft zu Luigi (Folco Lulli), einem biederen, fleißig rackernden Italiener aufgibt, um dem Imponiergehabe Jos zu verfallen. Und Bimba (gespielt von Peter van Eyck), ein schweigsam-harter Fremdenlegionärstyp, dem die Erfahrungen der Nazi-Zeit die Sprache verschlagen, ihn hart, hager und verschlossen gemacht haben.

Der Film braucht das Geflecht dieser Männerbeziehungen (Frauen werden eher verächtlich beiseite geschoben) und führt es geduldig vor, um zu zeigen, wie sich die Macht- und Freundschaftsstrukturen auf der Todesfahrt verändern, die sozialen Wertigkeiten umkehren: Denn während in dem Dorf der schamlose Angeber Vanel obenauf ist, weil er ungehemmt Kognac auf Pump bestellt, verwandelt sich während der Fahrt auf Leben und Tod der Alte, der überlegen-zynisch alles weiß, in den alten Mann, den die Furcht besiegt, der zum kläglichen Jammerlappen wird, zum Feigling, der vor seinem Tod schon tausend Tode stirbt.

Als die Fahrt beginnt, sich mit drohend röhrenden Motoren ankündigt, wird der Film nämlich zu der existenzialistischen Parabel schlechthin, ohne sich auch nur für eine Sekunde aus dem eindringlichen Realismus in theoretische Erörterungen zu verabschieden. Anders als die Romane von Camus oder Sartres Theaterstücke bleibt Clouzots unerbittliches Gleichnis, mit dem sich meine Generation das heroische und gleichzeitig nihilistische Lebensgefühl des Existenzialismus in Bildern eingesogen hat, auf der holprigen Betonpiste der Realität.

Es ist eine Fahrt der Bewährung (und Bewährung lautet ein Schlüsselwort des Existenzialismus), Männer, auf das nackte Nichts ihres Mutes und ihres improvisierenden Geschicks zurückgeworfen – Existenzen, die gewissermaßen geschichtslos werden; nicht, was früher war, was sie früher getan haben, zählt. Es zählt nur, was sie jetzt tun, jetzt, auf der Spitze ihrer Existenz im Gegenüber mit dem Tod. Hier haben nicht mehr Ansehen und Erfolg Bedeutung – und auch nicht der bisherige Mißerfolg und das bisher total verspielte Ansehen, der Abstieg –, sondern eben nur die Bewährung. Das bravourös oder fatalistisch bestandene Abenteuer ist in der nächsten Sekunde schon wieder nichts mehr wert, man hat das als »suspense (als Spannung) unter dem Damoklesschwert« beschrieben – und das Damoklesschwert, das ständig über dem Leben hängt, ist die Grunderfahrung des existenzialistischen Lebensgefühls. Man hat es auch als Clouzots Filmversion des Sisyphos-Mythos gedeutet: Die Ereignisse auf der Straße werden zur fortgesetzten Bewährungsprobe, die dennoch sinnlos bleibt.

Den Sinn im Sinnlosen durch ständige, sich ständig negierende Bewährung zu suchen – das ist der Kern von Albert Camus' neu als neues Lebensgefühl erzählter Version von Sisyphos, dem die Götter die Strafe auferlegt hatten, einen schweren Stein einen Berg hinaufzuwälzen, um dem Stein dann, immer wenn Sisyphos ächzend sein sinn- und nutzloses Werk vollbracht hat, polternd hinabrollen zu lassen. Sisyphos muß von Neuem beginnen, bis an sein Ende, bis in alle Ewigkeit.

So lenken die Fahrer in »Lohn der Angst« ihre Lastwagen immer wieder durch halsbrecherische Bewährungsproben, sie müssen ihr Fahrzeug über den Abgrund auf einer brüchigen Holzbrücke rangieren, oder sie müssen einen Felsbrocken aus dem Weg sprengen und dabei mit dem hochexplosiven Stoff hantieren, immer kurz davor und mit dem fatalistisch einkalkulierten Risiko, sich selber in die Luft zu jagen.

Schließlich fliegt der eine Wagen in die Luft. Der Zuschauer erlebt es in einer Nahaufnahme, die doch weit entfernt vom Tod der zwei, vom Tod Bimbas und Luigis, ist – die Nahaufnahme zeigt, im zweiten Wagen, wie Jo, der sich eine Zigarette dreht, der Tabak aus dem Zigarettenpapier gepustet wird. In diesem Bild »verfliegt« ein Menschenleben, eine Existenz erlischt in diesem Zeichen, das sie als nichtig und heroisch zugleich ausweist.

Dann, grausiger Höhepunkt des Films: Jo und Mario müssen durch die Öllache fahren, die die Explosion des ersten Lkw, der Tod ihrer Rivalen und Kumpel, verursacht hat. Als Vanel (Jo) durch die ölige Pfütze vorausgeht, fährt Montand (Mario) ihm ein Bein ab. Wie der ölverschmierte Vanel, eine dunkel-abstruse Maskerade des Todes, in den Armen seines Kumpels von einem Bretterzaun in Paris phantasiert, während ihn der Wundbrand tötet – das ist eines der bleibenden Symbole des existenzialistischen Lebensgefühls, das die fünfziger Jahre beherrschte.

Und auch die grotesk-finstere Volte, mit der Clouzot seinen Filmhelden Mario vom Sein ins Nichts stürzen, taumeln läßt, drückt die nihilistische Stimmung der Zeit wie in einem realistischen Sinnbild aus: Während Mario, der das grausame Abenteuer überlebt hat, zu Donauwellen-Walzerklängen aus dem Autoradio übermütig auf der scheinbar ungefährlichen Rückfahrt über die Serpentinen karriolt (er hat eine Doppelprämie von 4000 Dollar erhalten, auch den Lohn seines toten Kumpels), lenkt er den Wagen aus Leichtsinn in einen für ihn tödlichen Abgrund.

Das letzte Bild des Films sind seine in absurdem Schrekken weit aufgerissenen Augen und die im Tod verkrampfte Hand, mit dem Pariser Metro-Fahrschein von der Place

Pigalle. Dieser Fahrschein, der Wunsch, in Paris wieder mit der Metro fahren zu können, war Marios Lebensziel, und er hat es so banal es war, mit dem Leben bezahlt, wenn auch sinnlos. Dennoch wird dieses Ziel heroisiert: Ob feig, ob tapfer, ob dumm oder klug, kaltblütig oder hitzig – ins Gras beißen sie alle, aber Clouzots Film, ganz auf der Höhe des Zeitgefühls, der damaligen Lebensstimmung, gibt den auf den Hund Gekommenen im Moment des Sterbens fatalistische Größe und tragische Würde zurück.

Der »Mythos von Sisyphos« von Albert Camus, den damals eine ganze Generation nachbuchstabierte, ist bezeichnenderweise noch während der deutschen Okkupation Frankreichs, also vor 1945, mitten im Zweiten Weltkrieg entstanden. Und in dieser Zeit, als Menschen zu Millionen für nichts starben, einen grausig-sinnlosen Tod fanden, ist der Existenzialismus entstanden, als Versuch einer Antwort auf die Frage: Wie kann man dem Leben einen Sinn geben, wenn es in jedem Augenblick sinnlos beendet werden kann? Die Antwort war, daß man ständig auf der Spitze seiner Existenz zu leben habe, nach dem Hamlet-Wort: »In Bereitschaft sein ist alles.« Dieses Lebensgefühl mit schwarzem Rand und heroisch-trotzig zurückgeworfenem Haupt war so etwas wie eine französisch-europäische Antwort auf den Optimismus Amerikas, eine Speerspitze gegen den ungebrochenen Fortschrittsglauben. Daß diese Stimmung aus Frankreich kam, wo sie als Chanson von Juliette Greco in schwarzen, hochgeschlossenen Pullovern in verrauchten Kellern vorgetragen wurde oder von Georges Brassens, der Villons kraftprotzend-düstere Balladen wiederbelebte, ist kein Zufall. Sowohl Sartre wie Camus reagierten auf die widersprüchlichen Erfahrungen während der deutschen Okkupation:

auf Vichy und de Gaulle, auf Résistance und Kollaboration.

Der dunkel eingefärbte Existenzialismus war auch aus den französischen Erfahrungen des schmutzigen Krieges in Indochina (die Amerika erst mit dem Vietnamkrieg nachexerzieren sollte) und den grausigen kolonialen Auseinandersetzungen in Algier erwachsen: Der Algerien-Krieg drohte die Nation nicht nur zu zerreißen, sondern auch erneut in eine (Militär-)Diktatur zu verwandeln.

Und sicher hat sich der Existenzialismus auch daraus gespeist, daß eine neue schreckliche Form des Damoklesschwerts über den Menschen zu hängen schien: der drohende Atomtod, die Auslöschung der Menschheit, neben den Erfahrungen von Auschwitz die von Hiroshima und Nagasaki. Es war die Zeit, da Picasso, der Maler der Epoche, seine Friedenstaube schuf und sein »Guernica« populär wurde, populär als Menetekel. Es war die Zeit, da man die Atomuhr vom Weltenende den Menschen ständig vor Augen hielt – eine Uhr, auf der es, nach den Prognosen von Wissenschaftlern, Friedensforschern, immer fünf vor zwölf war. Mindestens.

Fünf vor zwölf, die Menschheit am Ende, der Fortschritt nur noch ein grausiger Rückschritt, der technische Fortschritt eine ausweglose, immer rasendere Fahrt auf den Abgrund des kollektiven Selbstmordes zu – Billy Wilder hat damals in sein Diarium notiert: »Das Licht am Ende des Tunnels, das ist der D-Zug, der mit rasender Geschwindigkeit auf dich zufährt.« Die Stimmung der Zeit war (auch) düster, ihr Humor war schwarz, man spaßte mit dem Tod, mit dem Untergang. Es entstand das absurde Theater Eugène Ionescos und Friedrich Dürrenmatts, es entstanden die Endspiele Samuel Becketts, sein nihilistisches Theater, seine Endspiele erlöschender, sinnloser Existenzen.

Doch merkwürdig: Als Samuel Beckett, ein stiller, in sich gekehrter Mann, Jahre später seine Stücke selbst inszenierte, da waren es, bei all ihrem Pessimismus, heitere, ja, gelöste Komödien. »Das wird wieder ein glücklicher Tag gewesen sein«, sagt Winnie, die plappernde Heldin von Becketts »Glücklichen Tagen«, und das sagt sie, obwohl sie bewegungslos bis zum Kopf in einen Sandhaufen eingegraben leben, dahinvegetieren muß – und das schon seit langer Zeit.

Eines Tages im Jahr 1953 stand ich an einem Sonntag auf einem leeren Bahnsteig des Tübinger Bahnhofs, der Bahnsteig war von der Mittagssonne in scharfe Segmente aus Licht und Schatten zerlegt. Und im Kontrast des Lichts stand, außer mir die einzige Wartende auf den Zug, ein anmutiges, fröhlich schönes Mädchen. Sie war braungebrannt, mit sommerlichen Sommersprossen und hellen Augen, sie lächelte mich an, wir hatten uns schon einmal flüchtig in einer Vorlesung gesehen: Es war Elfie von Kalckreuth, später lange Jahre Ansagerin beim ZDF. Als ich zurücklächelte, hielt sie ein Buch hoch: »Warten auf Godot« stand drauf, und sie erklärte mir heiter, was das für ein phantastisch auswegloses Stück sei. Ich habe es dann auch gekauft und gelesen, und wir haben uns, Abende später, in bester Laune über den Weltuntergang bei Bekkett unterhalten und daß alles sinnlos sei und nichtig und absurd. Und vielleicht haben wir beide dabei gedacht, daß das »wieder ein glücklicher Tag gewesen sein wird«. Obwohl wir nicht bis zum Kopf im Sand steckten, sondern nur bis über beide Ohren im Nihilismus.

47. Vera Brühne – eine deutsche Lebedame

Es gibt Bilder, die brennen sich einem in die Erinnerung – so sehr, daß sie dem Gedächtnis jederzeit scharfgestochen abrufbar sind, vielleicht werden sie im Lauf der Zeit sogar schärfer. Als 1962 unter riesiger Anteilnahme des Publikums in München der Mordprozeß gegen Vera Brühne und Johannes Fehrbach begann, erschien in den Zeitungen ein Bild, auf dem die Angeklagte durch ein Spalier von Neugierigen zum Gerichtssaal geführt wird. Die grauhaarige, hochgewachsene elegante Frau (man wird ihr vorwerfen, sie erscheine Tag für Tag aus der Untersuchungshaft wie aus einem Friseur- und Modesalon) geht mit verschlossenem Gesicht durch die drängende Menge, die sie, so scheint es, hochmütig überragt. Und über die Absperrungen beugen, drängen sich Münchner Hausfrauen, und die blicken die Angeklagte mit einem so unverhohlenen Haß an, daß es einem noch Jahre danach angst und bange wird.

Woher rührt dieser offen zur Schau getragene, sich in Blicken ausdrückende hemmungslose Haß, woher die Wut auf diese Frau, die des Mordes an ihrem Geliebten angeklagt war? Gewiß, der Mordprozeß – es sollte der spektakulärste der fünfziger Jahre, der spektakulärste über die fünfziger Jahre werden – war ein Indizienprozeß, mit Angeklagten, die weder Reue zeigten noch ein Geständnis ablegten, es war ein Prozeß, bei dem die Tatmotive aus Habgier und Sexualität erwuchsen, eine Mischung, die das Publikum liebt, weil es Window-Shopping an den verruchten Verstrickungen anderer betreiben und den Verzicht auf den Konsum auch noch in (scheinbar gerechtfertigtem) Abscheu ausleben kann. Das Bild der haßerfüllten Münchner Hausfrauen ist das Bild eines vertagten Lebens, eines Verzichts, der seinen Verlust, seine Entsagung, die ihm auf einmal bewußt wird, im Haß entlädt: »Wir durften nicht, und also hättest du eigentlich auch nicht gedurft«, sagt diese lange aufgestaute, plötzlich explodierende Wut, »und also wirst du jetzt bestraft, weil du all das skrupellos hattest, worauf wir verzichten mußten«.

Das Bild, das Vera Brühne auf dem Weg zu ihrem Prozeß zeigt, ist das Bild der für einen Augenblick aufgehobenen kollektiven Verzichtserklärung. Diese Verzichtserklärung war der ungeschriebene Gesellschaftsvertrag der fünfziger Jahre.

Vera Brühne galt, was ihren »Beruf« betrifft (oder war es ihre »Berufung«?) als »Lebedame«. Damals war das einerseits ein Euphemismus, also eine Beschönigung und Verharmlosung dafür, daß eine Frau Prostitution als gehobene Laufbahn betrieb, daß sie Liebe lieferte und dafür (meist luxuriös) ausgehalten wurde. Schon der Begriff »Dame«, der ja im Grunde auf luxuriöses, nobles, um nicht zu sagen: adeliges Leben hinweist, hatte damals im Munde von Hausfrauen und von Männern, die sich keine Dame leisten konnten, einen zugleich neidischen und verächtlichen Klang – genau wie »dame« im Amerikanischen, während es in England schlicht ein

Adelsrang ist. Gesellschaften, die keine gesellschaftlichen Hierarchien haben, setzen Verachtung an die Stelle von Rang.

Andererseits heißt »Lebedame« doch wohl, daß eine solche Frau in den Augen ihrer Neider und Hasser »lebt« – etwa in der Nähe der toleranten Maxime »leben und leben lassen«. »Leben« heißt also frei, ungebunden, nach der eigenen Norm und Façon leben. Und die Konsequenz heißt: Diejenigen, die jemanden, der so lebt, als Lebedame bezeichnen, diejenigen leben nicht, sie »vegetieren« (um Nestroy zu zitieren), sie »schlagen nicht über die Stränge«, sie lassen sich durch die Stränge strangulieren. Die fünfziger Jahre waren voller »ungelebter Leben«. Das Wort »ausleben« war (und ist) ein Schimpfwort. Wo kämen wir da hin? Die Antwort: vor Gericht wie Vera Brühne. Insofern ist der Prozeß Vera Brühne *der* Prozeß, den sich die fünfziger Jahre selbst machten.

Vera Brühne hatte in München ungebunden und geschieden gelebt, hatte in »besseren Kreisen« verkehrt – und das in beiden Bedeutungen des Wortes. Sie hatte sich wohl auch prinzipiell von Männern anquatschen lassen, wenn diese so aussahen, als würde sich das Anquatschen-Lassen lohnen. Sie war zwar nicht mehr die Jüngste, hatte eine bereits fast erwachsene Tochter, die sie auch in jene Kreise einbrachte, in denen sie verkehrte. Aber sie war elegant, trat Männern gegenüber unabhängig und souverän auf, sie trug geschlitzte Kleider, aus denen sie (was Männer liebten) ein elegantes Bein ausfahren konnte, auf einem Bild ist das Kleid noch dazu getigert. Die Schuhe, die sie dazu trägt, sind, natürlich, hochhackig, mit Pfennigabsätzen, mit einem Riemchen um die Ferse befestigt, der große Zeh ragt durch die offene Schuhkappe.

Ihre Tochter auf demselben Bild, offenbar für den Fasching kostümiert, trägt Stulpenstiefelchen und neckische Strapse zum kurzen Röckchen, das auch geschlitzt ist. Die beiden lachen, übermütig, weil es für ein Foto ist; spöttisch, weil sie wissen, mit welchen Modemitteln man Männer anmacht.

Vera Brühne gehörte zur Münchner Schickeria, die Münchner Schickeria war damals die lebenslustigste der Adenauer-Ära, deren Paris die Bayern-Metropole, die bald darauf »Weltstadt mit Herz« heißen sollte. Vera Brühnes Geschichte mit dem Arzt Dr. Otto Praun ist, bis auf das für ihn letale Ende, eine Münchner Schickeria-Geschichte der fünfziger Jahre.

Eines Abends, im Juni 1957, geht der lebenslustige und unverheiratete Doktor mit seiner Haushälterin Elfriede Kloo zum Tanztee in den Hotelgarten des Regina-Palast-Hotels – damals eine erste Adresse des Schicks. Zwischen dem Arzt und seiner Haushälterin hatte eine sexuelle Beziehung bestanden, die aber längst erkaltet war – und in die Praxis des Kochens und Bekochtwerdens übergeführt. Zeichen dieser erloschenen Liebe ist der teure Schmuck, mit dem sich die ehemalige Geliebte und jetzige Haushälterin reichlich behangen hat. Beim Tanztee fungiert sie als Anstandsdame.

Auch Vera Brühne besucht den Tanztee. Zum Aufreißen? Zum Amüsieren? Auch sie hat eine Begleiterin dabei, ihre Freundin und Rivalin Jo Weigand. Rivalin deshalb, weil die beiden sich schon mal Männer ausgespannt haben, auch weil Jo Weigands Mann der Brühne schon mal eine Menage à trois vorschlug; Freundin, weil die beiden füreinander ebenfalls als Anstandsdame fungieren. Damals konnte eine Frau, war sie Dame, bei einem Tanztee, noch nicht einmal alleine aufs Klo (im Unterschied zu Dr. Prauns Begleiterin mit einem o) gehen.

Vera Brühne sieht den teuren Schmuck von Dr. Prauns Begleitung, er sieht sie und sie ihn mit unverhohlenen Blicken an, die beiden tanzen, und man wird schnell handelseinig. Bald darauf hat sie von ihm eine monatliche Apanage von 200 Mark – plus einen VW-Käfer. Nicht gerade fürstlich sollte man meinen, aber für dieses Angebot wird sie seine Begleiterin nach Spanien, wo der Arzt einen für damalige Verhältnisse luxuriösen Wohnsitz an der Costa Brava hatte – dem ersten Spanienziel der Deutschen, übrigens. So war das »Leben« damals, man pendelte zwischen München, Starnberger See und Costa Brava, nachdem man mit Sekt auf Du und Du getrunken hatte. Doch soll man sich nicht täuschen lassen: Er nannte sie »mein Frigidchen« und von ihm erzählte sie, laut »Stern«, daß der lebenslustige 62jährige nicht lachen konnte. »Lach doch mal, das steht dir besser als so ein ernstes Gesicht.« Und Vera Brühne fuhr fort: »Ich weiß noch, wie er geantwortet hat: ›Ich kann nicht lachen, ich kann nur weinen.‹ Da hab ich ihm gesagt: ›Dann wein doch!‹« Leben? Leben.

Der Rest ist schnell erzählt, der Rest ist oft erzählt, der Rest ist die meisterzählte Geschichte der fünfziger Jahre, vermutlich. Die Beziehung erkaltet, der Doktor droht, den Erbvertrag, in dem er ihr sein Spanien-Anwesen vermacht hat, rückgängig zu machen. Sie heuert einen ehemaligen Freund, Johannes Fehrbach, an, der ihr sexuell hörig gewesen sein soll (oder sie ihm? Egal!) – für einen Mord. Sie fahren aus dem Rheinland mit dem Auto (sie mit dem Zug?) nach Starnberg, einen fingierten Brief eines Dr. Schmitz im Gepäck, der angeblich das Anwesen in

Spanien kaufen, das in Starnberg besichtigen will. Vera Brühne wartet im Auto, während Fehrbach mittels Brief in das Haus eindringt. Dort erschießt er im Keller die Haushälterin Elfriede Kloo und wartet dann auf den Arzt – als Dr. Schmitz. Schließlich kommt der Arzt, wird mit zwei Schüssen ermordet, Fehrbach verläßt panisch das Haus und erzählt der wartenden Vera, er habe den verräterischen blauen Brief vergessen (auf der Schreibmaschine eines Untermieters von Frau Brühne geschrieben, die sie oft benutzt hat). Die beiden kehren zum Haus zurück, aber die Haustür ist zugeschnappt, und daß die Verandatür offensteht, haben die beiden in der Eile und Panik vergessen.

Über den »blauen Brief«, im Prozeß später eines der wichtigsten Indizien gegen Vera Brühne, gibt es noch eine schöne Geschichte – auch sie belegt den »Femme-fatale«-Status der »Lebedame«. Kriminalobermeister Rodatus, der die Verdächtige polizeilich vernimmt, ist mit Mutter Vera und Tochter Sylvia Cossy bald auf Du und Du, man kippt zusammen manchen Cognac. Als der Sprit einmal alle ist, geht der Kriminalobermeister, ganz Kavalier, rasch eine neue Flasche Cognac besorgen. Die Akten läßt er aufgeschlagen zurück, darin auch den belastenden blauen Brief. Vera fordert ihre Tochter auf, den blauen Beweis einfach aufzuessen. Die Tochter weigert sich, und als sie sich endlich doch entschließt, steht der beschwingte Rodatus schon wieder in der Tür, das neue Fläschchen in der Hand. Leben? Leben!

Vielen gilt das Urteil nach dem sensationellen Indizienprozeß als eklatanter Justizirrtum – begangen, weil man den »Lebenswandel« einer Frau habe verurteilen wollen. In der Tat steht das Urteil vor allem auf zwei wackligen

Beinen: Einmal auf der Aussage der Tochter Sylvia, die vor der Polizei zweimal, wenn auch alarmierend abweichend, erklärte, ihre Mutter habe ihr die Tat gestanden. Später, vor Gericht, hat sie ihre Aussage widerrufen.

Zum andern auf der Aussage eines Mitgefangenen von Fehrbach, den die Polizei als Spitzel in dessen Untersuchungshaftzelle schleuste. In der Weihnachtsrührung und angesichts eines Weihnachtsbaumes (oder war es nur ein Tannenzweig?) soll Fehrbach die Tat gestanden haben. Schönheitsfehler dieses Zeugen: Er war als notorischer Lügner und Betrüger schon mehrfach straffällig und auffällig geworden.

Vera Brühne, ein Opfer ihres Lebenswandels und also spießiger Obsessionen und Vorurteile, Opfer einer Justiz, die eine solche Frau auch gegen die schwächsten Indizien schuldig sprechen wollte? So einfach ist es wohl nicht. Ursula März hat in einem hervorragenden Aufsatz der »Frankfurter Rundschau« im November 1994 beispielsweise daran erinnert, daß sich die Brühne für den Mordtag vorher auffällig viele Alibis (die einander widersprechen) gezimmert hatte. März spricht von »einer Art Alibistau«.

Und Rudolf Augstein, der den Fall akribisch und ausführlich in einer »Spiegel«-Serie von 1970 aufgerollt und von allen Seiten durchleuchtet hat, neigt anhand der sorgfältig abgewogenen Fakten sehr wohl zu der Auffassung, daß Brühne die Täterin, zumindest Anstifterin war, sie aber dennoch eher aufgrund des gesellschaftlichen Klimas als wegen der schlüssigen Indizien verurteilt worden sei.

Noch schlimmer stünde es um das Urteil gegen Fehrbach. Der sei aufgrund zweier dubioser Einlassungen verurteilt worden: einmal durch die Aussage eines Schwindlers, der all sein Wissen ebensogut aus Zeitungsberichten hätte schöpfen können. Zum anderen durch die Aussage der Tochter, die den Tathergang nur vom »Hörensagen« durch ihre Mutter kannte. Wie, wenn diese Fehrbach absichtlich hätte belasten wollen, um von jemand anderem abzulenken?

Wie auch immer – ein deutsches Anwesen in Spanien und das »süße Leben« in München, das so süß nicht war, wurde einer Münchner Lebedame zum Verhängnis. Insofern ist der »Fall Brühne« die Moritat des Jahrzehnts.

48. Sanfte Rebellen: Elvis Presley und James Dean

Haare. Die Frisur, die Elvis Presley trug, nannte sich Entenschwanzfrisur, Entenschwanz, weil sie hinten wie bei einem Erpel auf beiden Seiten schwungvoll in einer Welle nach hinten gestrichen war, wobei sich Welle rechts und Welle links in der Mitte des Hinterkopfs abstehend trafen und zwischen sich einen Scheitel bildeten: Es ähnelte in der Tat einem Entenarsch. Vorne türmte sich das pomadige Haar zu einer Tolle. Breite Koteletten umrahmten das eckige Gesicht, Koteletten, die sich tief in die Wangen hinunterzogen.

Jede Jugendrevolte manifestiert sich (auch) in einem Haarschnitt. Gegen den kurzen Crewcut der Fünfziger, der brutal ans Militär erinnerte, gegen den Fassonschnitt mit dem ausrasierten Nacken, dem vorne brav gescheitelten Haar, den kurzgeschnittenen Koteletten, die höchstens halb so lang wie das Ohr waren, setzte die Frisur von Elvis ein Zeichen: Es war eine proletarische Frisur, »prol« würde man heute sagen, eine Fernfahrerfrisur, und Elvis war ja auch Lastwagenfahrer gewesen, bevor er zum Idol seiner Tage wurde, zur Leitfigur des Rock'n' Roll.

Haare. Später sollten die »Pilzköpfe« der Beatles das Zeichen eines radikalen Generations- und Stilwechsels setzen. Noch später das Musical »Hair« das neue Zeitalter des Wassermanns signalisieren, zottig war man auf einmal, bärtig, langhaarig, die 68er Revolution war eine Langhaarrevolution, und man kann sich heute kaum noch vorstellen, wie aggressiv der brave Bürger, die ältere, gesettlete Generation auf lange, auch nur längere Haare reagierte.

Zum Beispiel auf die Rock'n' Roll-Pomadenfrisuren der neuen Generation, die »Halbstarke« genannt wurden, »Teddies« oder Teddy-Boys in England. Es waren die Halbstarkenbanden, wie sie Leonard Bernstein später in seiner »Romeo und Julia«-Musical-Version, der »Westside Story«, verewigen sollte. Oder Marlon Brando in seinen Filmen, vor allem in den »Halbstarken«. Eine verpaßte, eine aufgezwungene Frisur ist Zähmung, Bändigung, Einordnung – das wußten die Fünfziger nur zu gut, sie hätten es vom Militär (Streichholzlänge) und aus der Bibel lernen können (Samson), der Löwe, als Raubtier ein gefährlicher Einzelgänger, droht durch seine Mähne. Die Rock'n' Roll-Revolte war noch ein pomadiger Jugendaufstand.

Jede Jugendrevolte ist auch eine musikalische Revolte. Elvis war keineswegs der erste Musiker des Rock'n' Roll – aber er war, nach seinem Auftritt in der Ed Sullivan Show im Fernsehen von 1956, der populärste weiße Rock'n' Roll-Musiker. Seine Musik hatte er von Schwarzen übernommen, von Chuck Berry, beispielsweise, von Little Richard. Schwarze Musik, das war »Negermusik«, von der das Urteil und das Vorurteil wußte, daß es sinnliche Musik war, Musik, die durch den Rhythmus den Körper in ekstatische Bewegungen versetzt, die Sexualität wachschüttelt, erregt. Als schwarze Musik war das noch nicht gefährlich, man wußte, daß die Schwarzen »triebhaft« waren, nur durfte das nicht auf die »zivilisierte« weiße Mehrheit übergreifen.

Jede musikalische Revolte wird von den Etablierten als »Veitstanz« empfunden, als Massenhysterie, die die Ordnung zu überspielen, ja wegzuspielen droht. Elvis war der erste weiße Musiker, der auch mit dem Unterleib, mit dem Becken musizierte – Elvis, the Pelvis, Elvis, das Becken. Die Gitarre wurde zum beherrschenden Instrument, sie löste Saxophon, Trompete, Klavier ab, die artigen Bigbands vor allem, die wohlformiert hinter Pulten saßen, die ihren Unterleib wie mit Schilden abschirmten. Auf dem Schild standen ein Notenschlüssel und der schwungvolle Name der Musikband – eine uniformierte Kompanie, gedrillt auf einen Rhythmus, einen Takt.

Dagegen der Rock'n' Roll, dagegen Presley, ein Einzelfighter, der seinen Körper, seinen Unterleib hemmungslos in die Gitarrenläufe schmeißt, der mit aufgeilender Stimme die Zuhörer, aber vor allem die Zuhörerinnen in einen ekstatischen, sexuell erregten Zustand versetzt: »Jailhouse Rock«, »Heartbreak Hotel«, »Are you longsome tonight«. Die Mädchen stoßen schrille Schreie aus, tanzen wie wild, die Augen laufen ihnen über, sie selbst laufen über; Elvis, der als erster Musiker eine weltweite Massenhysterie auslöste.

Aber Elvis, der aus einem Bretterverschlag in Tupelo (Mississippi) stammte, aus der Hefe des Volkes, war ein braver Rebell, bevor er später ein fettgefressener, drogensüchtiger Unglückskloß wurde. Er absolvierte zum Beispiel brav seinen Militärdienst in Deutschland, wo er brav seine spätere Frau Priscilla kennenlernte und brav das deutsche Volkslied »Muß i denn, muß i denn zum Städtele hinaus« sang.

So beschrieb eine Zeitung die Presley-Legende: »Es war einmal ein braver Junge, der als Fernlastfahrer seine Dollars verdiente und in seiner Freizeit im Kirchenchor seiner Heimatstadt Occala im Staate Tennessee, USA, mitsang. Heute ist Elvis Presley einundzwanzig Jahre alt und das Idol der amerikanischen Jugend. Er hat es zum Millionär gebracht, besitzt sechs Cadillacs und hat seinem Vater den guten Rat gegeben, sich zur Ruhe zu setzen, um von den Millionen seines Sohnes zu profitieren. Elvis Presley ist der Erfinder einer neuen Lärm-Art, die auf die Jugend ebenso wirkt wie das Auspuff-Geknatter der Mopeds auf die verhinderten Rennfahrer unseres Wirtschaftswunders. »Rock'n'Roll«, Schaukeln und Rollen, nennt man das, was er mit elektrischer Gitarre und Mikrophon in den Äther strahlt und auf Millionen von Schallplatten verewigt, und seine Verehrerinnen hauchen mit erschöpfter Stimme: ›Er singt nicht mit dem Mund, er singt mit dem ganzen Körper.‹ Ja, und damit wird man dann zum Millionär!«

Über diesem Artikel von 1956 sah man ein Foto, das Elvis mit Gitarre, noch im dunklen Anzug, mit dem ganzen Körper musizierend zeigte. Das war gegen die Ordnung, aber da der Junge im Kirchenchor sang und seinen Daddy finanzierte, konnte man das eher amüsiert als schockiert betrachten. Kurz darauf, so berichtet das Buch »Die Pubertät der Republik«, besuchte die englische Queen den Film »Rock around the clock«.

Sieht man deutsche Rock'n'Roll-Idole, etwa Peter Kraus, einen netten Jungen, der keiner Fliege, geschweige denn der älteren Generation etwas zuleide tun konnte, dann versteht man sofort, warum die »Halbstarken«, warum die Rock'n' Roll-Musik niemanden wirklich erschreckte. Die Autorität war niemals in Gefahr, die Väter konnten beruhigt sein. Ins Wanken geriet die Gesellschaft erst 1968.

Elvis starb 1977, 42jährig, verfettet vom Konsum unzähliger Blaubeerkuchen, Hamburger und Coca-Colas, zerrüttet vom hemmungslosen Mißbrauch zahlloser »uppers and downers«, Aufputschmittel und Beruhigungspillen, finanziell schon pleite in seiner Kitschhochburg Graceland, die bis heute immer noch der Wallfahrtsort einer nie endenden Presley-Fangemeinde ist.

James Dean, das rebellische Kino-Idol der Fünfziger, starb den Tod der Fünfziger. Zwei Wochen, genauer: 13 Tage, bevor er in den Tod raste, drehte er noch als Jugend-Idol (so wie heutige Popmusiker vor Drogen oder Alkohol warnen) einen TV-Werbespot zum Thema Verkehrssicherheit.

Er war im Cowboy-Anzug, Jeans, Weste, offenem Hemd, Hut, vom Set der Dreharbeiten zu »Giganten« ins Fernsehstudio gekommen, hatte eine Zigarette zwischen den Lippen, er unterstrich seine Sätze mit Rauchwolken.

Ja, sein Wagen fahre so 170 Stundenkilometer, ja, er habe schon Rennen gewonnen, so ein oder zwei. Der Interviewer fragte, was er, James Dean, davon halte, »wenn die Leute auf dem Highway rasen«.

Dean erklärte, daß er, seit er Rennen fahre, besonders vorsichtig sei. »Die Leute haben ja oft gar keine Ahnung, was für einen gefährlichen Mist sie bauen.« Und dann gab der 24jährige Dean »jungen Autofahrern« noch den Rat: »Fahrt vorsichtig! Vielleicht bin ich es, dem ihr damit eines Tages das Leben rettet.« Beim Wort »vielleicht« stotterte er ein wenig, maybe, prrrbs, perhaps ...

Kurz danach, am Mittag des 30. September, stieg Dean zusammen mit dem deutschen Automechaniker Rolf Wütherich in seinen nagelneuen Porsche 550 Spyder, in den er verliebt, ja vernarrt war; er wollte von Sherman Oakes im San Fernando Valley nach Salinas, wo er an einem Autorennen teilnehmen sollte.

Auf der Route 99, kurz vor Bakersfield, raste Dean mit gut 100 Stundenkilometern (»Sachen«, hieß es damals) an einer Polizeistreife vorbei, die ihn prompt mit eingeschalteter Sirene einholte, stoppte und ihm einen Strafzettel nebst gerichtlicher Vorladung verpaßte.

Jimmy Dean malte sich kopfschüttelnd aus, wie die Presse darauf reagieren würde, daß er keine zwei Wochen nach seinem Werbespot gegen Raserei wegen Raserei erwischt worden sei. Nichtsdestotrotz nahm er den Fuß nicht vom Gaspedal. Und als es dämmerte – Dean hatte die Scheinwerfer nicht eingeschaltet –, sah er bei einem waghalsigen Überholmanöver kurz vor dem Polonia-Paß auf der zweispurigen Straße einen Pontiac auf sich zuschießen. Ein Totalzusammenstoß wurde nur vermieden, weil der Pontiac-Fahrer (im Wagen saß eine vierköpfige Familie) das Steuer herumriß und die Böschung herunterschoß.

Nachdem sie den Polonia-Paß hinter sich hatten, rasten Dean und Wütherich auf die Kreuzung der Highways 41 und 466 zu. Sie schossen auf einen schweren, schwarzweißen Ford zu, der gerade Jimmys Fahrbahn kreuzte, und erwischten ihn mit voller Wucht auf der Beifahrerseite. Wütherich wurde aus dem Auto geschleudert, er überlebte. Auch der Ford-Fahrer überstand den Unfall, wenn auch schwer geschockt. James Dean war eingeklemmt, sein Kopf hing schlaff über der Beifahrertür, das Auto war ein Haufen Schrott.

»Der Typ muß uns doch sehen«, soll Dean geschrien

haben, der mit 160 Stundenkilometern (bei erlaubten 90) in seinen Tod raste.

Das war 1955, am 30. September gegen 17.30 Uhr, als James Dean an gebrochenem Genick starb. Von dem 1931 in einem Kaff in Indiana Geborenen war gerade mal ein Film gelaufen: der Kazan-Film »East of Eden« (»Jenseits von Eden«), der am 9. April, also sechs Monate zuvor, Premiere gehabt hatte.

Ein typischer Tod der Fünfziger, in denen die Autoraserei und das damit verbundene Flirten mit dem Tod eine Form unartikulierter Jugendrebellion waren? Damals versuchten viele junge Leute, im Freiheitsrausch der Geschwindigkeit der Rockwell-Idylle der Zeit wenigstens für Augenblicke (und dann doch für eine Ewigkeit) zu entkommen, hinter der sich ein dumpfes, selbstgerechtes Amerika der Väter verbarg, die alles, was von der Norm abwich, mit drakonischem Haß und stumpfer Wut verfolgten. Auf der Flucht vor Amerika war man »on the road«, und das Auto avancierte zum Wohnmobil und zur Liebeslaube, der Geschwindigkeitsrausch zur Droge.

1953 war Dwight D. Eisenhower Präsident als Nachfolger von Harry S. Truman geworden. Amerika hatte sich einen Großvater von autoritärer Milde verordnet, einen Mann starrer militärischer Tugenden. Seine Aura war in Zeiten des Kalten Krieges gefragt:

Von 1950 bis 1953 waren amerikanische GIs im Koreakrieg im Einsatz, um die kommunistische Gefahr einzudämmen. Von 1950 bis 1954 veranstaltete Joseph McCarthy seinen Kreuzzug gegen »unamerikanische Umtriebe«, sein Senatsausschuß mit gleichsam richterlicher Gewalt war nationalistisch, antisemitisch und richtete sich vor allem gegen Hollywood – neben New York das zweite Sündenbabel der puritanischen USA.

Dagegen rebellierte Mitte der fünfziger Jahre eine junge Generation – oft ohne sich dessen bewußt zu sein. Sie rebellierte durch ihre Kleidung, indem die Jungs Jeans statt Anzüge trugen, offene Hemden, Cowboy-Stiefel. Die Mädchen rebellierten noch nicht. Oder bestenfalls, indem sie die Jungs in den Cowboy-Stiefeln, den offenen Hemden und den roten Nylonjacken anhimmelten.

James Dean trug einen solchen roten Blouson. Er war mit einem Schlag das Idol einer neuen Protestgeneration. Das tote Idol. Denn von den drei großen breitwandigen Filmen, in denen Dean gespielt und das Porträt des neuen Rebellen entworfen hatte, kamen zwei erst nach seinem Tod in die Kinos:

»Denn sie wissen nicht, was sie tun«, der Nicholas-Ray-Film, am 29. Oktober 1955 bereits unter ungeheurer Anteilnahme der James-Dean-Gemeinde, die unter dem unmittelbaren Schock über seinen Tod stand.

Und »Giganten« ein Jahr darauf, am 24. November 1956. Der superlange Texas-Schinken des Routiniers George Stevens, in dem Dean eigentlich nur eine Nebenrolle an der Seite von Liz Taylor und Rock Hudson spielen sollte, war zum Dean-Film umfunktioniert worden, und die wachsende Dean-Gemeinde (damals gab es bereits vier Millionen beitragzahlende Mitglieder des »James Dean-Memory Ring« und anderer Dean-Clubs) konsumierte das opulente Werk als Dean-Vermächtnis und Dean-Devotionalie.

Die drei Filme, die Dean den Dauerruhm einer verehrten Kultfigur erbrachten, sind eher schwülstig als eindringlich, eher melodramatisch als aufrichtig. Sie buhlen eher um die verweigerte Liebe der Väter, als daß sie dagegen revoltierten. »Jenseits von Eden«, eine Kain-und-Abel-Geschichte aus dem Kalifornien des Jahres 1917, zeigt Dean als romantischen Jugendlichen, der an seinem streng selbstgerechten Vater leidet und seine totgesagte Mutter als Bordellwirtin im Nachbarort aufspürt.

»Denn sie wissen nicht, was sie tun« nannte die Kritikerin Pauline Kael zu Recht eine »Seifenoper über den Generationskonflikt der fünfziger Jahre«. Dennoch – es ist der erste Film, der jugendliche Gewalt nicht mit Slum-Herkunft begründet, sondern mit der Verständnislosigkeit zwischen den Generationen unter gutsituierten Amerikanern beschreibt.

Dean, der in einer kleinen Industriestadt, in Marion, Indiana, in die Jahre vor Roosevelts »New Deal« hineingeboren wurde, war durch seine frühen Lebensumstände und seinen Berufswunsch für das Opponieren gegen die reißfeste US-Nylon- und Neon-Gesellschaft mit ihrem Schaukelstuhl auf der ländlichen Veranda geradezu prädestiniert.

Seine Mutter starb früh, sein Vater, der mit der Familie nach L.A. gezogen war, schickte den Jungen zurück nach Indiana. Dort, in der hinterwäldlerischen Enge, entdeckte Dean seine Homosexualität. Dort entdeckte er auch, daß er Schauspieler werden wollte – ein Wunsch, dem der Vater später einigen Widerstand entgegensetzte: Er wollte, daß sein Sohn einen »anständigen Beruf« ergreifen sollte.

Schwul zu sein, das war in den Fünfzigern (auch und gerade in den USA) fast so schlimm oder noch schlimmer, als Kommunist zu sein. James Dean hat seine Homosexualität auf zweierlei Weise gelebt.

Einmal als heimliche Liebe, die er hinter der Presse zum Fraß vorgeworfenen Geschichten über angebliche Mädchenaffären (vor allem mit Pier Angeli) tarnte und verbarg. Auf Fotos, wo er neben hübschen Teenies oder Twens wie dem Sternchen Terry Moore zu offiziellen Auftritten muß, erscheint er verbiestert wie auf Strafexpeditionen. Zum anderen mußte er das Hollywood-Spiel auf den Engagier-Couchs homosexueller Produzenten und Agenten mitspielen – und hat es, oft mit Widerwillen, mitgespielt: Er wollte im Filmbusiness nach oben. Und er kam, unmittelbar vor seinem Tod, oben an.

Hollywoods Homosexuellenszene war in den Untergrund gedrängt: Wie etwa Rock Hudson, der in Schwulencafés verkehrte und auf Partys gern als Ballerina herumwirbelte, durch den unbarmherzigen Druck der Fanpost in die Ehe gepreßt wurde. So las sich das damals:

»Seit 1949 haben Fan-Clubs und Fan-Zeitschriften aus dem Lastwagenfahrer Roy Fitzgerald, der 75 Dollar pro Woche verdiente, den Filmhelden Rock Hudson gemacht, der 3000 Dollar pro Woche verdient. Jetzt aber werden sie allmählich sauer. Die Beschwerden, die sie in ihren Zeitungen erheben, reichen von einem schrillen ›Angst vor der Ehe?‹ bis zu einem verständnisvollen ›Laßt Hudson Zeit‹. Die Fans verlangen von dem 29jährigen Rock Hudson, daß er heiratet – oder ihnen erklärt, warum er es nicht tut.« Fundamentalismus auf amerikanisch? Hudson heiratete, Dean wurde solcher Nötigungen durch seinen Tod enthoben.

Aber daß er zum rebellischen Idol einer Generation wurde, die vielleicht nicht einmal alle Gründe für ihre Rebellion erahnte, daß er dieses Idol eigentlich bis heute blieb, hängt sicher mit seinem Leben zusammen, das er in seinem androgynen Trotz, in seiner rebellischen Eckigkeit und Widerborstigkeit fast im Verhältnis 1:1 auf die Leinwand brachte. James Dean, der seine Gegenüber schräg von unten, mit bockigem Mißtrauen und mit einer Verschlossenheit anblickt, die eine Sehnsucht nach Nähe zu tarnen scheint, wurde das Idol eines zweiten Rebellen, das Idol von Elvis Presley.

James Dean, dessen drei Filme heute eher wie pompöse Mißverständnisse wirken (diesen Umweg mußte der rebellische Impetus nehmen), wurde bald als neuer Marlon Brando verehrt. Er war weniger viril als Brando, der gut ein Jahr zuvor ebenfalls in einem Film von Elia Kazan (»On the waterfront«) seinen triumphalen Durchbruch schaffte, verletzlicher, gebrochener, empfindlicher. Wie Brando kam er aus dem berühmten New Yorker »Actors' Studio«. Er mußte nicht in das Dickwerden flüchten, er karriolte sich in den Tod, in eine ungreifbare, unangreifbare Unsterblichkeit (ähnlich der der Monroe).

In den Achtzigern kreierte die Werbung für »Levi Strauss«-Jeans einen Typ, der wie ein Wiedergänger Deans aussah. Bis heute zeigen uns die Idealtypen von Jeans- und Toilettenwasserreklamen die Hinterlassenschaft seines Images: Trotz und Trauer sind seine Sexualität, er appelliert an beide Geschlechter – auch indem er sich beiden verweigert. Seine Nähe ist Distanz, insofern eignet er sich als bleibende Ikone, als in Filmen lebendige Erinnerung der 50er Jahre.

49. Englischer Rasen für Elisabeth II.

1945 war die Welt in Europa aus den Fugen. Man fuhr ohne Fahrkarte mit Zügen – wenn sie fuhren –, von denen man auch noch Kohlen klaute, und man hätte Fisch mit dem Messer gegessen, wenn man Fisch gehabt hätte.

Die fünfziger Jahre sind die Zeit, in der man versuchte, die Welt wieder zu verfugen. Zum Beispiel durch Gesellschafts- und Benimmregeln. Etwa im Lokal: »Der Herr erhält die Speisekarte und schlägt der Dame einige Gerichte vor, unter denen sie dann wählen kann.« Konnten die Damen noch nicht lesen oder hätten sie etwas gewählt, was dem Herrn zu teuer zu stehen gekommen wäre? Später gab es die »Damenkarte«, sie war, um die Dame nicht in Verlegenheit zu bringen, ohne Preisangabe. Selbst wenn die Dame Kaviar oder Hummer wählte, durfte der Herr, dessen Karte die Preise enthielt, nicht mit der Wimper zucken. Auch das Verlassen des Lokals stellt Ansprüche an die Etikette: »Der Dame hilft nicht der Ober, sondern ihr Begleiter in den Mantel. Er legt übrigens zuerst ab und zieht sich auch zuerst an, bevor er ihr behilflich ist.«

Die Etikette- oder Benimmregeln bei der Regierung

heißen Protokoll. Für das Protokoll war Frau von Pappritz zuständig. Die Parodie auf Protokoll und Benimmregeln stammt von Loriot. Seine Knollennasenmännchen trugen gestreifte Hosen und schwarze Jacken, den sogenannten »Stresemann«, die obligate Ausgehuniform der Diplomaten, die Arbeitskluft des »Protokolls«.

Als das englische Königspaar 1965 die Bundesrepublik mit einem offiziellen Staatsbesuch beehrte, wurde Prinz Philip, Gemahl der Königin, mit dem Wort Protokoll konfrontiert. »Protokoll?« soll er laut »Süddeutscher Zeitung« vom 31. Mai 1965 gefragt haben, »das Wort kennen wir gar nicht.« Und als der deutsche Gesprächspartner hartnäckig blieb und »Protokoll« als das »offizielle Drum und Dran« umschrieb, »wer wann wo was tun und sagen darf«, antwortete der Prinz: »Ein Protokoll gibt es bei uns nicht«. Um hinzuzufügen: »Alles, was wir haben, sind gute Manieren!« Peng, das saß!

Manieren sind ein Protokoll, das man verinnerlicht hat – und das seit Jahrhunderten. Es ist wie die Geschichte vom englischen Rasen, wie sie beispielsweise Carl Sternheim in seiner Komödie »Der Snob« erzählt. Da fragt ein deutscher Englandbesucher, nachdem er den Anblick eines englischen Rasens bewundert hat, wie man denn einen so gepflegten Rasen zustande bringen könnte. »Oh, es ist ganz einfach«, sagt der englische Rasenbesitzer. »Man muß ihn nur regelmäßig kurz schneiden und dann bürsten«, das sei alles. »Das ist alles?« fragt der Deutsche ungläubig. »Ja. Vierhundert Jahre lang regelmäßig schneiden und bürsten.«

Diese neidvoll erzählte Geschichte entstammt dem Wilhelminismus, als sich die Deutschen schmerzhaft ihres historischen Parvenü-Seins im Kaiserreich bewußt wurden. Nach 1945, als alles drunter und drüber gegangen war und man das Wort »Tradition« nur in den Mund nehmen konnte, wenn man sich der Brüche, Traditionssprünge und absichtlich weiß gelassenen Flecken auf der Traditionslandkarte bewußt war, blickten wir mit besonderer Bewunderung und mit Neid auf britische Traditionen. Da gab es, unverändert und scheinbar unangekränkelt, die alten Hierarchien – und Hierarchie war unverbrüchliche Ordnung. Und da gab es, unverändert, jahrhundertealte Traditionen.

Das Ereignis, das dies der Zeit nahebrachte, spektakulär nahebrachte, denn es wurde im Radio und im jungen Medium Fernsehen weltweit übertragen, war die Krönung der jungen Königin Elisabeth am 2. Juni 1952 in der Londoner Westminster Abbey.

Am 20. November 1947 hatten die Thronprätendentin Prinzessin Elisabeth und Prinz Philip in der Westminster Abbey geheiratet. Am 22. Januar 1952, die prinzlichen Hoheiten waren standes- und traditionsgemäß auf offizieller Reise in Kenia, das damals selbstverständlich noch zum Commonwealth gehörte, starb der englische König. Die reisende Prinzessin, damals 25 Jahre, wurde automatisch seine Nachfolgerin. Und jetzt, am 2. Juni 1952, erfolgte die Krönung in einem offiziellen, ungeheuer prunkvollen, ungeheuer traditionsgeladenen Staatsakt.

Die Tradition. Erschauernd nahmen gerade wir Deutschen zur Kenntnis, daß schon von einer Königskrönung im sechsten Jahrhundert, im Jahr 563, berichtet wurde. Und daß die Tradition der Krönung Elisabeths sich immerhin auf das Jahr 838 berufen konnte, das Jahr, in dem König Egbert von Wessex in Kingston auf einem »großen Rat« einen »dauernden Bündnisvertrag« zwischen dem

König und seinen Erben einerseits, dem Erzbischof und der Kirche von Canterbury andererseits abgeschlossen hatte, einen Vertrag, der die Krönung als feierliches Bündnis zwischen Kirche und Souverän festlegte. Na, und so weiter und so fort. Jeder Akt des Krönungszeremoniells, jeder festlich blitzende Moment hat seine Verankerung in der Geschichte, ob es um den »Akt der Anerkennung«, um den »Eid«, die »Salbung«, die »Investitur« oder, den Höhepunkt, die Krönung selbst geht, der noch die »Huldigung« folgt.

Beispielsweise die »Anerkennung«, wenn die Königin in ihrer karmesinroten Parlamentsrobe im Krönungszug die Abtei betritt, wird sie von den Königsscholaren der Westminster-Schule, denen dieses Privileg bei Krönungen zusteht, auf lateinisch begrüßt und zum Staatssessel geleitet. Dort wird sie mit dem Ruf »God save the Queen!« von der Festgemeinde, die das Volk vertritt, begrüßt. Karmesinrot! Zwar war das damals im Fernsehen nur schwarzweiß zu sehen, aber immerhin. Heute, da die Erbgeneration der damals so lieblich unter ihrem Krönlein hervorblickenden Elisabeth, die milde und huldvoll mit perlweißen Zähnen lächelte, außer Rand und Band geraten scheint und es damit fraglich erscheinen läßt, ob je noch einmal jemand in karmesinroter Parlamentsrobe zur Anerkennung in die Westminster Abbey geleitet werden wird, heute blickt man auf die Feier zurück wie in eine entrückte Märchenzeit. War es Realität oder Walt Disney, der in den fünfziger Jahren sein «Disneyland« aus der kalifornischen Wüste stampfte? Auf den noch nicht beseitigten Kriegstrümmern spielte man gute alte Zeit – um die Ordnung wiederherzustellen.

Bei den Krönungsfeierlichkeiten spielten die Repräsentanten der Commonwealth-Länder eine große repräsentative Rolle, sie huldigten der Krone und der Königin. Und das, obwohl jedermann wußte, daß das Commonwealth als Weltreich im Zweiten Weltkrieg untergegangen war, in unaufhaltsamer Zersetzung und Auflösung begriffen. Man hat die Notwendigkeit der englischen Monarchie damit begründet, daß es das einzige und letzte Band wäre, das die ehemaligen Commonwealth-Länder zusammenhalte – zumindest symbolisch. So imponierte die Krönung der Fünfziger-Jahre-Welt auch als großer Als-ob-Akt, als Schauspiel von etwas, das noch existiert, obwohl es nicht mehr existiert, aber, absurderweise, in der Behauptung dann doch existiert.

Die Traumwelt der fünfziger Jahre war deshalb von Königen und Königinnen durchgeistert. Das Publikum liebte das Gold und das Talmigold auf gesalbten Häuptern und auf denen von Usurpatoren. Man feierte die Hochzeit von Grace Kelly, die sich zu Gracia Patricia mauserte, als sie den Fürsten von Monaco heiratete, man trauerte mit der kinderlosen Soraya um den Verlust ihres Mannes und des sogenannten »Pfauenthrones«, man liebte und beneidete und verachtete den dicken König Faruk von Ägypten. Man interessierte sich für die Halbseide, die sich um den Reederkönig Onassis und seine Assoluta Callas versammelte, Onassis, der übrigens die Ehe der Kelly mit Rainier von Monaco vermittelt und zur Sanierung von Monte Carlo in die Wege geleitet hatte.

Rainier von Monaco, Sproß eines fragwürdigen Seeräuber-Adels, der die neuzeitlichen Opfer mit Hilfe seines damals noch exklusiven Spielcasinos (der Massentourismus war noch nicht ausgebrochen) überfiel und plünderte, hatte aber offensichtlich seinen Rasen nicht lange genug gebürstet. Die Hochzeit 1956 galt als halbseiden, und so wurde vermeldet, daß als einzige Personen königlichen Geblüts der ägyptische Exkönig Faruk und der hinterindische Exkaiser Bao Dei die Einladung zur Hochzeit angenommen hatten. Auch Dwight D. Eisenhower, Amerikas Präsident, ließ sich entschuldigen: Er schickte als »Sonderbotschafter« den damals schicken und erfolgreichen Hotelkönig Conrad Hilton.

Die meisten Hochzeitsgäste Gracia Patricias gehörten zu jenem internationalen Playboyzirkel, dem Vorläufer des Jet-set, zu dem man die Begum rechnete (sie hatte Wieland Wagners entrümpeltes und entnazifiziertes Neu-Bayreuth mit ihrem Reichtum und Glanz beehrt), und ihren Sohn Aga Khan, der Rita Hayworth ehelichte. Oder den Playboy und (arbeitslosen) Diplomaten Porfirio Rubirosa, der einen enormen sexuellen Ruf genoß. Seine Verführungskraft beruhte angeblich auf der in Zoll genau kolportierten Größe seines erigierten Gliedes und auf der Tatsache, daß er es besonders lange konnte: Er soll »dabei« an Würfel gedacht haben, an schwarze Würfel – um die Erregung herauszuzögern. Seine deutsche Spielart hieß Gunter Sachs und verfügte über eine beträchtliche finanzielle Potenz.

Elisabeth II. (als ihr Sohn noch nicht zu Blumen sprach und Tampon spielen wollte und ihre Schwiegertochter, die Mutter künftiger Könige, es noch nicht mit Reitlehrern und Leibgardisten trieb) war alles andere als Talmi, und als sie zum Staatsbesuch in die Bundesrepublik kam, war das, wenn das schiefe Bild erlaubt ist, der Ritterschlag für das Nachkriegsdeutschland. Weniger schief: Es war so etwas wie die inoffizielle Aufnahme Deutschlands unter die zivilisierten Völker, die westlichen Demokratien. Und das durch einen hochoffiziellen Staatsbesuch Ihrer Königlichen Majestäten.

Damals, 1965, schrieb die »Welt am Sonntag« in einem Resümee über die der Queen zujubelnden Deutschen: »Die Deutschen möchten wieder gesellschaftsfähig werden, zurückkehren in den internationalen Salon, aus dem sie sich selbst ausgeschlossen hatten. Das war der Sinn der vielen Reden und Geschenke, mit denen die Königin begrüßt wurde, der Verbeugungen und Hochrufe, die ihr galten.«

Eine halbe Million hatte sich Bonn den Staatsbesuch kosten lassen, bei dem die Königin von Bundesland zu Bundesland weitergereicht und von jubelnden Menschenspalieren gefeiert wurde.

Der Staatsbesuch de Gaulles 1963, die Besiegelung des deutsch-französischen Bündnisses, hatte dagegen »nur« 412376 Mark verschlungen. 98mal waren für die Queen und ihren Gatten die Nationalhymnen beider Länder abgespielt worden.

In Bonn stellte man in aller Eile ein Beethovendenkmal wieder auf, das man vorher schnöderweise für eine Tiefgarage abgerissen hatte. Schwäbisch-Hall, das die Königin wegen persönlicher Erinnerungen besuchte, pflasterte die Innenstadt neu, alle Straßen und Gassen. Und in Stuttgart, wo die Königin sich auf der Spitze des Fernsehturms in einem Restaurant, in dem Görings ehemaliger Koch Kulinarik betrieb, ins Goldene Buch der Stadt eintrug, hatte man die ganze Umgebung mit »englischem Rasen« versehen. Da man aber keine Jahrhunderte Zeit zur Pflege und Kultivierung hatte, welkte der vorzeitig und drohte braun und unansehnlich zu werden. Doch man wußte sich Rat: Mit Spritzpistolen wurde er künstlich grün gefärbt.

In Baden-Württemberg war es auch, wo die Königin auf eigenen Wunsch auf einmal in Marbach (am Neckar) im Schiller-Nationalmuseum stand. Elisabeth II., eine Schillerliebhaberin, »Sire, geben Sie Gedankenfreiheit« rezitierend oder, »Festgemauert in der Erden«, das »Lied von der Glocke« liebend? Nicht die Spur! Die Pferdenärrin Elisabeth und vor allem der Pferdeliebhaber und Roßkenner Philip hatten sich Marbach (am Fuße der schwäbischen Alb) für eine Visite gewünscht – wegen des berühmten Marbacher Gestüts. Aber hatte nicht Schiller schon in »Wallensteins Lager« gedichtet:

»Aufs Pferd, Kameraden, aufs Pferd!«?

In Hamburg kam es, ausgelöst durch den Königsbesuch, zu einer politischen und privaten Tragödie. Hier waren Elisabeth und ihr Gemahl zu einem feierlichen Festessen ins Rathaus geladen und mit ihnen sollten, paarweise verschlungen, der Erste Bürgermeister der Freien und Hansestadt Hamburg, Paul Nevermann, und seine Gattin speisen und Tischgespräche führen. Jedoch: Der Bürgermeister hatte eine Freundin, mit der er Tisch und Bett privat zu teilen pflegte, was ihm seine Ehefrau mit Fug und Recht verübelte. Jetzt, da die Majestäten Britanniens in Hamburg weilten, sah sie den Augenblick der Rache gekommen, Triumph, Triumph! Sie verweigerte ihrem Mann ihre Begleitung zu Tische, so daß der alleine neben dem Herrscherpaar sitzen mußte – ein Eklat, denn unmöglich hätte er, zu einem offiziellen Essen mit gekrönten Häuptern zumal, eine inoffizielle Geliebte mitnehmen können, damals. Das wäre damals weder very British noch hanseatisch noch bundesdeutsch gewesen, sondern einfach shocking, wenn nicht disgusting! Nevermann mußte als Bürgermeister sofort zurücktreten. Das war, 1965, der letzte große Eklat im typischen Stil der fünfziger Jahre.

Drei Jahre später, 1968, war Knut Nevermann, der Sohn des Bürgermeisters, einer der Führer der Apo, der »Außerparlamentarischen Opposition«, also der Studentenbewegung, die die Autoritäten und Prinzipien der Epoche endgültig vom Fünfziger-Jahre-Sockel fegte, der längst morsch und brüchig geworden war.

Aber das ist eine andere Geschichte .....